葛新斌等 ◎ 著

高中教育
发展战略问题研究
—— 以广东省深圳市为例

吉林大学出版社

长春

图书在版编目（CIP）数据

高中教育发展战略问题研究：以广东省深圳市为例 / 葛新斌等著 . —长春：吉林大学出版社，2019.11
ISBN 978-7-5692-5853-0

Ⅰ . ①高… Ⅱ . ①葛… Ⅲ . ①高中—教育研究—深圳 Ⅳ . ① G632.0

中国版本图书馆 CIP 数据核字（2019）第 251939 号

书　　名	高中教育发展战略问题研究——以广东省深圳市为例 GAOZHONG JIAOYU FAZHAN ZHANLÜE WENTI YANJIU ——YI GUANGDONG SHENG SHENZHEN SHI WEI LI
作　　者	葛新斌等　著
策划编辑	李伟华
责任编辑	李伟华
责任校对	柳　燕
装帧设计	汤　丽
出版发行	吉林大学出版社
社　　址	长春市人民大街 4059 号
邮政编码	130021
发行电话	0431-89580028/29/21
网　　址	http://www.jlup.com.cn
电子邮箱	jdcbs@jlu.edu.cn
印　　刷	北京虎彩文化传播有限公司
开　　本	787mm×1092mm　　1/16
印　　张	18
字　　数	260 千字
版　　次	2019 年 11 月　第 1 版
印　　次	2019 年 11 月　第 1 次
书　　号	ISBN 978-7-5692-5853-0
定　　价	98.00 元

版权所有　翻印必究

本 书 承 蒙

教育部人文社会科学研究规划基金项目
《构建灵活开放多样性的高中教育体系研究》
（项目批准号：17YJA880023）
广东省高校省级重大科研项目
《广东高中阶段教育发展战略研究》
（项目编号：2016WZDXM014）
深圳市教育综合改革重大研究课题
《深圳市高中教育发展战略研究》

资助出版

深圳市中小学生综合素养研究丛书

深圳市中小学生综合素养研究成果编委会

主　任：赵　立
副主任：叶文梓　李桂娟　潘希武
成　员：蔡金花　龚湘玲　黄积才　黄宏武
　　　　黄爱华　李庚靖　彭红玉　汤幸初
　　　　滕峰丽　熊冠恒　张长金　张素蓉

序　言

　　深圳，我国改革开放最前沿的窗口城市，在短短40年来的发展中，我们基本建成了涵盖学前教育、基础教育、中等教育和高等教育的完整体系，其中基础教育规模已与北上广一线城市非常接近，教育质量也经历跟跑到伴跑，再到今天正在努力实现领跑的过程。培养核心素养，是当前教育的最强音。为主动适应现代化、信息化和全球化发展需要，自2013年初开始，我们就着手研究学生素养培养，至2014年6月，深圳正式出台《关于进一步提升中小学生综合素养培养的指导意见》，提出通过深化课程改革、推进教与学方式变革、促进教师专业发展和创新评价等四轮驱动，着力培养学生品德、身心、学习、创新、国际、审美、信息和生活等八大素养，促进学生全面发展和个性发展。在当时，此举措为国内首创，可谓开启教育的素养培养时代。

　　2015年9月，在综合素养实践基础上，为深化综合素养培养理论与实践研究，广泛凝聚社会各界智慧、增进共识，发挥教育科研智库的先导作用和引领作用，服务深圳教育发展全局，我们围绕综合素养培养主题，拟定若干重大课题，开展一系列课题研究工作。

　　本书选题聚焦素养培养时代中的深圳高中发展战略问题研究。全书基

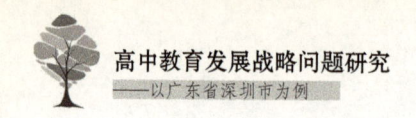

于实现深圳市高中教育发展完善的宏观目标,采取文献研究、田野调查和比较分析法,运用多学科理论分析框架,从高中教育发展的背景、发展现状、现存的问题及其成因等方面条分缕析,侧重高中教育体制改革、高中教育结构调整优化、高中教育评价机制改革创新和高中教育质量保障体系构建,研拟并论证合乎深圳实际的高中教育体系发展的基本形态及其实现条件,从而提出了有针对性的较为全面而系统的深圳市高中教育发展战略建议。

  本书主题的研究历时约一年半,是全体研究者的呕心沥血之作。可供从事教育理论和实践研究人员参考,也可作为促进教育一线老师提升专业能力的用书。本书研究得到华南师范大学教育科学学院的大力支持,市教科院科研管理中心黄积才主任、李贤博士和赵鹭老师也付出了辛勤努力,在此一并致谢。

编委会

2019 年 5 月

目 录

引 论 ………………………………………………………… 1
 一、研究背景 ……………………………………………… 1
 二、研究目的与意义 ……………………………………… 6
 三、研究思路与方法 ……………………………………… 7
 四、研究方案 ……………………………………………… 10

第一章　深圳市高中教育管理体制研究 ……………… 14

 第一节　我国高中教育管理体制沿革与发展 …………… 14
  一、改革开放以来高中教育管理体制演变历程 ………… 14
  二、新时期高中教育管理体制改革动向 ………………… 18
 第二节　深圳市高中教育行政管理体制改革 …………… 23
  一、深圳市高中教育行政管理体制发展概况 …………… 23
  二、深圳市高中教育行政管理体制存在的问题 ………… 25
  三、深圳市高中教育行政管理体制的改革方向 ………… 28
 第三节　深圳市高中学校内部管理体制改革 …………… 34
  一、深圳市高中学校内部管理体制发展现状 …………… 34
  二、深圳市高中学校内部管理体制改革难点 …………… 36

三、深圳市高中学校内部管理体制优化策略 …………… 41

第二章 深圳市高中教育结构调整与优化研究………… 48

第一节 深圳市高中教育结构的演变与趋势……………… 49
 一、深圳市高中教育结构的历史演进 ………………… 50
 二、深圳市高中教育结构演变的影响因素 …………… 57
 三、深圳市高中教育结构演变的特点与趋势 ………… 61

第二节 深圳市高中阶段教育结构的现状分析…………… 62
 一、深圳市高中教育发展基本情况 …………………… 62
 二、深圳市高中教育结构现状的特点 ………………… 64
 三、深圳市高中教育结构存在的问题 ………………… 67

第三节 深圳市高中教育结构面临的新形势……………… 71
 一、深圳市经济与产业结构的变化 …………………… 71
 二、深圳市高中学龄人口的变动态势 ………………… 74
 三、深圳市人民群众对高中教育需求的影响 ………… 78
 四、其他教育的发展对高中教育的影响 ……………… 84

第四节 深圳市高中教育结构的优化策略分析…………… 86
 一、高中教育结构调整的指导思想和基本原则 ……… 86
 二、区域高中教育结构调整的经验与借鉴 …………… 91
 三、深圳市高中教育结构的优化策略 ………………… 98

第三章 深圳市高中教育评价机制改革研究…………… 106

第一节 国内外高中教育评价机制发展审视……………… 106
 一、我国高中教育评价机制变迁的历史分析 ………… 106
 二、国外发达国家高中教育评价机制的比较分析 …… 113

第二节 深圳市高中教育评价机制现状透视……………… 126

一、深圳市高中教育评价主体解析 …………………… 127

　　二、深圳市高中教育评价制度剖释 …………………… 130

　　三、深圳市高中教育评价方式探究 …………………… 133

　　四、深圳市高中教育评价运行反馈 …………………… 137

第三节　深圳市教育评价机制问题的制度主义分析 ……… 140

　　一、深圳市教育评价机制面临的合法性危机 ………… 141

　　二、深圳教育评价机制合法性危机成因探讨 ………… 146

第四节　深圳市高中教育评价机制改革创新对策 ………… 153

　　一、优化评价机制主体结构 …………………………… 154

　　二、健全评价制度保障机制 …………………………… 158

　　三、创新高中教育评价方式 …………………………… 161

　　四、完善评价结果反馈机制 …………………………… 163

第四章　深圳市高中教育质量保障体系研究 …………… 166

第一节　历史演进与现实思考 ……………………………… 166

　　一、深圳市高中教育质量保障体系的演变与问题 …… 166

　　二、深圳市高中教育质量保障体系建设的问题思考 … 177

第二节　利益相关者网络分析与质量观构建 ……………… 185

　　一、高中教育核心利益相关者识别 …………………… 185

　　二、利益相关者视角下高中教育质量观的构建 ……… 191

第三节　高中教育质量保障体系建构 ……………………… 199

　　一、高中教育质量保障体系建构总体思路 …………… 200

　　二、高中教育质量保障体系架构与要素分析 ………… 206

　　三、高中教育质量保障体系模式建构 ………………… 212

第四节　深圳市高中教育质量保障体系优化策略 ………… 218

　　一、利益相关者参与下的理念创新 …………………… 219

二、利益相关者参与下的制度保障 …………………… 223
　　三、利益相关者参与下的组织协调 …………………… 228

结　语 ……………………………………………………… 234

参考文献 …………………………………………………… 239
　　一、学术专著 ……………………………………………… 239
　　二、期刊论文 ……………………………………………… 242
　　三、学位论文 ……………………………………………… 257
　　四、其他文献 ……………………………………………… 258
　　五、英文文献 ……………………………………………… 259

附　录 ……………………………………………………… 260
　　一、教育结构访谈提纲 …………………………………… 260
　　二、教育评价机制访谈提纲 ……………………………… 261
　　三、教育质量保障访谈提纲 ……………………………… 262
　　四、调查问卷 ……………………………………………… 264

后　记 ……………………………………………………… 274

引　论

一、研究背景

（一）社会经济发展之必然

从产业发展来看，适应、把握、引领新常态，中国经济进入前期过剩产能消化期、经济增速换挡期、结构转型阵痛期"三期叠加"。"三性叠加"是指周期性因素、结构性因素和外源性因素叠加。经济进入新常态，意味着 GDP 增长正式告别以往 10% 的水平，这是经济发展阶段的现状和收入阶段跨越所决定的。表面上看，新常态是增长速度的换挡与调整，本质上是增长动力的转换。在增长趋势性放缓的过程中，经济阶段性底部和新增长中枢已逐渐明确，但稳定且持续的新增长动力尚未完全确立，新常态下的平衡也未建立起来。"三转换"是指增长动力的转换，经济发展方式的转换，新旧发展模式的转换。当前我国增长动能处于破旧进行时和立新未完成时并行，新旧增长动力能否顺利衔接，经济能否顺利换挡，经济增长能否上一个台阶，关键在于能否实现增长动力的"去旧换新"。"去旧"即制造业去过剩产能，房地产的去泡沫化和金融领域的去杠杆，"换新"指新增长动力的培育。"十三五"期间我国将打造创新驱动型国家，要素驱动型向创新驱动型转型必然伴随阵痛，即全要素生产率下降，依靠技术

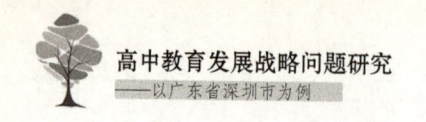

进步获取增长的难度和阻力也比以往更大。

教育结构必须适应经济社会发展不断进行调整优化。"十三五"期间，深圳市经济发展迅速，产业结构不断升级，经济社会发展呈现良好态势。经济社会的快速发展和产业结构的优化升级亟须提升劳动者素质和优化劳动力结构，即对教育结构调整提出了新的要求。深圳市应该大力发展普通高中教育和中等职业技术教育，然而，如何才能满足经济发展和社会需求，仍是需要深入思考的问题。同时，在高中教育内部，中等职业教育有效需求不足、专业设置不合理、中职与高职缺少衔接等问题制约了教育对经济社会发展的促进作用。不断调整优化高中阶段教育结构才能更好地促进经济社会发展。

同时，学龄人口的变动和个人对优质、高层次教育的有效需求也使深圳市高中阶段教育结构的优化成为迫切问题。深圳市外来人口数量庞大，随着异地中高考政策的推行，非深户籍就业人员随迁子女符合参加中考条件的人数增加，留在深圳参加高考的人数也会有所增加。根据相关预测，未来深圳市高中阶段教育学龄人口，仍呈继续增长态势，在今后相当长一段时间仍将面临规模扩张与质量提升并重的双重压力。这就要求深圳市高中阶段教育结构不断优化，合理配置资源，实现高质量、高水平的普及。而且，随着社会的发展，深圳市居民更希望其子女接受优质的、多样化、高层次的教育，这更需要高中教育结构不断优化，促进高中阶段教育类型、形式多样化，多种学校数量和质量上协调发展，以满足其需求。

综上可见，深圳经济结构、产业结构的发展变化、学龄人口的变动以及个人对高中教育的需求状况，是高中阶段教育结构的现实要求，推动着高中教育的不断调整优化。基于以上内容分析可知，深圳市已迫切需要在高中阶段教育方面寻求新的突破口和增长点，促进高中阶段教育结构的优化，以期实现高水平普及高中阶段教育的目标。那么，建市后，深圳市高中阶段教育结构经历了一个怎样的历史发展过程，受到哪些因素影响？现状如何，存在哪些问题？经济社会发展变动下深圳市高中教育结构面临哪些新的状况？把这些情况弄清楚之后才能有针对性地提出高中阶段教育优化对策。因此，本研究从深圳市高中阶段教育结构的历史梳理出发，通过现状分析找出高中阶段教育结构存在的问题，进而分析高中阶段教育结构面临的新形势，最后以促进高中教育结构功能最大化为逻辑起点，提出深圳市高中阶段教育结构的优化策略。

（二）高中学校治理之趋势

十八届四中全会通过的《中共中央关于全面推进依法治国若干重大问题的决定》，明确提出了建设中国特色社会主义法治体系，建设社会主义法治国家的总目标。法律是治国之重器，良法是善治之前提。完善治理体系，提高治理能力既是适应形势发展的要求，也是推动依法治校，建设现代学校制度的必然选择，更是加强内涵建设，提高教育质量的重要保障。教育治理体系与治理能力的现代化，既是国家的统一意志，也是教育改革的内在需要。

十八届四中全会还提出："深入推进管办评分离，扩大省级政府教育统筹权和学校办学自主权，完善学校内部治理结构。"中央以纲领性文件的形式提出了教育改革的目标和方向，就是要通过政府简政放权，扩大和落实学校办学自主权，建设中国特色的教育治理体系。教育评价作为教育质量提升的重要反馈和保障机制，是优质化普及高中阶段教育的重要支撑和关键。要办出人民满意的教育，实现教育服务现代化，高质量普及高中阶段教育亟待构建与之相契的教育评价机制。由是观之，必须立足于高中阶段教育优质化普及的高度，构建科学有效的高中教育评价机制，以评促建，以评促改，进一步推动高中阶段教育发展。

在区域教育发展的问题上，地方政府往往更多关注履行扩大教育规模的义务，而较少认真落实提高教育质量的责任。随着高中教育的进一步普及，民众对高中教育的质量要求将进一步提升。面对"提高质量"的教育改革发展任务和民众对高质量教育的追求，现行的教育管理体制机制显得有些力不从心。"当前我国的教育管理存在诸多突出问题，如：政府在教育管理中越位、缺位和错位严重，学校办学活力不足，利益相关者参与不

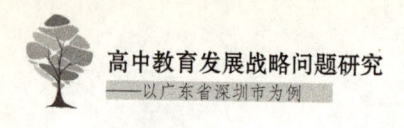

够等"。

这些问题的破解有赖于对政府角色的重新定位。"政府并不是唯一的权力中心,政府不是全能者,不应该垄断对教育的管理权,应与社会、学校合理分权,只保留对教育事业发展起决定作用的重要事项的决策权和控制权,把原先由它独立承担的一些责任转移给社会和学校,变强势政府对学校的单边管理为政府、学校、社区(家长)共同参与的多边管理和公共治理。"教育质量作为教育管理的重要内容之一,同样也需要各利益相关主体的共同参与,实施教育治理是保障教育质量水平不断提高的可行路径。

教育评价作为促进教育管理工作更加科学完善的重要手段,是教育管理活动中不可或缺的一环,并与教育管理活动相伴而生。教育评价既是教育管理活动的开始,也是教育管理活动的结果。一方面,教育评价既对教育质量进行评判;另一方面,教育评价也为教育活动提供指导。从根本上说,教育管理行为最终是受评价以及由评价引起的实际利益的支配。教育管理体制改革若无教育评价的支持和保障,都将是毫无作用的形式化表演。实践证明,教育改革的成败最终取决于是否建立起科学有效的机制。因此,教育管理体制改革的深入推进就必须要有与之契合的教育评价机制。现代教育评价体制在我国正式确立已有三十余年,学术界对此进行了大量的研究。然而,教育评价作为教育管理体制改革的瓶颈,依旧难以突破。应试教育价值取向之下,教育评价将升学率置于首位的顽疾长期无法根治。

(三)地方教育改革之要求

十八届五中全会以来,我国各级政府和教育部门以"创新、协调、绿色、开放、共享"发展理念为指导,围绕深化教育领域综合改革,不断提高教育质量方面展开积极探索。高中阶段教育的改革与发展成为教育领域备受关注的热点话题,我国高中教育改革进入了全面战略调整的关键期。高中阶段教育属于基础教育的最高阶段,在整个教育体系中起着承上启下的重要作用。当前,在我国义务教育均衡发展扎实推进与高等教育迈向大众化之际,高中阶段教育的重要性日益凸显。根据《国家中长期教育改革和发展规划纲要（2010—2020年）》的要求，到2020年，普及高中阶段教育，要使毛入学率达到90%，全面满足初中毕业生接受高中阶段教育的需求。2015年，党的十八届五中全会通过的《中共中央关于制定国民经济和社会发展第十三个五年计划的建议》（以下简称"十三五"规划）首次明确提出"普及高中阶段教育"，这与《国家中长期教育改革和发展规划纲要（2010—2020年）》提出的"到2020年实现高中阶段毛入学率90%"的教育发展目标不谋而合。进入21世纪以来，我国高中阶段学生入学率由2002年的42.8%增长到2015年的87%，提高了一倍多。2017年，国家发布《高中阶段教育普及攻坚计划（2017—2020年）》，提出"普通高中改造计划"和"现代职业教育质量提升计划"。由此可见，全面普及高中阶段教育指日可待。随着高中阶段教育规模的迅速扩大，入学机会的不断增多，社会对高中教育的需求由规模数量转向质量效益，从"有学上"转向"上好学"，高中阶段教育优质化建设日益成为社会关注的焦点。

《广东省中长期教育改革和发展规划纲要（2010—2020年）》指出，加快发展高中阶段教育，到2015年高中阶段教育毛入学率达到85%以上。到2020年，全省高质量、高水平普及高中阶段教育，使高中阶段毛入学率达到90%以上。《深圳市中长期教育改革和发展规划纲要（2010—2020年）》指出，要高水平普及高中教育，2015年高中毛入学率达到99%，2020年高中入学率达到99%以上。在普及高中教育的背景下，高中教育会以更快的速度发展。但"普及"不仅仅是规模上的扩充和数量上的膨胀，普及高中阶段教育的目标，包含数量、结构和质量三个方面的内容。高中阶段教育结构的调整与优化是保证高中教育质量提升和实现内涵式发展的前提和基础。早在2011年，广东省高中阶段毛入学率已经达到90.34%，2014年高中阶段教育毛入学率达到了95.9%，已经实现高中阶段教育的全面普及。由此可见，广东省的教育发展任务已经由"扩容"转变为"提质"。2015年，深圳市高中阶段毛入学率达到98.5%，在高中教育数量上实现了跨越式发展，更亟须进入质量提升和结构优化为重点的发展阶段。在深圳市教育局公布的2015年工作计划及总结中，也将"强质量，全力打造教

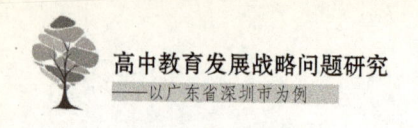

育的质量品牌"作为2016年教育事业发展的重点工作之一。因此，如何巩固前期教育质量发展成果，切实保障高中阶段教育质量稳步提升，将是深圳市未来教育发展过程中应认真思考的问题之一。

二、研究目的与意义

（一）研究目的

其一，通过对深圳市高中阶段教育结构的演变历程、现状和面临新形势的分析，借鉴其它地区高中阶段教育结构调整的经验，以促进高中教育功能发挥最大化为逻辑起点，提出促进深圳高中阶段教育结构优化的对策建议。希望本研究能丰富和充实中等教育发展的理论，对高中阶段教育发展过程中存在的问题和面临的矛盾提出对策建议，为教育发展规划和决策服务。

其二，通过对相关文献的收集和分析，进行实地调研以全面了解全国及深圳市高中教育评价的历史发展与变迁，并以深圳市为例分析高中教育评价机制发展的现状。在此基础之上，利用新制度主义理论视角分析问题与产生的原因，并对高中教育评价机制改革创新提出相应的建议和措施。

其三，通过系统梳理深圳市高中教育质量保障体系发展历程，以深圳市高中教育质量保障体系建设现存问题为切入点，基于利益相关者理论，研究建构利益相关者共同参与的高中教育质量保障体系。并从利益相关者利益协调的角度，提出深圳市高中教育质量保障体系的优化建议。

（二）研究意义

1. 理论意义

其一，为深圳市制定高中教育发展规划提供了政策依据和理论前提。本研究对深圳市高中阶段教育结构进行了系统论述，充实了中等教育发展的相关理论，为国内相关的研究和理论发展提供借鉴。

其二，优化了教育评价改革研究理论。本研究结合"管办评"分离政策，运用新制度主义理论视角探索深圳高中阶段教育评价的实际情况，尝试构建"管办评"分离政策影响下的高中教育评价机制。

其三，拓展了高中教育质量保障体系研究。本研究以利益相关者理论为指导，运用实证手段识别和分析了深圳市高中教育利益相关者与高中教育质量观，从多元参与的角度对高中教育质量保障体系进行研究和构建。

2. 实践意义

教育成就民生幸福，教育决定深圳未来。教育为提高市民素质和推动经济社会进步做出了应有的贡献，为城市建设与发展提供了强有力的智力支持和人才保障。在"普及高中阶段教育"的大背景下，为进一步适应经济社会发展需求，不断增进人民福祉，系统完善和优化基础教育公共服务体系，深圳市立足实际，着力推进高中教育优质化、多元化和特色化发展，以期真正办好令人民满意的教育。当前，为统筹深圳市高中教育发展，加快教育改革创新步伐，现结合《深圳市中长期教育改革和发展规划纲要（2011—2020年）》的基本要求，秉承"创新、协调、绿色、开放、共享"五大发展理念，本研究分别从"高中教育管理体制""高中教育结构""高中教育评价机制"和"高中教育质量保障体系"等4个方面，重点探讨深圳市高中教育发展战略。在"十三五"期间，为迎接新时期高标准普及高中阶段教育的现实挑战，本研究对于深圳市进一步推动高中教育管理体制改革、调整优化高中教育结构、创新高中教育评价机制和构筑高中教育质量保障体系而言，具有较为重要的现实指导意义。

三、研究思路与方法

（一）研究思路

本研究的过程主要分4个阶段进行。

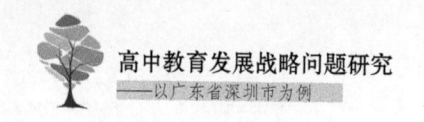

首先，文献分析阶段。文献分析是课题研究的基础性内容，只有在认真梳理文献资料的基础上，才能对深圳市的高中教育有一个直观的了解，后续的研究才能得以继续开展下去。文献分析的内容主要包括：（1）教育资料文献，比如反映深圳高中教育现状的文献，包括高中数量、高中生及教职工数量、普通高中与职业高中各自的比重等；（2）教育政策文献，国家、省以及深圳市三级政府制定的有关高中教育发展的政策或涉及到高中教育的通盘性政策文献；（3）前人研究成果，前人关于中国高中教育发展以及深圳高中教育发展已有的研究成果。

其次，工具设计阶段。研究工具是研究开展的主要载体，同时也是研究者获得背景资料以及开展深入研究的关键路径。工具设计阶段的核心任务，就是根据课题研究的实际需要设计出针对性的研究工具。就本课题而言，围绕研究内容，重点编制了深圳市高中教育结构访谈提纲、高中教育评价机制系列访谈提纲和高中教育质量保障系列访谈提纲，以及深圳市居民高中教育需求情况调查问卷和高中学校教育质量保障系列调查问卷。

再次，实际调研阶段。实际调研即将工具设计阶段设计出来的研究工具，用于调查研究的过程。在深圳市高中教育发展战略研究中，实际调研阶段包括两个层面的内容：第一，实地考察。走访深圳市具有代表性的高中，比如深圳实验学校、南山外国语学校等，通过旁听、访谈等手段，获取研究所需的资料。第二，问卷调查。对于本研究相关的人群开展问卷调查，包括学生、教师、学校领导以及教育部门负责人。其中，学生是问卷调查的主体，高中教师则是问卷调查的关键。

最后，课题成文阶段。此一阶段为课题研究中的关键阶段，课题成文的内容就是本项研究的成果。在成文阶段中，研究者首先要对通过各种途径获得的信息做相应的整理、归类、分析、运用工作，为文章的写作打好基础。紧接着，研究者需要根据文章写作的类型与需求，开始组织语言，编排内容，并且在文章写作中要注意引入前面调查研究的数据、成果，并得出相应的结论，提出针对性的建议。

（二）研究方法

1. 理论分析

在研究中依托的理论主要包括以下两点：第一，区域教育理论。即以区域教育为主题的理论。不同区域受经济发展、文化氛围、社会观念、教育基础等因素的影响，教育发展存在着差异性。区域教育理论主张从区域教育的特殊性出发，根据区域教育的现状、特征、优势、问题等因素，采取针对性的矫正措施与发展策略，从而使区域教育与区域发展紧密结合起来，提高教育的针对性。第二，教育发展理论。教育作为社会储才的载体，需要随着社会时代发展的变化而不断变化，这是教育发展理论深刻的时代背景。当前社会的人才需求层次发生了较大的变化，从技能型人才转变为创新型人才、复合型人才，教育自然需要从社会人才需求变更的角度出发，融入创新教育，这对当前高中教育，尤其是综合教育的发展有着很好的指导作用。

2. 研究方法

（1）文献研究和政策文本分析法

旨在对党和国家的重大政策文本以及地方相关政策文本进行分析。为此，项目组将以我国现行的法律法规以及广东省和深圳市高中阶段教育相关政策和管理体制为依据，应用科学的方法，进行大量的文本和文献分析。

（2）田野调查和专家访谈法

主要通过实地考察，从政府、学校及社会参与等多种角度，了解当前省内外高中教育发展之中实际存在的问题。尤其是要对高中阶段教育学术领域和政策制定领域的专家与相关人士进行深度访谈，了解深圳市高中阶段教育的发展现状。为此，项目组组织实施了相关的调查活动，并有针对性地进行追踪访谈。

（3）比较研究法

主要在于为本项目研究提供背景资料，尤其关注国内高中阶段教育先

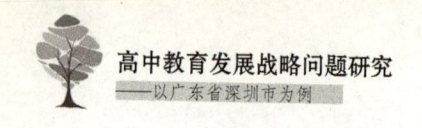

进省市的高中教育体系发展模式,以及改革与创新经验或措施,进而为深圳市的改革提供借鉴。

3. 技术路线

首先,采取文献研究法,对本项目相关领域的重要法律法规和政策文本,以及现行高中教育管理体制及其重大措施进行文献搜集和分析,以明确本研究领域内的焦点问题及其进展情况,为下一步田野调查厘清范围和边界。其次,通过田野调查和比较分析,获取广东省和国内相关地区的高中教育体系发展的相关材料,搜索并发现现实焦点问题之所在。最后,运用多学科的理论分析框架,研拟并论证合乎深圳市实际的高中教育体系发展的基本形态及其实现条件,提出有针对性的高中教育发展战略建议,形成政策咨询报告,提交相关部门。

四、研究方案

(一)核心概念界定

本书研究对象为深圳市高中教育发展战略,核心概念包括高中教育以及发展战略两层。首先,高中教育是我国教育体系中的重要环节,位于基础教育与高等教育之间,也称后初中教育、高级中等教育、高中阶段教育等。高中教育包括的学校类型主要有普通教育(普通高中、成人高中)和中等职业技术教育(普通中专、成人中专、职业高中、技工学校),在管理体制上包括公办高中和民办高中,以及高中阶段内其他类型的学校。高中教育就其性质而言,属于中等教育,教育教学内容为基础教育或者说初等教育的拓展与延伸。

其次,就发展战略而言,发展指的是事物由小到大、由简单到复杂、由低级到高级的变化过程,属于哲学领域的范畴,现实中的发展则多指事物在已有形态的基础上,取得的改变或进步。战略原为军事用语,后指代从全局考虑谋划实现全局目标的规划。发展战略则是以发展为目标,为了实现发展的目的而谋划的规划。因而，深圳市高中教育发展战略可以简单概括为，为了实现深圳市高中教育发展完善的宏观目标，从高中教育发展的全局性着眼而设计的规划。

（二）研究基本框架

在过去一年多的时间里，课题组秉承实事求是原则，分别展开了极具针对性和政策性的深入探讨，本书即是对课题研究成果的一个整体性呈现。下文即将围绕着4个重大问题，分别从发展背景、发展现状、现存问题及其成因等方面逐层加以条分缕析，从而获取扎实的研究结论并提出相关政策建议。具体而言，本研究主要涵盖以下内容。

其一，关于高中教育管理体制改革问题。改革开放四十多年来，我国高中教育管理体制改革大致历经"全面恢复计划管理体制""改革计划管理体制"和"深化管理体制改革"等不同的发展阶段。整体而言，我国教育管理已逐步从以提高管理效率为主转向促进教育公平，教育管理体制改革也从单纯依靠政策推进过渡到政策和法规共同规范与推进的新阶段。目前，随着社会主义市场经济的快速发展和国家教育教学改革的全面推进，新时期的高中教育朝着优质化、多元化和特色化方向发展的势头日益强劲。现基于对深圳市高中教育管理体制的系统分析，在具体研究过程中，分别从教育行政管理体制和学校内部管理体制两个维度出发，重点围绕"简政放权与教育善治"和"组织结构调整与职能优化"等核心问题，从宏观层面深入探究深圳市高中教育管理体制改革路径。其中，在高中教育行政管理体制改革过程中，要强化市级教育主管部门的统筹管理职能，灵活调整或增设教育行政管理职能部门，明晰其相应的行政职责。同时，要进一步厘清教育行政部门与高中学校之间的关系，切实改变直接管理学校的单一方式，重点减少不必要的行政干预，全力推进各高中学校办学自主权的落实工作。在高中学校内部管理体制改革方面，要更加深入地落实校长负责制，积极完善现代学校制度建设；要进一步健全教育法律法规，重点推进依法治教治校。同时，在创新高中学校内部管理体制的基础上，还需注意

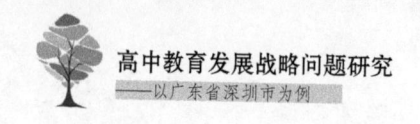

引导学校在经由自治阶段和共治阶段的探索实践之后，逐步向教育善治阶段过渡。

其二，关于高中教育结构调整优化问题。参照20世纪80年代以来国家发布的《关于中等教育结构改革的报告》《中共中央关于教育体制改革的决定》《中国教育改革和发展纲要》和《国务院关于大力发展职业教育的决定》，以及深圳市出台的《关于调整特区内普通教育的布局、教育结构、学制和管理体制的意见》等一系列相关文件，结合深圳市高中教育调研情况，系统分析和把握深圳市高中教育结构的演变历程与发展现状。同时，针对现今深圳市高中教育结构方面存在的主要问题，提出一些较具针对性的优化策略。整体而言，在深圳市整个教育系统中，从纵向层面分析，高中教育整体规模较小。随着"二孩"政策、异地高考政策和"普及高中阶段教育"政策的深入推进，其不足以充分应对今后面临的巨大挑战。同时，中等职业教育上升渠道不畅，尚未与高职教育和应用型本科教育有机连接在一起。从横向层面来看，在高中教育内部，"职普结构"不尽合理，中等职业教育所占比例较小。现综合考虑政策因素、经济社会因素和教育系统内部因素对高中教育结构的多重影响，深圳市仍需增强中等职业教育的吸引力，合理调整专业结构，并且要进一步推进"职普教育"适度融合。

其三，关于高中教育评价机制改革创新问题。选用新制度主义作为研究视角，在系统梳理和分析深圳市教育评价机制变迁发展历程的基础上，从评价主体、评价制度、评价方式和评价结果的反馈与运用等多个层面，重点审视深圳市高中教育评价机制存在的不足之处。同时，参照和借鉴英国、法国和美国等西方国家教育评价机制改革经验，致力于探讨深圳市教育评价机制改革路径。现结合深圳市高中教育评价实况，今后若要在高中教育领域推出"深圳标准"，打造"深圳品牌"，提升"深圳质量"，做"有使命感的领跑者"，那就必须对深圳市现行高中教育评价机制进行深化改革与创新。经研究发现，在深圳市高中教育评价机制改革实践中，现可采取这样四点举措，即"优化评价机制主体结构""健全制度评价保障机制""创新高中教育评价方式"和"完善评价结果反馈机制"。

其四，关于高中教育质量保障体系构建问题。灵活运用利益相关者理论，重点检视深圳市高中教育质量保障体系突显的主要问题。同时，以 PDCA 循环作为体系框架，着力重构深圳市高中教育质量保障体系模型。具体而言，首先，以教育质量保障体系的"标准系统""评估系统"和"改进系统"为切入点，系统把握深圳市高中教育质量保障体系的发展历程，并从满足社会多元价值需求的角度，重新审视高中教育质量保障体系面临的主要问题。其次，综合运用文本分析、问卷调查和访谈法等多种研究方法，以美国学者米切尔和伍德（Mitchell & Wood）提出的利益相关者的三种属性为依据，有效识别深圳市高中教育利益相关者的类别，并在此基础上修正高中教育质量观。再次，在多维高中教育质量观的统领下，以深圳市高中教育利益相关者为保障主体，通过借鉴 PDCA 循环核心内容，针对深圳市高中教育质量保障体系建构方面的现存问题进行探讨，进而重构高中教育质量保障体系模型。最后，基于利益相关者理论的价值取向，以建构深圳市高中教育质量保障体系为目的，分别从"理念创新""组织协调"和"制度保障"三个层面，提出相应的意见和建议。

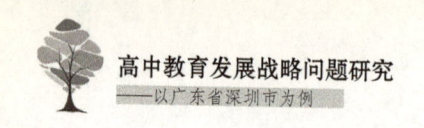

第一章 深圳市高中教育管理体制研究

在现有教育体系中,教育管理体制是由教育管理机构和教育规范深度融合而成。其中,教育管理机构是指教育行政管理机构和学校内部管理机构,教育规范则是确保教育管理机构正常运作的一系列规章制度。在高中教育范畴里,高中教育管理机构与相应的制度规范有机融合,即形成了高中教育管理体制。详而言之,高中教育管理体制可分为高中教育行政管理体制和高中学校内部管理体制。

第一节 我国高中教育管理体制沿革与发展

一、改革开放以来高中教育管理体制演变历程

改革开放四十多年来,我国基础教育阶段的高中教育管理体制改革大致经历了以下几个阶段:1978年至1984年的全面恢复计划管理体制阶段,1985年至1992年的改革计划管理体制阶段,1993年至2002年的深化管理体制改革阶段,2003年至今在科学发展观指导下的教育行政管理体制改革阶段。

自1978年中共中央十一届三中全会起,根据中央统一部署,我国开

始逐步恢复教育秩序。同年，教育部发布的《全日制中学暂行工作条例（试行草案）》指出，全日制中学原则上由县以上教育行政部门领导和管理。同时，在学校内部管理体制方面，实行党支部领导下的校长分工负责制。在这一时期，我国基本上以恢复"文革"前实行的统一领导、分级管理的教育行政管理体制为主，仍然注重强调中央教育行政的权威。

1985年，在改革开放后第一次全国教育工作会议上颁布的《中共中央关于教育体制改革的决定》（以下简称《决定》）指出，改革管理体制，在加强宏观管理的同时，坚决实行简政放权，扩大学校办学自主权。在基础教育管理体制改革上，该《决定》提出"实行基础教育由地方负责、分级管理的原则，是发展我国教育事业，改革我国教育体制的基础一环"，其主张"除大政方针和宏观规划由中央决定外，具体政策、制度、计划的制定和实施，以及对学校的领导、管理和检查，责任和权力都交给地方"。同时，明确指出学校要逐步实行校长负责制，有条件的学校要设立由校长主持的、人数不多的、有威信的校务委员会，作为审议机构；要建立和健全以教师为主体的教职工代表大会制度，加强民主管理和民主监督；要将学校中的党组织从过去那种包揽一切的状态中解脱出来，精力集中加强党的建设和思想政治工作。至此，我国基础教育行政管理体制的基本原则正式确立。

1993年，中共中央、国务院颁发的《中国教育改革和发展纲要》（以下简称《纲要》）指出，普通高中的办学体制和办学模式要多样化。在办学体制改革方面，要改变政府包揽办学的状况，逐步建立以政府办学为主体、社会各界共同办学的新体制。同时，该《纲要》要求"深化中等以下教育体制改革，继续完善分级办学、分级管理的体制"。具体而言，"中等及中等以下教育，由地方政府在中央大政方针的指导下，实行统筹和管理"，"中等及中等以下各类学校实行校长负责制"，"要积极推进城市教育综合改革，探索城市教育管理的新体制"，"支持和鼓励中小学同附近的企业事业单位、街道或村民委员会建立社区教育组织，吸引社会各界支持学校建设，参与学校管理，优化育人环境，探索出符合中小学特点的

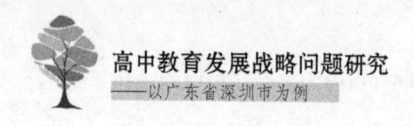

教育与社会结合的形式"。

1995年,《中华人民共和国教育法》再次重申了1986年的《中华人民共和国义务教育法》所规定的"地方负责、分级管理"的基础教育管理制度。其明文规定,"国务院和地方各级人民政府根据分级管理、分工负责的原则,领导和管理教育工作","中等及中等以下教育在国务院领导下,由地方人民政府管理","国务院教育行政部门主管全国教育工作,统筹规划、协调管理全国的教育事业","县级以上地方各级人民政府教育行政部门主管本行政区域内的教育工作"。同时,《中华人民共和国教育法》还强调,"国家鼓励企业事业组织、社会团体、其他社会组织及公民个人依法举办学校及其他教育机构","学校及其他教育机构具备法人条件的,自批准设立或者登记注册之日起取得法人资格"。在学校内部管理方面,由校长负责学校的教学及其他行政管理工作,"学校及其他教育机构应当按照国家有关规定,通过以教师为主体的教职工代表大会等组织形式,保障教职工参与民主管理和监督"。这一系列法律规定为进一步推进和完善我国基础教育管理制度提供了坚实的法律保障。

2001年,《国务院关于基础教育改革与发展的决定》提出,基础教育以政府办学为主,鼓励社会力量采取多种形式发展高中阶段教育,要有步骤地在大中城市和经济发达地区普及高中阶段教育;各地要建设一批实施素质教育的示范性普通高中;有条件的普通高中可与高等学校合作,探索创新人才培养的途径。在中小学教师队伍建设方面,大力推进中小学人事制度改革,推行教师聘任制,建立"能进能出、能上能下"的教师任用新机制。在中小学校长的选拔任用和管理制度上,推行中小学校长聘任制,逐步建立校长公开招聘、竞争上岗的机制;积极推进校长职级制。同时,还要坚持依法治教,完善基础教育法制建设;加强和完善教育督导制度。

2010年,《国家中长期教育改革和发展规划纲要(2010—2020年)》提出,要进一步深化改革,全面形成与社会主义市场经济体制和全面建设小康社会目标相适应的充满活力、富有效率、更加开放、有利于科学发展的教育体制机制。其中,在办学体制方面,坚持教育公益性原则,健全政府主导、社会参与、办学主体多元、办学形式多样、充满生机活力的办学体制，形成以政府办学为主体、全社会积极参与、公办教育和民办教育共同发展的格局。在管理体制方面，重点要健全统筹有力、权责明确的教育管理体制，以转变政府职能和简政放权为重点，明确各级政府责任，规范学校办学行为，促进管办评分离，形成政事分开、权责明确、统筹协调、规范有序的教育管理体制；加强省级政府教育统筹，促进普通高中和中等职业学校合理分布，加快普及高中阶段教育；转变政府教育管理职能，改变直接管理学校的单一方式，综合应用立法、拨款、规划、信息服务、政策指导和必要的行政措施，减少不必要的行政干预；成立教育咨询委员会，完善教育问责机制，提高政府决策的科学性和管理的有效性；培育专业教育服务机构，积极发挥行业协会、专业学会、基金会等各类社会组织在教育公共治理中的作用。同时，要完善普通中小学和中等职业学校校长负责制，积极推进现代学校制度建设；健全完善教育法律法规，大力推进依法治教治校。这为推进高中教育管理体制改革、开展地方教育制度创新提供了重要的理论依据。

2017年，全国教育工作会议的工作报告指出，我国教育工作的总体思路包含坚持"稳中求进"总基调，注重内涵发展，坚持发展抓公平、改革抓体制、整体抓质量，加快推进教育现代化。其中特别强调两个基本原则：一是稳中求进，二是内涵发展。关于"内涵发展"这一原则具体明确了加快办学体制改革，在制度上更好地落实政府对非营利性民办学校的财政支持、税收优惠、土地优惠等一系列政策。同时，要求全面提升教育治理法治化水平。在管理体制上敦促加快建立以学习者为中心的人才培养模式，深化基础教育教学改革。健全教育经费投入使用管理机制，积极建立普通高中生均拨款制度，继义务教育、中职教育、师范教育之后又提出免除普通高中建档立卡家庭经济困难学生学杂费。

综上所述，历经多年改革和发展，我国高中教育管理体制一直变动不大，较为稳定。目前，我国基础教育阶段的高中教育主要是按照其行政隶属或地属关系，分别由地市或县级教育行政部门领导和管理。这一管理体

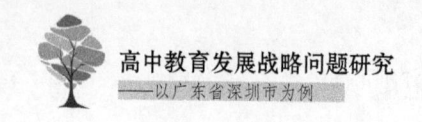

制主要具有以下几个基本特征：其一，权力高度集中于管理系统中上层，政府促进教育事业稳步均衡发展。其二，各管理层级普遍采用单一的高效稳定的科层制管理模式，教育系统相对封闭，教育与社会其他系统的联系不强。其三，实行中央—地方—学校垂直领导，教育活动的协调与控制过分依赖纵向垂直系统。基于上述情况，国家教育政策看似公平，其实难以在经济、社会发展水平不同的地区都得以有效实施。

二、新时期高中教育管理体制改革动向

当前，我国教育管理体制已逐步从提高管理效率为主转向促进教育公平，教育管理体制改革也从单纯依靠政策推进过渡到政策和法规共同规范和推进的新阶段。诚然，我国高中教育管理体制改革以分级管理为主要内容，但追求的实质将是教育管理权力下放，并不断加强法制建设，进一步向民主化、科学化和专业化方向发展。有鉴于此，我国高中教育管理体制改革的动向主要表现如下。

（一）明晰管理权责，完善监管机制

教育行政管理体制改革要明确划分中央与地方教育行政机关的职责权限，理顺中央与地方各级教育行政机关的关系，建立一个既能加强中央统一领导，又能充分调动地方发展教育的积极性的管理体制。"地方负责、分级管理"是从整体框架上对基础教育行政体制做出的基本规定，它是一种原则上的、粗线条的责权规定，并没有明确规定纵向上各级之间与横向上各部门之间的责权，这就使得市县乡各级、各部门的责权无清楚的划分。近年来，有关缺乏必要的监督机制而致使部门或个人对自己有利的时候就"争权"、无利就"弃权"的现象屡见不鲜。因此，明确管理责权，完善监督制约机制应成为我国高中教育管理体制发展态势中不可或缺的一部分。

在实行"地方负责、分级管理"的过程中，部分地区出现了上级管理

不力，下级各自为政的现象。这一方面是因为上级政府对下级政府在贯彻执行有关教育方针和政策的时候没有给予有力的监督，另一方面是由于财政"分灶吃饭"，政府或教育行政部门不能集合有限的资源解决相关问题而造成的。如何积极有效地整合基础教育行政管理系统内部各要素，避免出现"该管的撒手不管"和"想管的管不了"等不正常的现象，这都成为完善高中教育行政管理体制的必然要求。

伴随着官僚科层组织管理弊端的暴露，政府不能只依靠集权和垄断的方法来保有对权力的操控。如此不仅不利于资源的优化配置，也容易导致管理的低质低效。因此，依照治理理论，政府应该主动改变其与地方的关系，积极向地方下放权力，使地方担负更多的职能和责任来管理各自的地区事务。同时，加强政府同社会之间的合作，引导全民参与管理和监督。这些都成为我国高中教育管理体制改革的基本趋势之一。

（二）优化管理系统，增强统筹功能

改革开放至今，我国在教育行政管理体制改革中做了许多有益的尝试，也取得了一定的积极效果。然而，"地方负责、分级管理"的指导思想是以分为主。但在改革的实践当中，除了强调"分"，还应根据实际情况增强统筹功能，在完善管理系统的过程中需特别注意划清教育行政管理机构与学校的职责和权限。教育行政管理机构的职能主要是指宏观管理，每一级教育行政管理机构都有相应的职责和权限，而这些也都需要划分清楚。其宏观管理主要体现在三个方面：一是统筹规划，二是协调服务，三是评估调控。具体包括对各类学校的办学情况进行评估，用政治、经济手段进行调控，每一级教育行政管理机构要实施职能的转变，由过去直接参与角色改为指导服务角色。

另外，由于长期以来我国的教育行政管理过于集中统一，其结果是造成地方政府的教育参与意识不强，不愿为教育多投入，学校日常教育教学工作过于僵硬划一和缺少活力。从这一角度来说，为了增强教育的活力，提高地方政府的办学积极性，以简政放权、理顺关系为主要内容的改革毫

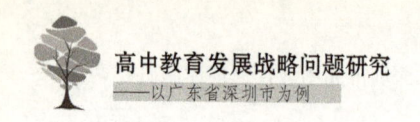

无疑问是必要的。当今,中国教育正面临一个历史性的转折点:从满足基本需要到有可能追求好的教育和理想的教育。对此,中国教育改革一方面需要形成关于教育发展改革的新的共识;另一方面,地方政府也要做到利益均衡,即要使制度设计趋于均衡化。国家权力部门不与民争利,不偏袒于某一群体、阶层、利益集团,这里主要是指特权利益。此外,地方政府还要兼顾各方面的利益,尤其是大多数人的利益。

(三)推进依法行政,注重市场调节

当前,我国在教育立法方面还存有诸多欠缺,迫切需要加强教育立法,以法律来完善教育行政管理体制改革。各国实践表明,建立从中央到地方的各级教育行政咨询、审议机构,推进教育决策的科学化、民主化,以确保教育事业的健康发展将成为我国高中教育管理体制改革的经验借鉴。为此,一方面需要提高思想认识水平,另一方面应通过加强教育立法工作予以保证。教育行政管理体制改革的重点就是通过教育立法,把国家的教育方针和政策以法律的形式确定下来,以保证教育行政管理的各项措施具有稳定性、连续性、权威性,从而促进教育事业的改革和发展。

决策科学化的发展进程表明如今我们已经实现了由经验决策为主向科学决策为主的转变。但是,纵观目前我国的教育管理模式,由于受传统的文化观念、计划体制思维方式、长期以来形成的官僚主义专断作风等因素的影响,与科学民主的行政模式要求仍旧相差甚远。因此,推进教育行政管理的科学民主化是我国高中教育管理体制发展的必然方向。同时,只有实现教育行政的科学民主化,才能使政策在实施过程中正确反映出教育各个领域与各项管理事务发展变化的内在规律;才能使决策者在大的方面运筹帷幄,把宏观调控和微观管理结合起来,促进行政职能的充分发挥;才能使决策在动用人力、物力、财力方面,以最佳的投入获得最好的产出,从而达到事半功倍的效果。

随着社会主义市场经济的快速发展,市场调节机制作为"看不见的手",生而就有优化配置资源和生产要素的功能。它既可以为其他产业服务,也

可以为教育产业服务。现代教育行政学中有一个重要的流派，认为教育行政就是"经营"学校。既然是"经营"便离不开市场机制。教育行政工作在引进市场机制时必须尊重教育的特点，不能全盘照搬经济工作的做法。但也决不能以教育工作特殊为由墨守成规，拒绝引进市场机制或在引进过程中横加挑剔。建立社会主义市场经济是不可逾越的历史阶段，谁抵制生机勃勃的市场经济，谁就会被市场机制淘汰。面对市场调节机制的挑战，聪明的态度应是"拿来主义"和为我所用。

（四）践行服务理念，打造"服务型政府"

"服务型政府"是中国学者在 21 世纪前后提出的全新概念，也是中国学者面对国际和国内环境的急剧变化而对新的管理模式进行的一次大胆探索。服务型政府是地方教育行政创新的基本目标，强调的是政府职责的价值取向。其本质要求就是坚持一切从人民群众的根本利益和现实需求出发，全心全意为人民群众服务。从构建社会主义和谐社会的要求看，就是要以解决民生问题为根本着眼点和目的。在发展经济的基础上，不断提高人民物质文化生活水平，特别是大力发展社会事业和公共事业，为人民群众提供更多更好的公共产品和公共服务，不断加强社会管理和建设，切实维护社会公正、社会秩序和社会稳定。

地方政府的教育创新改革是基于"服务型政府"从上至下而进行的行政改革，是将理论付诸具体实践的重要举措，归根到底也是围绕"政事分开、权责明确、统筹协调、规范有序"这个基本目标而开展的教育管理体制改革。"服务型政府"的改革力度决定着我国教育行政体制改革。地方政府应根据各地区的不同教育状况，有选择地将这些理念与服务型政府建设的目标相结合，积极发挥主观能动性，以达到管理的有效性与适切性，推动教育制度的持续创新。

我们国家的政府过去是一个管制型政府。管制型政府具有如下基本特征：第一，命令行政；第二，一统行政；第三，人情行政；第四，经验行政。依据这些特征不难发现，管制型政府较容易引起政府主导、擅权专权、失

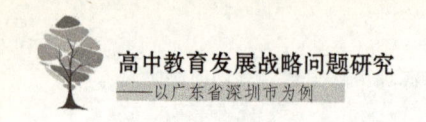

去监督等问题。因此，建设服务型政府是我国政府的一个必然选择。那么，这就要求地方政府在"服务理念"下，实现从控制本位向服务本位的转变。具体而言即是通过向公民提供公共教育产品与服务完成政府使命；通过公共教育服务过程建立政府与公民之间的合作关系；通过公民参与教育政策制定来助力政府决策，以提高相关政策的质量及公民对公共教育服务的满意度。

（五）改善治理方式，逐步走向善治

改善治理方式的关键是通过参与权、决策权的结构性调整来建构教育治理体系。这就要求除政府外，还能有更多的主体参与治理，这些主体在较多的管理事务上拥有较高程度的决策权。如此，意味着政府必须向其他主体分权。分权包括政府内部分权和政府向外部分权。前者主要指高层级政府向低层级政府的分权，特别是中央政府向地方政府的分权；后者主要指政府向学校、社会和市场的分权。在我国教育治理变革中的分权主要指后者，具体包括政府向学校"下放"权力、向社会组织"转移"权力、向市场"转移"权力。

当前，我国教育宏观调控体系仍未定型，调控实践面临诸多矛盾，需要政府适度集权以克服教育改革分散化、碎片化的问题。在教育改革进入深水区之时，只要分权不要集权，只要分化不要整合，如此是行不通的。集权是指某些教育行政权力的集中和强化，包括纵向和横向两种。在纵向集权方面，主要是加大中央政府和省级政府统筹教育发展与改革的力度。在横向集权方面，需要合理划分同一行政层级中教育行政部门与人事行政部门、党务组织部门、财政部门间的权责，加大各级教育行政机关统筹教育发展的权限，使事权、财权、人事权相对集中于教育行政机关，尤其是加大中央教育行政机关即教育部对于同一行政层级的相关部委的统筹能力。

教育治理是多元主体共同管理教育公共事务的过程，它呈现出一种新型的民主形态。教育治理的直接目标是善治，最终目标是建立高效、公平、自由、有序的教育新格局。"以人为本"是教育治理的出发点，也是教育

行政制度创新需要考虑的前提。由于社会成员都渴望拥有各种确保实现自我利益和个人价值的合理诉求，当执政党颁行各种关于社会、政治、经济的发展政策时，不仅不能忽略公众信念的客观存在，还应该以公众信念作为决策的政治前提。因此，在我国高中教育管理体制发展创新的过程中需要体现"以人为本"，并要求地方政府切实了解和掌握人民群众的教育需求。

第二节　深圳市高中教育行政管理体制改革

教育行政管理体制的核心内容涉及教育行政机关的设置和行政职权的划分。随着社会主义市场经济的快速发展和国家教育教学改革的全面推进，新时期的高中教育朝着优质化、多元化和特色化方向发展的势头日益强劲。这对深圳市现行高中教育行政管理体制而言，亟须进一步调整教育行政部门与学校之间的关系，切实扩大高中学校办学自主权，致力于建设一个法治型、服务型、治理型和效能型的教育行政体系。要实现这一目标，需认真借鉴其他发达地区的改革经验，同时坚持从深圳市的教育实际出发，科学合理地处理好教育行政体制中的基本结构关系。

目前，围绕深圳市的教育行政管理体制改革，不仅要强化政府服务意识，在充分落实条件较好的高中学校的办学自主权的同时，针对办学实力薄弱的高中学校，尤其是民办高中，则要在一定程度上加强管理，放缓"放权步伐"。但是，不能一味地"为放权而放权"，而要根据不同的管理对象，围绕"放权"与"集权"进行灵活处理。同时，针对职业教育，本着"简政放权与放管结合"的基本原则，充分利用政府宏观调控职能，实现职业教育资源优化配置。

一、深圳市高中教育行政管理体制发展概况

建市时，全市普通中学24所，学生1.3万人，教职工877人。建市以后，随着政府投入的逐年增加和社会办学热情的高涨，深圳市中小学教育迅速

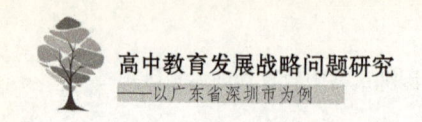

发展。1983年基本实现普及初等教育。1991年，市委、市政府研究制定了下一阶段教育发展战略，计划于1991至2000年的10年间，以"加速普及高中教育，提升基础教育水准，加大教育投资力度"为重点，实现深圳教育的"适度超前发展"。在加快发展高中教育的同时，对普通高中进行结构性改革，实行"2+1"分段高中制，把高中阶段的教育调整为普通高中、职业高中和分段高中的三元结构，拓宽了学生的成才之路。至1994年，基本普及高中阶段教育，职业高中也发展到17所，兼设职业高中班的普通中学有10所，职校在校生近万人。至2000年，全市有普通中学94所，在校生10.7万人，教职工8739人，分别是1979年的3.91倍、8.23倍和9.96倍。经过多年的学校布局调整，全市中小学的设置和布局，基本满足了常住、暂住和流动人口学龄子女对不同层次、多元化教育的需求。

2004年，深圳市教育改革取得新的进展。改革宝安、龙岗两区教育管理体制，全面实现教育城市化。宝安、龙岗两区由原来的"分级办学，以区、镇管理为主"的体制，转变为"一级管理，以区为主；多方投入，以政府为主；多元办学，以公办为主"的体制。两区将原有96所村小学校全部移交区政府管理，改变了长期以来特区内外在教育管理体制上的"二元体制"，标志着深圳市全面完成由农村教育向城市教育的转变。稳步推进中招中考改革，全面启动高中课程实验。同时，扩大高中招生自主权，顺利实现义务教育课改实验和高中课改实验的衔接，促进了教育质量和学生综合素质的提高。创新中职教育的学习制度，在学分制改革试点中取得成功。此外，通过在盐田区进行的人事制度改革试点工作，全市各区和各校正式启动事业单位人事制度改革。

2012年，深圳市新改并扩建了全寄宿制普通高中3所，新增公办普高学位7750个，鼓励9所普通高中开展创新型人才培养试点。同年，深圳首所"科学高中"正式挂牌招生，并深入开展素质教育特色学校创建活动。截至该年底，全市普通高中建成省一级学校49所，占高中总数73.13%；建成国家级示范性普通高中28所，占高中总数41.79%。深圳市中职学校紧缺专业免费招生扩大到10个，受益学生2万多人，招收首批中职新疆班学生 304 人，中职在校学生超过 6 万人；成立 2 个职教集团，加强了校企合作和产教对接，也加强了实训基地建设。深圳市还新增了 8 个职业教育实训基地成为国家级实训基地，国家级实训基地共计 30 个，中职学校毕业生就业率 98%，参加全国技能大赛获奖项目和人数均超过往届，5 所职校列入首批全国中职教育改革发展示范学校建设行列。

1988 年 11 月开始，深圳市教育委员会内设教育督导室，对市属学校和区重点学校的教育工作进行监督、检查、评估和指导。2000 年底，全市的市、区两级政府教育督导室共有督导人员 169 人，其中专职督学 25 人，兼职督学 129 人，特邀教育督导员 15 人。教育督导是敦促教育质量持续改进和提高的重要手段。

目前，关于深圳市的高中教育，在机构设置上主要由教育局实施行政管理，教科院负责业务指导与教学研究。深圳高中学校内部机构比较多样化，基本上存在处室管理、体系管理、年级管理等模式。人员配备比较齐全，教学、教务、技术与后勤等岗位人员配备都十分到位。在职能发挥上，深圳市高中划分为市属与区属两大类型，并由各自隶属及对应部门进行行政管理与业务指导。深圳市高中教育行政管理体制发展现状具有如下特征：以"市建、市投、市管"为主要模式，义务教育是区政府的职责，区管高中也可存在，但"市管高中，区管义务教育"成为基本格局。管理体制上市办、市管高中的优势在于资源充裕、指挥直接、避免恶性生源竞争三个方面。

二、深圳市高中教育行政管理体制存在的问题

（一）教育权力结构问题

近年来，关于深圳市高中教育行政管理体制中的权力分配变迁主要侧重于教育教学管理权，在立法、规划、指导、信息交流等方面的职能未能受到应有的重视。如何科学地划分中央和地方的教育行政权限，优化配置

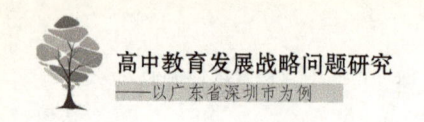

教育行政资源，调动中央和地方双方的积极性已成为教育体制改革中亟待解决的两难议题。

当前，深圳市高中教育管理体制还面临着一个核心问题，即"谁管、谁建、谁办"。由于深圳市的每个区的人口结构、人口成分、经济实力、各区发展定位、教育行政领导对教育政策的理解程度都存有差异，虽然区办高中发挥了基层的积极性，但现实发展状况却存有诸多人为上的差别，一些相关政策也还不够落实到位。由此可见，深圳市的高中教育管理体制虽有优势，弊端却显而易见。高中教育不能因为领导对政策理解的偏差而导致学校之间形成人为的过多差异。从这个角度来说，就需要一种大局的、统一的、能上升到一定层面的体制来消除教育现实中的人为差异。

（二）行政管理体系局限

新中国成立初期，建立一种全市集中统一的中学教育行政管理体制对于深圳市的教育发展有着历史的必然性。当时的社会经济、文化教育以及各个领域都需要进行根本改造，因而需要建立一种集中的政治、经济、文化教育管理体制。这种管理体制，对于按照新中国的教育方针改造半封建半殖民地的旧教育，建立和发展人民的社会主义的教育事业，起了一定的积极作用。但是，这种管理体制在今天看来却显露了不少弊端，不利于深圳市高中教育与其他各级各类教育的联系，也不利于学校与社会各方面之间的联系。

现行的深圳市市管中学体制，基本上是承袭了新中国成立初期的高度集中的统一模式，这与当前的经济体制、政治体制乃至整个教育体制的改革显得不够合拍。单一的垂直控制型的管理体制本来是以纵向联系为特征的，实际结果却削弱了这种联系。这不是某些人的责任，而是现行的管理体制束缚了教育行政部门职能的发挥。由于各区相对于市的自主权和独立性正在扩大，加上各种条件的差异，它们在经济、文化教育和社会生活等各方面将会越发显示出各自的特殊性和相互的不平衡性，这就使得针对高中教育的全市集中统一的管理模式显得日渐失调。具体的相关问题主要表现在学校规模过大，生源层次差别较大，对校级管理的要求过高，不利于学校特色优质化发展。

（三）学校自主办学困境

学校自主办学困境的根源是政校关系，是政府和教育主管部门管得过多。当前，深圳市的高级中学普遍面临办学自主权的三大困境。一是行政化。由于多年来各种复杂的历史原因，学校事实上向着行政机关化方向发展。中学校长由教育行政部门任免，中学的机构设置、管理模式几乎千校一面。学校的经费支配、人事、工资形式、招生考试、课程设置等都按红头文件执行，而且各级教育行政部门的机构和编制日益扩大，造成不适当的检查评比与日俱增。二是功利化。学校扩招和合并使大学成了政府捞政绩的角逐场，高考状元成了地方官员的政绩亮点。某些地区不惜重奖甚至簇拥高考状元，抢生源、找名师、上名校成了学校、家长、学生的一致冲动。三是同质化。目前对学校的评价基本上都是采取上级对下级的评价方式，如由政府推动的各种教育达标工程、实验性示范性评审，各级相关部门的监督、检查、督导，且由于检查标准统一，验收内容相似，客观上导致学校逐渐趋同。这种行政评价方式是用单一的标准去评价所有学校，结果致使学校毫无个性特色可言。如此，学校难以享有切实的办学自主权。

（四）教育督导定位偏差

随着高中阶段教育的普及，教育督导在高中教育质量提升中的重要作用不断彰显。然而，在当前的深圳市高中教育督导系统建设过程中，教育督导的职能定位偏差严重，教育督导队伍的官员化现象十分明显，教育督导在促进高中教育质量改进当中所发挥的作用极其有限。面对日益多元化的高中教育发展需求，必须进行高中教育督导制度的修正和完善。

当前，督导室从教育行政部门内部独立出来已有较大进步，开展督导也以指导为主，但关于深圳市高中学校教育行政督导的效果评价仍是褒贬不一。一方面是关于政府对学校的外部评价，这里主要包括办学水平评估

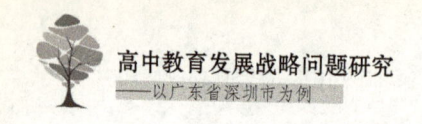

和责任督学制度,以政府评价为主,无第三方参与。办学水平评估之后将会有一个书面反馈,并提出建设性意见,学校会按照意见进行整改,而后对学校产生一定的帮助。但是,当前政府尚未对学校的全面发展与学生综合素养的情况形成系统化和常规化的评价。如此,部分学校关于高中阶段的督导相对较少,而部分学校却又因为评价过程中涉及政府的条例太多,给学校正常教学造成了一定的困扰。

另一方面是关于"管办评"分离政策的看法。"管办评"分离的方向是好的,但需要很长时间才能实现,在中国短时间内也是做不到的。深圳成立了一些评估机构,由退休的老师、督学或督导室的人参与,但多是针对湛江、茂名等地的学校进行评价,对于深圳市的情况却不甚了解。虽然"管办评"分离早已提出,但目前尚未建立起第三方评价,所开展过的评价基本上都是以官方组织的督导评估为主。第三方评价的建立并非易事,一是因为第三方评价机构自身发展不足,二是政府下放权力有限。另外,第三方评价制度的建立也涉及相当多的困境。譬如,第三方评价由谁来组建和谁来认证?如何保障评价的科学性和权威性?评价结果如何应用,是否能够得到认同?是否会由此滋生教育腐败问题?这些问题都关系到第三方评价的生存本质与发展实质。

三、深圳市高中教育行政管理体制的改革方向

鉴于深圳市财政充裕,可考虑从全市统筹的高度来推进深圳市高中教育行政管理体制的改革。通过不断完善"地方负责、分级管理"的教育管理体制,市级实行宏观指导和调节,特别抓好立法、督导、教研、科研、教改指导以及干部和教师队伍的控制和培训等相关工作;区级则承担管理的直接责任,将各自区级的高级中学发展规划、业务、人事、党务、财务等工作全面调控起来。同时,也要尊重学校的自主权,有效地搞好中观指导和管理,避免使用过细的执行管理模式将学校管死。此外,地方政府也应积极挖掘区级教育部门的办学潜力,提升区级教育管理能力,努力缩小

人民群众日益增长的教育需求与教育行政机关相对有限的管理资源之间的矛盾，进一步增强教育行政体制所能负载的公共服务能力。具体而言，主要包括如下几点。

（一）推进"权力多中心"发展，完善教育行政体系

对深圳特区而言，深化改革教育行政体制的长远目标是致力于建设一个法治型、服务型、治理型和效能型的教育行政体系。而要实现这一目标，就必须认真借鉴其他发达地区的经验，同时坚持从深圳市的教育实际出发，科学合理地安排好教育行政中的基本结构与关系。当代社会，教育行政体制所要面对和安排的各种复杂关系，实际上可以归纳为一系列基本结构关系范畴，主要包括本体与分支的结构关系，中央与地方的结构关系，政府与社会的结构关系，教育行政部门与学校的结构关系，教育行政部门与其他教育行政组织的结构关系。教育行政体制中的许多"故事"与"风景"，主要发生在这些结构关系范畴领域，其"剧情"和"结局"无一不与这些基本结构关系范畴的内部矛盾运动有关。

首先，教育行政权力分配的集中与分散各有利弊，不能一概而论。"权力的多中心"发展体现在各政府行政机关之间的权力分化上。人事部门负责师资聘任的管理，教育部门负责招生的管理，财政部门负责教育资金资源的管理，等等。这种权力分化势必促进教育行政管理的分权，因为只有分权才能充分考虑各地区现状的差异，才能因地制宜，从而推进教育的全面发展。

其次，推进分权型教育行政体制。分权型教育行政体制又称教育的地方分权制，是中央政府将教育的部分行政权力交由地方政府，由其在管辖范围内对教育事务进行处理的一种管理体制，而中央政府则起监督和辅助的作用。与中央集权制不同，分权型教育行政体制有以下特点：在中央一级不设教育部，即使设置其权力也十分有限。课程的设置、教材的选择、教师资格的认定等基本教育事项由地方政府规定，中央不做统一要求。关于教育的基本法律由地方制定，教育经费主要由地方承担。如此看来，分

权型教育行政体制优势显而易见。如可避免集权和垄断，提高管理质量和效率，优化资源配置，增强社会参与度，调动地方办教育的积极性等。

最后，"权力多中心"趋势要求政府在行政管理体制上精简机构，下放权力，加强理顺党政关系。通过推进市级统筹、区级负责、镇或街道共同分担的管理体制，激发各级政府的办学动力，促进区域教育更好更快地发展。此外，还需加快教育管理方式的转变，凸显政策指引、制度规范、平台搭建与管理服务的相关职能，以体现从"全能政府"向"有限政府"、从"行政指令"向"法治政府"、从"管制型政府"向"服务型政府"的转型。

（二）加强宏观调控，促进教育优质多元化发展

首先，加强对深圳市的宏观调控，促进教育优质多元化发展是教育行政体制改革的普遍趋势。发达的市场经济国家，不论实行何种经济运行模式，采用何种教育行政体制，建立教育宏观调控是它们表现出来的共同特征。加强教育宏观调控需要国家从健全教育立法，重视教育的宏观规划和布局，设立旨在质量评价、指导、监督的教育视导系统以及相应的经济手段等方面来实施对教育的总体影响，以防止分权制的弊端出现，从而使中央与地方以及教育行政体制的集权和分权都能对立统一起来。

其次，加强教育宏观调控，促进教育优质多元化发展，不是说事无巨细，也不是反对集权化的教育行政体制改革，而是要逐步建立起新型的教育宏观调控体系和全新的调控制度。加强教育宏观调控和扩大学校自主权本是教育行政体制改革过程中相辅相成的两个方面，是一对矛盾统一体。只要处理得好，就能相得益彰。一方面，增强学校活力，扩大办学自主权是我国教育行政体制改革的目标和最终落脚点。另一方面，加强教育宏观调控又是扩大学校自主权的前提和保证，能助力学校更好地发挥内部管理上的人力、财力、物力等各方因素，并有效组织和引导学校全体成员完善学校教育目标的外部条件。

最后，加强教育宏观调控，促进教育优质多元化发展要求深圳市进一

步转变政府职能，不断完善以法治为基础的公共治理结构。要积极改变政府无所不管的定位职能，改变政府对学校的外控式管理，同时使政府承担起应该承担也能够承担的权力和责任，逐步剥离学校与政府之间的直接隶属关系。政府的主要职能要从行政事务和微观管理中解脱出来，转向规划或政策引导、资源配置、信息服务和监督管理等宏观管理。在政府治理方式上，从主要依靠行政指令向综合应用法律的、经济的、政策的、信息的和必要的行政手段，变人治为法治，管理为治理。

（三）提升政府服务意识，扩大学校办学自主权

提升政府服务意识主要通过改进具体行政模式，关注社会民众需求来进行。其一，要求政府依据当前深圳市的高中教育实际，加快推进教育行政机关由控制管理型向服务管理型转变。对于这种转变，其关键的因素是行政管理人员要树立服务意识，整个教育行政体制要建立民主的决策机制，上级部门在保证经费核拨科学、透明、公正的情况下进一步下放管理权责作为政府转型的一种模式。其二，鉴于目前学习型的机关越来越被人们所关注，政府转变职能的另一个重要方式就是民主制度的建立，具体表现为群众反馈意见的渠道是否规范或者通畅。其三，当今高中教育行政体制的显著特点之一，就是国家为了适应复杂多变的行政需要，越来越广泛地利用授权行政主体去完成某些特定的行政任务。授权行政主体的出现，能有效地分离教育行政机关的某些专业性较强的管理职能，合理地分配教育行政任务，并有效地发挥社会参与教育管理活动的作用。如此便在客观上优化了教育行政管理方式，也更为充分地满足社会民众的需求，从而更好地实现教育行政目的。其四，教育的直接消费者是学生与接受教育的家庭。那么，关注社会民众需要主要就是注重受教育主体。随着社会经济的不断发展，他们对教育的重视程度与日俱增。受教育主体关心的不仅仅是如何接受教育的问题，也越来越关注教育的质量和教育管理的水平与效率等问题。当然，教育管理的发展势必要求政府更多地关注受教育主体的需求，在赋予受教育主体一定的参与权和决策权的同时，也将他们作为教育管理

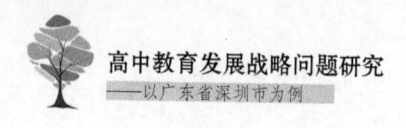

的监督者。

教育部在《国家教育事业发展第十二个五年规划》当中明确提出了扩大中小学办学自主权的目标。寻求自主办学的法理依据在于完善产权制度，法人制度之目的是为了保障学校的独立法人地位，规范学校与政府、社会各方的关系，进而理清学校相关利益主体的责、权、利。通过学校治理转型，实现法人治理，以促使学校自主发展、多元发展、主动发展，更好地为现代化建设服务，为人民服务。因此，扩大中小学办学自主权是成为当今深圳市教育发展的必然要求。在落实扩大高中教育办学自主权的过程中，需要正确处理政府与学校的角色关系，规范中小学办学自主权以下的竞争行为，保障教学自主权与学习自主权。唯有如此，才能真正促进学校发展，提高办学质量。

具体说来包括以下几个方面：一是通过构建新型的政校关系与打造学校、学生、家长三者之间的和谐文化来促进政府与学校之间角色的正确成型。这里可借鉴无锡市一些中学成立的学校管理中心和台州市相关中学构建的学校效能评估体系所做出的教改方案。二是规范高级中学办学自主权之下的竞争行为，这就要求恰当处理办学与经济利益之间的关系，并在资源分配上注意均衡性和公平性，还需要将学校发展建立在教师的发展之上。三是保障教师的教学自主权和学生的学习自主权。在保障教师的教学自主权上可通过制度层面强化外在规约，学校层面凸显教师的主体性，社会层面多关注教师的幸福感来促成。此外，还要通过教师自身的转变理念、素质提升、培养个性，激发教师教学自主的内在要求；在保障学生的学习自主权上，可通过建设高效课堂，树立"对象"意识，利用"以学带教"的方法归还学生学习自主权。

（四）改革政府评价体系，加强督导制度建设

面对日益多元化的高中教育发展需求，深圳市必须进行政府评价体系改革，强调督导工作的相对独立性，进一步修正和完善高中教育督导制度。具体包括如下几个方面。首先，修正高中教育督导职能定位，基础处做好

服务统筹上的配套管理工作。我国的教育督导具有督政和督学两项任务，但目前深圳市教育督导活动的工作重心仍旧是监督政府的教育工作，对于高中学校教育教学工作的指导缺乏关注。这种职能定位的偏差，不利于各利益相关主体多元化价值需求的满足。为修正"重督政，轻督学"的职能偏差，实现教育督导职能的充分发挥，十分必要对教育督导机构实施改革，建立独立的教育督导机构和独立的人员编制，并直接接受各级人民政府的领导，履行监督下级人民政府及其教育行政部门、本级人民政府的有关部门工作的"督政"职能。另外，要明确区分各级教育督导室的"督学"职能和各级教育行政部门对学校的管理职能，使它们各负其责。

其次，完善工作机制，建立管理制度。完善的工作机制是督导的有力保障，可通过建立量化评价、表彰奖励、绩效考核等工作机制，以促进工作职责的落实。具体的管理制度和规划是督导工作发展的基础。教育督导制度涉及许多方面，包括了有关教育督导的性质、地位等基本制度，有关检查评价的工作制度，保证工作质量和效率的制度。各级教育督导机构应根据工作实际，制定和健全切实可行的各类管理办法、工作制度、规划和计划，如督学选聘制度、学习与研究制度、信息报送制度、工作总结制度、档案管理制度、督导情况汇报制度、督导结果通报制度、督导情况报送制度、随访督导工作制度，等等。

最后，创建教育督导网络，提高工作效益。建立教育督导网络，是建立决策、执行、监督相协调的管理体制，它是教育督导新模式的尝试，是教育管理新模式的建立，也是教育管理体制改革的探索。教育形势的不断发展，使教育工作更加多元化、细致化，为了提高工作效益，教育督导工作也应该采用更加现代化的方式和手段，以提高督导工作的实效性。目前，在深圳市教育督导队伍的建设中，专兼职督学比例失调和督学人员官员化的问题比较突出，致使教育督导活动的有效性锐减。有鉴于此，明确各级督导机构、督导室与督导工作站的工作范围与任务，明确专职督学与兼职督学的工作职责，形成督导的立体工作网络势在必行。兼职督学人员很多工作在教育教学的第一线，没有脱离教学，对学校工作常态更加了解，他

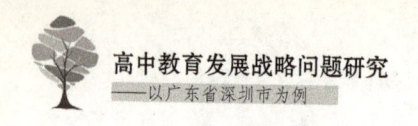

们更能反映真实情况。专职督学如能与他们保持经常的联系、交流和沟通，便能从兼职督学那里获取教育教学第一线的大量信息，既能发挥"督"的职责，又能有效明确地发挥"导"的作用。

第三节 深圳市高中学校内部管理体制改革

现代学校制度是有关家长和社会、教师和学生对学校管理的知晓与监督、参与和表达的积极回应，是保护和激发校长、教师从事教育改革与实践的积极性、创造性的有效途径，也是践行以人为本的管理理念，实现依法治校、构建和谐校园的必然要求。有鉴于此，深圳市进行高中学校内部管理体制改革创新的核心是建立现代学校制度，这要求一方面相关学校须继续深入落实校长负责制，强力推进现代学校制度建设；另一方面，可以尝试健全董事会制度，重点推进民办高中和中等职业学校也采取集团化发展模式，不断提升深圳市高中教育集团化管理实效。

一、深圳市高中学校内部管理体制发展现状

为贯彻落实《国家中长期教育改革和发展规划纲要（2010—2020年）》提出的大力推进依法治校的要求，在各级各类学校深入落实依法治校基本方略，建设现代学校制度，通过不断的探索和改革，深圳市先后进行了办学体制、中小学管理体制、招生考试制度以及教育教学领域等多方面的改革，初步形成了以政府办学为主、民办公助、企业办学、个人办学以及中外合作办学等多种办学模式并存的多元化办学体制。2012年初，为推进现代学校制度建设，教育部发布了《关于建立中小学幼儿园家长委员会的指导意见》和《依法治校——建设现代学校制度实施纲要（征求意见稿）》。其中关于高中教育的校内关系和校外关系做出了具体规定，即协调和整合影响学生发展的各种力量，这对深圳市高中学校内部管理体制发展起了一定的积极作用。

近年来，深圳市高中教育结构的基本定位为"大类多样化、同类特色化"。不仅有职业高中、普通高中、综合高中，还有其他类型的高中，普通高中里积极发展科学高中、艺术高中、体育高中、人文高中等。为使教育教学适应特区发展的需要，深圳市在中小学教育发展的过程中，一直把德育放在首位，实施大中小学德育一体化方案，尝试改革学制，改进教学方法，重视体育教学和艺术、特长、技能教育，提高学生综合素质，逐步实现从应试教育向素质教育的转化。由于高考强大的导向以及社会上家长对高考的过度重视，深圳市高中阶段普职教育之间的比例问题到目前一直没有得到妥善解决。尽管教育行政部门为职业高中的建设投入了大量的人力和物力，职业高中的发展之路依旧狭窄且得不到社会认同。这种现象的出现由很多因素促成，一是社会上百姓的观念影响，相当一部分家庭认为职业高中出来很难就业或者就业面不广。二是国家职业教育的整体发展布局，我国的职业教育发展模式、发展路径、课程设置、培养方法、评价体系基本是由教育学的相关人士创设的，未实现与相关产业的有机融合。

目前，深圳市大部分的公办高级中学实行校长负责制，校长作为学校的法人代表，全面负责学校教育、教学、行政等各项工作。在充分发扬民主的基础上，具有重大事务的决策权、人事任免的决定权、财务经费的审批权。学校设副校长若干名，由校长提名，市科教局考察、聘任。副校长对校长负责，协助校长分管具体工作。有些学校还会设教导处、政教处、总务处等职能部门。各职能部门设主任（或负责人）1人，副主任一般2人。职能部门负责人竞争上岗，由校长提名，市科教局考察、聘任。学校还设有工会、共青团、学生会等群众组织。在实行校长负责的同时，建立和实行学校教职工代表大会制。

教职工代表大会是学校实行民主管理，教职工参与学校决策、监督学校办学行为、监督学校行政的基本形式。教职工代表由各科组、各部门全体教职工通过民主程序直接选举产生。学校工会委员会承担教职工代表大会工作机构的任务，并协同其他部门做好大会的筹备工作与会务工作。在大会闭幕前根据大会主席团要求，组织各专门工作小组的活动，处理教职

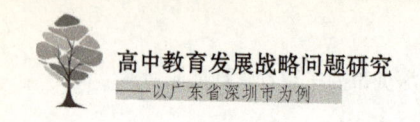

工代表大会或者大会主席团交办的其他事项。学校党支部对学校工作实施政治领导，有参与学校决策、监督学校工作的权利与义务，并对学校发展规划、工作计划、重大改革方案、重要工作安排等涉及方向政策及全局性的重要问题进行研究，发挥政治核心作用，对学校工作起监督保障作用。

深圳市的民办高级中学普遍采用教师聘任制，教职工在工资待遇中存有明显的竞争性差距，这在一定程度上促进了教师的教学积极性。在师资队伍建设中，民办学校的教师职称评聘未有主要的相关部门负责，教师在节假日也无相应补贴，这就使得相关教师从教积极性及教师队伍稳定性受挫严重。针对民办学校的办学性质，学校与教师都是双向选择，民办学校的教师流动性较公办中学偏大。目前，学校行政性干预过多，上级下达多种材料也增加了学校的教育教学负担，虽然学校在课程设置、人事权、财政权有较大自主性，但对于管理层级方面的问题还没有厘清，各项有关民办教育的政策落实不利。

深圳的职业教育情况比较特殊，学生和家长选择普通高中的愿望更强烈。因此高中普职比例就全国范围来讲，大体相当是可以实现的，但就深圳实际来看，估计很难达到5∶5的比例。近几年内，现有普职比将会比较稳定，不会有较大调整。同时，就深圳经济产业发展的现状及趋势，深圳需要更高层次与更高端的技能人才。现在中职教育上升渠道仍不够顺畅，在一定程度上影响了中职教育的发展和吸引力。目前，深圳正在构建一个从中职到高职以及应用型技术大学的完善的职业教育体系。"十三五"规划中，市政府出台了关于加快构建现代职业教育体系的意见，增强职业教育的吸引力。深圳中职教育发展总体还是不错的，尤其是公办中职学校硬件条件好，投入多，但民办中职学校的发展相对薄弱。

二、深圳市高中学校内部管理体制改革难点

基于深圳市的教育发展现状，如何使高中教育办学多样化、特色化、优质化，尽快从课程设置、学制改变、办学价值取向等方面打开突破口，

进而发展多样性高中，防止"千校一面，千市一面"成为亟须思考的问题。在职业教育方面，深圳市民办中职教育的发展较为薄弱，困难主要在于社会观念影响、师资不足、生源不足等方面。中职教育发展中存在"双师型"教师数量不足，投入资金不够，学校质量的提升重点应围绕师资水平的提升来展开。在民办教育方面，包括民办职业教育在内的发展仍具有一定的难度，针对民办教育中有些人把教育作为赚钱的事业，用产业获取最大利润的观点来办教育是不可能成功的，应该从价值取向上引导民办教育实现健康发展。

（一）公办高中内部管理体制改革

长期的实践证明，校长负责制符合我国学校实际情况和教育改革的需要，对提高办学水平与教育质量起到了积极作用。但是，近年来深圳市的高中学校在实行校长负责制的运行过程中也显现出不少管理弊端。比如，公办学校仍处于外控管理模式之下，"英雄校长观"不断被强化，误导校长负责制的实际走向；权力过于集中，缺乏权力约束和监督机制；"两个负责"失衡，只对上负责，而不对家长、社区负责；听任安排，无心进取。

根据学校发展需要，深圳市部分公办高中为实现扁平化的高效管理，以年级组管理为主。在校设置了教师发展中心，并在后勤服务部设总务处。但在学校的办学自主权上，采取统一集中管理模式的公办中学仍占多数，不少学校由于校内章程过于陈规，不符合实际情况，政府可在此基础上给予公办学校校长更多的办学自主权。关于学校教师招聘，一般说来，校内教师进补主要分三种形式：一是面向应届毕业生的附外公招。市人社局授权学校去大学设点招聘。二是面向在职老师，全市统一招聘。按照1∶5入围之后由用人单位组织面试，各用人单位根据现有编制情况和学位情况确定招聘人数。三是针对已有编制老师、特级教师、优秀教师进行选调。

关于综合高中，深圳市现有综合高中试点，第一职校有两个班在做综合高中的试点。课程是普职融合，学生的文化基础好一些。这些综合高中对口的高校就是国家未来要兴办的应用型或技能型大学，不是培养精英的

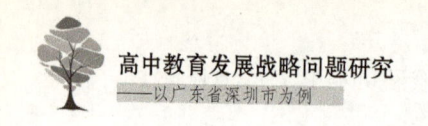

学术性高中。由于深圳市政府财政强大、资金充裕、社会对于教育的重视程度等几个因素,扩大高中规模走的是以扩建公办高中为主的路线。

(二)民办高中内部管理体制改革

民办学校是一个灵活高效而自主的新型办学体制,尤其在招生制度、用人制度、自筹资金与自主分配制度、教学专业设置与课程计划确立制度、收费制度等方面得天独厚。然而,在其内部整体管理体制运行方面还存在着大量的不规范现象。具体表现如下。

首先,现行民办学校在社会上的整体印象依然是管理的综合水平较低。其在管理体制上大都实行的是董事会领导下的校长负责制。这样的"校董会"一般均由投资者、热心教育的知名人士、教育专家、学生家长代表、办学者组成。多数民办学校内部管理结构尚不健全,或不设董事会,校长全权管理;或虽设董事会,但只是咨询机构或空架子,"一言堂"现象较严重,缺乏必要的约束和监督机制;或者董事会成员集中在投资方,当投资方利益和学校利益发生冲突时,做出的决策往往不利于学校本身的建设与发展。

其次,鉴于相当一部分民办学校的办学者的动机以过分追求营利为目的,民办高中发展的问题在于其招生影响力和学校质量。另外,大多民办学校都采取"家族式"管理。这样的管理方式或许在学校最初创办时发挥过较大作用,但当学校走上正轨,"家族式"管理就显示出明显的缺陷。这不仅不利于引进外资,不利于在学校上下培养良好的信任与责任机制,也不利于建立有效的竞争机制和教师积极参与学校管理激励机制。

最后,深圳民办高中学校数量多,但规模不大,办学水平整体比较薄弱。虽然政府重视,扶持力度也大,但较(由于)之前对于民办学校设立的要求过低,现在大部分民办学校都是满足自身温饱型。低品质、低收费,教师工资水平低,师资薄弱,举办者类型太多,更多以获取利润为目的。

（三）职业高中内部管理体制改革

一是职业高中办学定位问题。从行政上来考虑，深圳作为年轻的现代化城市本身对职业技术教育的需求不大。在普职比例调整上，争取逐步调整至5：5结构。同时，加大职业教育体系方面的改革，尤其是学生的上升发展路径的改革。这里可借鉴德国的双轨制职业教育体系，促使职业教育与普通教育融会互通。二是通过综合高中的创建，深圳市的普职融合已有实践。但就目前实施情况来看，普职融合仍然存在诸多困难，普职融合相对可行，却易导致职业教育普教化。另外，职业教育学生升学一般是对口高职高专，而高职高专的师资队伍及招生倾向都偏重于普通教育。三是目前的中等职业技术学校的行政与人事关系大多在市总工会，业务上由教育局进行指导，财务经费由财政局直拨。由于在教育局行政管辖范围之外，教育教学改革在政策信息获取与资源分配上被边缘化。四是在学校发展问题上，社会对职业教育的支持与认可较低。职业教育占比小，政府对职业教育的管理与政策支持不够充足，相关的部门职业教育管理人员缺乏，学校获取相关信息与指导力度有限。这些都在一定程度上阻碍了职业中学的管理和发展。

深圳市现有民办中等职业学校2所，中嘉职业技术学校和奋达职业技术学校，全部位于宝安区。由于管理层级问题没有厘清，各项有关民办教育的政策落实不利，学校发展现存以下困难：在教育经费方面，学校处于市教育局和区教育局的双重管理之下，两级政府对于教育经费补贴，存在相互推诿现象。根据政策规定，民办学校人数达到3000人及以上才可拨付专项经费补贴，但是学校目前办学规模难以达到，学校经费负担较大。在师资队伍方面，民办教师职称评聘没有相关部门负责，节假日无相应补贴，教师从教积极性及教师队伍的稳定性严重受挫。

（四）集团化办学过程中亟待解决的问题

实施集团化办学的关键是建立科学、高效的管理机制，但是由于我国的集团化办学产生和发展的比较晚，其管理机制还是不够健全和完善。当前，深圳市高中学校的集团化办学主要存在以下的问题：其一，在管理机

制方面还需要进一步的完善。集团一般包括多个成员和校区，在学校空间布局上存在严重的距离问题，这种多元化的组织体制，必然会增加集团的整体管理难度。单个学校可以采用传统的科层式的管理方式，然而规模扩大许多倍的教育集团，要不断地从制度和运行两个方面深化集团学校的管理体制改革，进而推进集团内各成员学校之间的协调一致与可持续发展。但是，就目前的发展来看，部分名校集团在管理方面仍旧沿用单体学校的管理思路，导致集团学校管理的成本加大，成效却逐渐降低。其二，集团成员合作的机制还需要做出逐步的健全和完善。联盟式的名校教育集团，由于其人、财、物、事之间相对比较独立，还很有可能面临跨区域、远距离合作等方面的问题，因此亟须建立一套比较完善又行之有效的合作机制，用来提高集团办学的成效。其三，上级行政管理部门对集团学校的评估机制也需要做进一步完善，并逐步完善关于多种模式并存的考核以及评价机制，以此来推动和提升教育集团的办学成效，推动基础教育集团化办学的可持续发展。

关于教育集团的内部治理方面的问题，主要是指各个权力机构之间的制衡关系，教育集团虽然大多都建立了比较完备的董事会制度，但还没有建立规范化的治理结构，主要表现在董事会成员的构成和董事会的作用以及校长的聘任方式上等多个方面。比如股权、决策权和经营权三项权力合为一体，这是因为集团的主要设立发起人，几乎无一例外都是集公司董事长、总经理于一身，并且大都身兼数个成员学校的股东、董事或者总经理，这就容易促使集团在实际运作中形成直线型的职能运作模式。集团总部大都承载了过多的教育集团日常的管理经营等多方面的职能，就比较容易造成各子公司以及具体的职能部门创造性和积极性难以得到很好的发挥。

在以核心名校为中心的教育集团中，由于其产权结构相对比较单一和封闭，不仅不能够广泛地吸收社会资金和引进外部管理方面的人才，也很难形成一个关于重大管理决策的监督与制衡机制。这种高度集中的决策机制，在集团初期可以充分体现决策的高效性，但当学校成员数量逐渐增多，并形成集团化模式经营时，由于个人的能力毕竟是有限的，又缺乏一个相应的决策机制，不能对董事会错误的决策进行约束，并且由于集团股权的高度集中，高层的管理者和核心人员主要靠工资和奖金进行激励，从而使得这些人很难与集团产生利害关系，也不能够影响集团董事会的重要决策，因而员工的忠诚度相对来说就比较低，这就造成集团学校的人员流失现象比较严重。

三、深圳市高中学校内部管理体制优化策略

鉴于深圳市高中学校内部管理体制改革的难点，要进一步健全教育法律法规，重点推进依法治教治校。针对深圳市公办高级中学要更加深入地落实校长负责制，积极完善现代学校制度建设，同时，在创新高中学校内部管理体制的基础上，还需注意引导学校在经由自治阶段和共治阶段的探索实践之后，逐步向教育善治阶段过渡。

（一）坚持推进依法治校，完善内部治理结构

依法治校是构建现代学校制度的必然选择。在教育教学管理中，深圳市的高中学校需要高度重视依法治校工作，把严格依法治校放在重要的议事日程上来，并纳入学校的总体工作规划，科学制订依法治校实施方案。各学校需对依法治校的指导思想、目的要求、普法知识、保障措施做出明确规定，充分保障学校的依法治校工作走上法制化建设轨道。

当前，为建立符合教育自身规律并能够与深圳经济社会发展相适应的高中学校内部管理体制，迫切需要推进依法治校，完善相关学校内部治理结构。具体包括三个方面：一是完善校长负责制。可通过以德治权、依法治权、以权治权等方式进行。其中，依法治权主要是指依法治校和依章办学，以权治权包括以完善业绩考评制度、日常监督检查制度、举报信访制度、民主测评制度、信息公开制度来改进上级教育主管部门对学校的监管机制。通过实施校务委员会制度、家长委员会制度等，介入学校办学决策和绩效问责以完善社区、家长对学校的参与、监督机制。

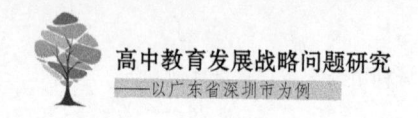

二是改进校内民主治理。完善学校内部治理体系的实质是建设依法办学、自主管理、民主监督、社会参与的现代学校制度,并强调自治和共治同时进行。这就需要民办学校和公办学校都奠定"现代教育价值"和"现代学校制度"的基础。如此,公办学校和民办学校的区别仅在于举办者和经费来源的不同,其管理体制和运行机制是基本相似的。具体措施包括:通过向副校长分权与对职能部门授权等方式处理好集权与分权的关系;通过限制行政性权限范围,划定学术性、专业性业务范围,尊重并维护学术性权力的行使来处理好行政性权力与学术性权力的关系;通过参与学校的人事和财务计划与安排及处理的审议,使教职工参与学校民主管理的制度化建设落到实处,以此扩大教代会介入学校管理的过程和范围;大力推进"校务公开"制度,建立学校工作情况的定期通报制度与工作计划的预报制度,增加教职工对学校重大事务的知情权和监督权。通过建立学校常规化的公开议事制度和公开办事制度,提高学校管理权力行使的各个环节尤其是决策过程的透明度,将学校各项管理权力的具体运作及成效,置于公众的监督之下。

三是实行学校分权共治。学校自治是指构建新型政校关系,推进政校分开、管办分离,政府简政放权,改变直接管理学校的单一方式,减少不必要的行政干预,切实落实学校办学自主权,使学校真正成为独立办学主体,能够自主管理、自主办学。学校自治、学校办学自主权源自政府向学校的分权,但就教育善治而言,政府分权到学校层面还不够,某些学校可能会截留政府下放给学校的新增权力,学校管理甚至会更加专断。因此,在学校内部需要"二次分权",把政府下放给学校的权力进一步下放给教师、学生、家长等主体,完善内部治理结构,实行分权共治。学校分权共治是指多元主体对于学校内部事务的共同治理和民主管理。学校内部管理机构、教师、学生、家长、社会组织、专家学者都可以成为学校治理的主体。

学校的分权共治要做好如下工作:一方面是完善集体决策制度。健全校内集体决策规则,完善决策程序,推进决策的科学化、民主化、法治化,避免个人专断。凡是有关学校发展方向、基本建设、重大教育教学改革和师生切身利益的事项，要充分听取利益相关者和专业机构的意见，要进行可行性评估，要进行集体决策。另一方面是健全师生参与学校治理的制度。健全教职工代表大会制度，充分发挥其民主监督和参与学校管理的作用。扩大教职工对学校领导和管理部门的评议权、考核权。要积极拓展学生参与学校民主管理的渠道，改革完善学生代表大会制度，落实学生的民主选举权、自主决策权；制定学生管理或者涉及学生利益的管理规定，要充分征求学生意见。积极探索师生代表参与学校决策机构的机制。

（二）合理优化权责关系，促进办学体制改革

公办学校办学自主权主要限制在财政经费、人才招聘、硬件设备更新与需求配备。推进办学体制改革的目的在于，最大限度地发挥公共资源、社会资源和私人资源的优势，通过学校运作机制、经费筹措机制、评价机制、用人机制和考核奖励机制的转换，不断提升学校的办学质量和效益。基于这样的目的，办学体制改革过程不应仅仅着眼于扩大经费筹措渠道，增加社会投入，还要在推进办学体制改革中，防范国有教育资产流失。在国有教育资产的处置形态上实施产权部分转让，通过产权的部分转让，实现地方政府与社会资本以股份制方式合作办学。这种形式主要出现在一些优质公办学校，教育主管部门提供学校品牌、师资和校舍、设备等教育资源，出资方提供资金，双方按一定比例拥有学校股份。由于出资方往往是控股方，其中大部分是民营或股份制企业，使得学校的公有属性发生变化。国有教育产权重组的最好方式是吸引社会资本，开展合作办学，而不是简单地将公办学校出售、转让。在教育体制改革中还要特别注意调动各方面办学的积极性，主动开辟多方式、多渠道办学的途径。

民办学校是一个灵活高效而自主的新型办学体制，但其内部整体管理体制运行方面还存在着大量的不规范现象。要解决这些问题务必从优化先进的管理体制入手，具体可采取以下措施：建立规范的董事会领导下的校长负责制；实施"专家"治校，避免外行人管内行人；引进先进的管理经验，进行有效的体制改革；改革自身的教学管理体制，逐步打破跟着公立学校

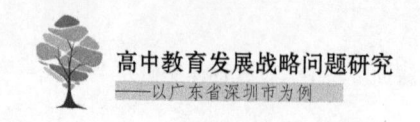

教学管理制度走的格局；建立健全教学的评估体系尤其是教师教学能力的评估制度和学生评议制度；不断完善学校的财务监管制度；在政府严格审批条件及程序的基础上，引导热心教育事业而非营利目的的组织或个人来开办公益性质的民办学校。

此外，可大力推进以政府办学为主、社会各界共同办学的新体制，让教育适应社会主义市场经济和社会的发展，不断满足社会对教育的多元化需求，允许民间力量开办有特色的高中教育。针对深圳市的部分民办学校已进行相关改革探索，如与腾讯企业合办的明德实验学校。对于这些学校发展，政府应该尽量减少行政干预，从而为其办出自身特色创造条件。

（三）深化人事制度改革，加强社会民主监督

《广东省关于深化中小学人事制度改革的意见》提出，深化中小学人事制度改革的指导思想是以邓小平理论和"三个代表"重要思想为指导，深入贯彻党的十六大精神，坚持解放思想、实事求是、与时俱进，落实科教兴粤战略，进一步改革和完善中小学人事制度，进行体制和制度的创新，尊重劳动、尊重知识、尊重人才、尊重创造。根据深圳市目前的教师队伍建设实际，主要着力抓好聘用制度、激励制度、教研制度、培训制度和考评制度等人事制度改革，打造具有现代教育理念的优秀教师队伍。概括而言，就是"五个字"，即凸显一个"聘"字——推行教师聘任制；强调一个"励"字——突出目标激励、物质激励和情感激励三大激励制度；抓好一个"研"字——坚持科研先导、科研兴校的发展观；强化一个"培"字——扎实实施新教师岗前培训、新课改培训、现代教育技术培训等；注重一个"评"字——健全有力的考核评价制度。

对于深圳市的高中学校在深化人事制度改革中具体要求做到如下几点：其一，进一步完善中小学校长负责制和任期目标责任制。改革和完善中小学校长的选拔任用办法，严格掌握中小学校长任职条件和资格，对于中小学校长实行任期制。其二，全面推行教职工聘任制，改革中小学用人制度。主要包括大力实施教师资格制度，严把教师入口关，拓宽教师来源

渠道，吸引更多优秀人才从教。进一步推行教职工全员聘任制度，不断完善教师职务聘任制。加强聘期考核，做好聘后管理。依法处理教职员工聘任工作中出现的人事争议，保障教职工和学校双方的合法权益。其三，改进和完善分配制度，建立与聘任制度相适应的激励机制。其主要包括深圳市政府要确保教育经费的"三个增长"，保障教师工资按时足额发放，完善职务等级工资制度，坚持在教师工资统一发放的基础上，逐步扩大学校在教师报酬分配上的自主权，并建立与聘任制度相适应的工资保障和激励机制；将教职工的工资与其岗位职责、工作数量和工作绩效挂钩，充分体现按劳分配、效率优先、兼顾公平的分配原则，建立重能力、重实绩、重贡献的分配激励机制。同时，进一步发挥工资和岗位津贴的导向作用。实行向骨干教师倾斜的政策，对在教学、管理等相关方面做出显著成绩和突出贡献的人员给予相对优厚的待遇或相应奖励。其四，建立合理流动机制。可通过建立教师交流制度，调整岗位，进修培训，吸引具有教师资格的优秀人员到中学任教等途径，逐步优化教职工队伍结构，解决中学教师队伍学段、区域、学科结构不合理等结构性失衡问题。

此外，在强化民主监督，加强制约机制的过程中，还需要确保公开工作的真实性和有效性，不断推行校务公开。各学校须坚持不断地探索和创新，完善监督机制。在充分发挥党组织、职工大会、教代会民主监督作用的基础上，充分发挥校务公开监督小组、家长委员会、家长会、学生座谈会的作用。把学校的管理、领导班子的廉政建设和教师师德建设等置于社会和家长的监督之下，了解家长的意见和建议。对涉及社会、家庭的问题如学校收费等对外公开，自觉接受社会和家长的监督。增强监督力度，对校务公开进行全方位监督。

（四）推行主体多元评价，提升教育核心竞争力

教育治理是多元主体参与的共同治理，而民主化为其精髓。因为，在教育治理过程中，民主既是目标也是手段。我们坚信，民主的力量会带来善治和好的教育。那么，要推行主体多元评价，提升教育核心竞争力，首

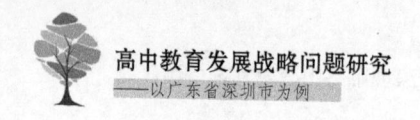

先要求深圳市的高中学校在办学过程中促进家庭、社会参与，建立健全家长参与学校治理的制度。在完善中小学家长委员会制度的基础上，可通过学校和班级两级家长委员会，使家长参与并监督学校管理，更好地促进家校合作。家长委员会成员由家长民主选举产生。学校在进行采购校服、订购教辅材料、组织活动、代收费用等直接涉及学生个体利益的活动时，一般应由学校或者教师提出建议和选择方案，并做出相应说明，然后提交家长委员会再做出决定。

其次，深圳市可根据本市的现代化、国际化、开放化城市定位来进行开放办学。通过引进社会资源，加强高中课程的多样性设置与优质实验室的建立，充实学生的课程选择，以保证教育教学质量，实现高中学校与高校的有效衔接。另外，由于市民对于职业教育存有偏见，大多家庭倾向于普通高中教育，这就要求政府积极引导教育方向，不应被家长需求所绑架，而是根据社会需要来调整。

最后，现阶段的深圳市高中教育的办学规模趋于稳定，如何提高学校的核心竞争力成为学校发展的中心问题，决定着学校发展的未来。现代学校的核心竞争力主要体现在优质和特色层面上，其着力点在于学校内部各维度的发展和学校的多样性发展。一方面，在"以人为本"的新课程改革理念下，可将管理主体的人作为中心，通过学校的队伍建设、德育建设、教学建设、课程建设、文化建设、特色建设、校园建设突出"人本"思想。另一方面，为实现学校师生的全面、均衡、协调、自由发展，可在办学过程中坚持以教师为本，在教学过程中坚持以学生为本，努力让师生的发展作为价值取向，尊重师生生命意识，顺应师生需求，寻求适合师生发展的教育，实现学生、教师、学校三个维度的价值愿景，从而达到多元发展。

此外，在长期应试教育思潮的桎梏下，普通高中教育重高考升学率，单一追求教学质量，形成了同质化的普通高中教育办学模式。这种模式造成了学校粗放式的发展，显然与现代教育不相适应。如今，高中阶段教育发展所面临的主要任务已不再是数量扩张，而是在普及基础上的内涵发展与多样特色化发展。因此，我们应该创新发展模式，破解发展难题，大力推进多样化改革。在总结深圳市部分中学以国际化、艺术化等为特色的办学实践基础上,借鉴国内外成功经验,根据各校特点,因地制宜,试办合作综合高中;开展自主招生考试,挑选专才或异才;举办"科学高中""人文高中""特殊教育高中"以及"数学高中"等,鼓励学校多元发展。

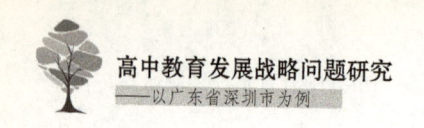

第二章 深圳市高中教育结构调整与优化研究

十八届五中全会以来，我国各级政府和教育部门以"创新、协调、绿色、开放、共享"发展理念为指导，围绕深化教育领域综合改革，不断提高教育质量方面展开积极探索。高中阶段教育的改革与发展成为教育领域备受关注的热点话题，我国高中教育改革进入了全面战略调整的关键期。"在未来五年普及高中阶段教育对于大多数省市来说已经不是重要难题，关键是思考在这个过程中如何推进高中阶段教育的优质发展，如何解决高中阶段普通教育与职业教育沟通的鸿沟，实现普及高中阶段教育视野下高中教育的质量高水平发展，正确处理普及与提高、公平与效能均衡与优质的关系需要在高中教育内部结构与机制上有深层次的思考。"对于深圳来说，2015 年，深圳市高中阶段毛入学率达到 98.5%，已在高中教育数量上实现了跨越式发展，更亟须进入质量提升和结构优化为重点的发展阶段。实现普及高中教育的过程中，如何优化高中教育内部结构，实现高中教育协调、高质、多样化、可持续发展是深圳市高中教育发展接下来要探讨的问题之一。

"十三五"期间，深圳市经济发展迅速，产业结构不断升级，经济社会发展呈现良好态势。社会的快速发展亟须提升劳动者素质和优化劳动力结构，对教育结构调整提出了新的要求。同时，深圳市作为大规模外来人口流入地，外来人口数量庞大，异地中高考政策的推行使深圳市面临着满足随迁子女受教育需求的压力。未来适龄人口数量的变化促使深圳市高中阶段教育结构的调整成为迫切问题。而随着社会的发展，深圳市民对于优质高中教育的迫切需求，也构成了深圳市高中阶段教育结构调整面临的一个现实因素。

基于以上内容分析，深圳市如何确定高中阶段各类教育的发展目标，调整高中教育结构，实现高中阶段教育普职协调、多样化、特色化发展，从而满足经济社会发展需要和深圳市居民的高中教育需求，是目前亟须进行的课题。

本章首先梳理深圳市高中教育结构的发展历程与基本特点，总结出深圳市高中结构演变过程中的影响因素。在此基础上，基于现状与问题分析、未来面临的形势和深圳市高中教育的改革发展趋势，提出优化深圳市高中教育结构的策略。

第一节 深圳市高中教育结构的演变与趋势

"文革"十年对教育的破坏，导致我国中等教育结构单一，不利于经济社会发展，20世纪80年代开始，我国进行了"适应经济建设的中等教育调整"。1980年《关于中等教育结构改革的报告》和1985年《中共中央关于教育体制改革的决定》都明确提出调整中等教育结构，大力发展职业教育的要求，从此拉开中等教育结构调整的序幕。改革开放后刚成为经济特区的深圳市，在教育改革大背景下如何开展本市高中阶段教育结构的改革与调整，高中教育结构的发展经历了怎样的过程？这个过程中，不同的发展阶段分别具有哪些不同的特点，制约深圳市高中阶段教育结构发展的关键因素是什么？本节主要探讨深圳特区成立以来，深圳市高中阶段教育结构的发展历程，总结深圳市高中阶段教育结构发展的规律性特征。通过对深圳市高中阶段教育改革和发展历程做一个简要回顾，为现阶段深圳

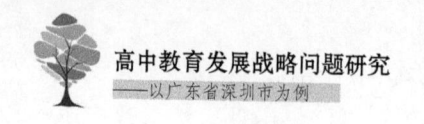

市高中阶段教育结构的优化提供历史依据。

一、深圳市高中教育结构的历史演进

根据深圳市高中阶段教育发展情况，将深圳市高中阶段教育结构的发展变化分为四个阶段：1980—1990年，1991—2000年，2001—2009年，2010年至今，每个阶段各有其特定背景及特点。

（一）高中教育结构体系初步建立（1980—1990年）

深圳市建市后，开展了大规模的经济建设，根据经济发展对人才的需求和教育基础薄弱的实际情况，深圳市将教育发展的问题提上议事日程，教育事业在原有的基础上起步并不断发展。加之改革开放后大量外来人口涌入深圳，深圳市教育主管部门的中心工作在于整合和充实教育资源，普及基础教育，满足人民的教育需求。据统计，深圳建市时，全市有普通中学24所，学生1.3万人，中等专业技术学校1所，仅有学生80人。教育发展规模小，中等教育结构比较单一，不符合深圳特区经济建设需要。当时的外来人口状况以及原有的中等教育现状是这一时期深圳市高中教育结构体系开始建构和发展的社会背景。

从1981年开始，各级各类教育逐步恢复发展，深圳市教育部门对高中阶段教育进行了整顿调整，逐步撤销社办高中，新建学校。特区成立以来，市委、市政府高度重视普通高中教育，并采取切实有效的措施，大力发展优质普通高中教育，满足市民不断增长的优质高中教育需求。深圳市中等职业教育也开始发展，1981年创办了深圳市财经学校等三所中专学校。纵向上，1980年秋季前，全市实行初中三年、高中两年的学制，之后高中学制由以前的两年制逐步向三年制过渡。1983年5月，教育部、劳动人事部、财政部、国家计委联合发出《关于改革城市中等教育结构，发展职业技术教育的意见》，要求："将部分高中改为职业中学、职业技术学校，或在普通中学设立职业班；发动各行各业举办职业中学、职业（技术）学校或职业技术培训班；普通中学有计划地增设职业技术教育课，还可举办职业技术教育中心；改革和办好中等专业学校和技工学校。"深圳市紧跟国家整体方针政策的步伐，同时为了满足深圳市经济社会发展所需要大量的初中级人次，因此这一时期高中阶段教育结构调整的重心在横向结构——普职类型结构的调整上。1983年，深圳市在福田、翠园、蛇口三所中学开办职业高中班的试点工作。1984年，组建了第一所完全建制的职业中学——岗厦职业中学；1984年，先后成立了深圳市工业学校、司法学校、警察学校等中等专业学校，并将深圳市中等专业学校改建为深圳市财经学校，普通中学开办职业高中试点工作也从3所扩大到8所。

1985年《中共中央关于教育体制改革的决定》（以下简称《决定》）颁布，指出"调整中等教育结构，大力发展职业技术教育"，文件明确提出从高中阶段开始对普通教育与职业教育进行分流，初中毕业生一部分升入普通高中，一部分接受高中阶段的职业技术教育；其中，发展的重点是职业技术教育，应充分发掘中等专业学校和技工学校的潜力，扩大招生，并且有计划地将一批普通高中改为职业高中，或增设职业班，使大多数地区的各类职业技术学校招生数相当于普通高中的招生数。《决定》的颁布加快了深圳市中等职业教育发展的步伐，1985年创办全市第一所镇办职业高中——布吉职业中专学校，其他高中仍注意高中的分流，办职业高中班。直到1985年底，深圳职业高中独立建制的共有3所，办有职业高中班的高中有7所，在校学生数2105人，不过高中阶段学校数量中仍是普通高中占较大比重，职业高中与普通高中在校生比接近4∶6。而从1986年开始，深圳市中等专业教育开始由数量上的外延式发展转向内涵式发展。1989年，深圳市全面普及九年义务教育，为高中阶段教育的发展提供后续发展动力。为了更好地促进各级教育间的协调发展，这一时期高中阶段教育结构不管是从横向还是纵向上都进行了一定程度的调整变革。1990年2月，深圳市对中等专业教育结构又进行了调整和优化，各职业高中努力创办品牌，形成办学特色，技工学校正式创办，主要从事中等职业技能培训。深圳市中

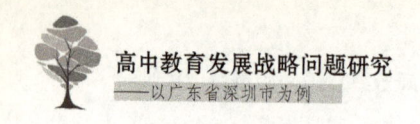

等职业教育学校办学规模和办学条件得到了明显改善，办学质量明显提升，专业设置日趋全面，在一定程度上满足了深圳市劳动力市场的要求，为深圳市经济和社会的发展提供了大量中等职业技术型人才。

（二）高中教育结构体系持续调整变革（1991—2000年）

1993年中共中央、国务院颁布了《中国教育改革和发展纲要》。这份文件首次提出在大城市市区和沿海经济发达地区普及高中阶段教育，并提出了加大职业教育发展力度的要求，要使"高中阶段职业技术学校在校学生人数有较大幅度的增加"，在基本普及九年义务教育的地区，应以发展初中后职业技术教育为重点。1994年，深圳基本普及高中阶段教育，比国家规划中的大中城市和经济发达地区普及高中阶段教育略早。深圳高中阶段教育的发展较快，但与国家这一时期整体趋势一致，普通高中适度发展，中等职业教育在这一时期得到鼎盛发展，之后开始不断走下坡路。

首先是纵向上学制的改变。1991年，为提高高中的办学效益，满足学生就业和社会行业的不同需求，深圳市教育行政部门根据不同学校的师资和办学条件，决定为高中实行学制结构性改革，在职业高中、普通高中之外加设"2+1"分段高中。分段高中的学生在修完普通高中高二课程后，按自己志愿选择续读普通中学高三课程或分流到职业培训点（中心）接受为期一年的职业技术教育。在继续完善"2+1"分流的模式的基础上，又探索"2+2"和"2+2.5"分流模式，即在深圳教育学院等单位开办自学考试大专课程班，招收高二后分流的学生，使这部分学生经过2到2.5年的学习，通过自学考试等渠道，获得大专学历。1996年，在全国高中工作会议上，深圳市就高中阶段学制结构性改革的经验作了专题介绍。2000年，深圳市的小学、初中、高中实行"六三三学制"，在普通高中和职业高中之外，仍实行"2+2"和"2+1"分段高中试验。深圳市的学制改革试验，对学校系统改革，对人才的成长和培养，具有积极意义。特别是高中学制的试验，对高中生按自己的意愿选择课程，对高中生分流到职业技术学校而言，都是非常有价值的尝试。

其次，在横向学校结构类型上，普通高中领域推进特色高中建设。1993年中共中央、国务院颁布的《中国教育改革和发展纲要》指出，中小学教育应由应试教育转向全面提高国民素质的教育，面向全体学生，全面提高学生的思想道德、文化科学、劳动技能和身体心理素质，促进学生生动活泼地发展，办出各自的特色。20世纪90年代的深圳特区，对外交流日益频繁，外资企业林立，社会对外语人才的需求旺盛，围绕"外语特色"，深圳创建外国语学校，深圳外国语学校逐步从无到有，从小到大，反映了深圳普通中学优质、特色的发展轨迹。

深圳市高中教育的横向调整主要体现在中等职业教育领域。在职业教育蓬勃发展的同时，市政府和有关部门不断进行改革和调整，使深圳市的职业教育更加适应经济发展的需要，更加健康、持续发展。1990年和1994年先后两次对中职教育进行了调整，撤并了有名无实的职业高中，基本取消了一校两制（即完全中学内初中是普通教育、高中是职业教育）的做法，并对全市中专、职业高中学校的布局和专业设置做了进一步的调整。1991年召开了第一次职业教育工作会议，对深圳市的中等职业教育发展提出了一定的规划和指导。会后，南华职业技术学校、市电子技术学校脱颖而出，被教育部、国家计委等5部委联合授予"全国职教先进单位"称号，跨入了全国首批省重点职业高中的行列。1994年，深圳市教育局根据深圳市建设现代化国际性城市的目标定位，从全市产业结构调整变化的实际出发，确定了深圳市中等职业教育8大支柱产业，即电子技术、电脑应用、邮电通信、金融保险、财务会计、珠宝服装、美术工艺、餐旅服务8个专业，实行8类专业相对集中的办学模式。

经过前一阶段的发展，1995年后，深圳市对中等职业教育实行"调整、巩固、充实、提高"改革，走内涵式发展的道路，改善中等专业教育的办学条件，加强内部管理，撤并了部分普通中学兼设的高中班，建立多所独立建制的职业高中。并新成立了一些高级技工学校，增设和调整相关专业。深圳市中职教育发展遵循上一阶段的发展速度，到这一时期发展到了黄金鼎盛时期。至1999年，深圳市职业学校35所，招生数量8238人，

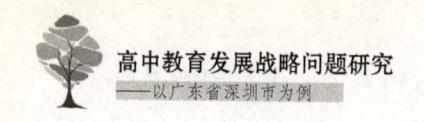

在校生数 22 033 人，而普通高中在校生数为 24105 人，在校生数职普比为 48∶52。部分职业学校如财经学校、华强职校、桂园中学等校的新生录取分数线相当于省重点的分数线。

（三）高中教育结构体系波动曲折趋于平稳（2001—2009 年）

随着深圳经济社会的发展，劳动力市场对大学学历教育的市场需求和社会转型期对高素质人才的迫切需求结合起来，对高等教育规模扩张提出要求。深圳市民也对高中优质教育有着强烈需求，希望子女接受更高层次的教育。2001 年 5 月，《国务院关于基础教育改革与发展的决定》颁布，文件提出要"大力发展高中阶段教育，促进高中阶段教育协调发展"。这一时期大力发展高中阶段教育更多是普通高中的发展，普通高中招生数量逐年增加。

为了优化教育结构和教育资源配置，进一步提高教育质量和办学效益，推进高中教育的优质化，更主要是为了扩大普通高中的办学规模，在纵向学制结构上，2000 年深圳市启动实施市和区初、高中分离办学。而当时，全市有普通高中 52 所，在校普高学生 23 663 人，平均每校仅 455 人，全市每校每年毕业生仅 155 人，高中学校数量过多，规模过小。按照"重点初高中分离，发挥品牌效应，形成规模办学"的思路，全市调整学校布局，扩大名校学位，满足社会对优质教育的需求。通过初高中分离办学，调整了全市初、高中学校布局，实现了规模办学，一大批名校逐步做大做强，也为大规模全寄宿制高中的发展奠定了基础，创造了条件。

这一时期横向普职结构较前一段的平稳有了曲折变动，主要是普职比的波动。首先随着国家宣布邮电、银行系统实行人员零增长，同时由于财会、金融人才培养供过于求以及亚洲金融风暴导致深圳外贸系统的萎缩、旅游业下滑等因素的影响，1998 年以来，与国家职业教育发展的趋势一致，这一时期深圳的职业教育受到了巨大的冲击。同时高校扩招带来普通高中教育大发展，普通高中的发展速度快，招生数量逐年增加，在校生数大幅增长。从 2000 年开始，深圳市中等职业教育呈现下滑态势，深圳市职业学校的录取分数线不断下降，就连曾经辉煌一时的学校也需降分才能招满学生。

因此，高中阶段教育横向上职普结构变动较大，出现了普通高中大发展，中等职业教育规模不断萎缩的现状，职普比逐年下降，2004年的职普比跌到了28：72的历史最低位。中等职业学校从1999年时的35所减至2004年的17所。这一时期的大多数中职学校都把高职类高考视为主要的办学方向，背离了职业教育的本源和功能，职业教育对区域经济发展的贡献能力日渐削弱，社会对职业教育的认同感和职业教育对公众的吸引力明显下降。

经历了前半段的曲折发展之后，深圳市高中阶段各类教育呈现平稳发展态势。2005年10月，《国务院关于大力发展职业教育的决定》颁布，文件提出，"到2010年，中等职业教育招生规模达到800万人，与普通高中招生规模大体相当"。在国家政策指引和深圳市委、市政府的大力支持下，深圳中等职业教育开始进入复苏阶段。2005年深圳中职学校招生规模首次突破万人大关。2008年，中职学校在校生数首次超过40 000人，毕业生首次超过10 000人。2009年全市中职学校招生首次超过18 000人，拥有中等职业学校23所（其中技工学校7所），其中国家重点职业技术学校5所、省级实训基地4个，职普比逐渐回升至33：67。普通高中教育仍不断增长，但发展趋于平缓。

（四）高中教育结构体系进一步创新发展（2010年至今）

进入新时期，深圳市经济持续快速发展，经济发展方式向"创新型"转变，社会发展有着深刻变革，而深圳市居民对高中教育发展提出更高要求。2010年7月，在十七大提出的"优先发展教育，建设人力资源强国"的战略部署下，教育部颁布了《国家中长期教育改革和发展规划纲要（2010—2020年）》（以下简称《纲要》），提出加快普及高中阶段教育的发展任务，并且总体保持普通高中和中等职业学校招生规模大体相当。在《纲要》中，高中阶段教育首次以专章的形式获得了独立阐述，同时在"职业教育"一章中专门提出，要"逐步实行中等职业教育免费制度，完善家

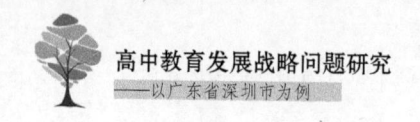

庭经济困难学生资助政策"。为了落实《纲要》精神并切实推动中等职业教育的发展，教育部于2010年11月颁布了《中等职业教育改革创新行动计划（2010—2012年）》。文件提出了中等职业教育的重点任务和具体要求：保证中等职业教育年招生规模与普通高中大体相当，实现"三年累计培养2000万中级以上技能型人才"的目标。

《国家中长期教育改革和发展规划纲要（2010—2020年）》《广东省中长期教育改革和发展规划纲要（2010—2020年）》和《深圳市中长期改革和发展规划纲要（2010—2020年）》等一系列新的教育政策文件的出台为未来十年深圳教育改革发展指明了方向，做出了全局性的总体部署，对深圳市高中阶段教育的发展也做出了规定和指导。这一时期深圳市高中阶段教育中，各类教育稳步发展，中等职业教育趋于恢复上升，虽然中等职业教育不论是招生数还是在校生数均低于普通高中，但普职比例呈稳定趋势发展。深圳市经过一些重点改革试点和工程项目的启动，为高中阶段教育结构的变革提出新的发展思路，更加注重高中阶段各类教育的优质、特色化发展。2012年，深圳市高中阶段普通高中67所，在校生数107 926人，中等职业学校22所，在校生数60 147人，在校生数普职比约为11∶6。深圳市高中阶段公办、民办、普通、职业、特色（外语）高中齐全，基本满足深圳市居民多层次求学的需求。

首先，在纵向上，深圳市积极推动公办教育集团化发展，大胆经营教育，贯通学制，加速普及优质教育的目标，推进高中阶段特色教育试验。构建教育集团的最初目的是组建教育"联合舰队"，打造学校品牌，发挥名校的辐射作用，加速普及优质教育。发展教育集团的基本策略是以一所省一级学校为轴心，由若干所中小学、幼儿园组成一个办学思想比较接近、管理理念相对统一、教学特色突出、教育行为和谐一致的学校组织，形成"联合舰队"，达到把优质教育做大、做强，把局部优势提升为整体优势的目的。组建教育集团，遵循因地制宜、扬长避短、资源共享的原则，尊重各成员学校现成的成果和经验，充分调动各学校办学积极性和发挥自主权，实现教育观念、办学思想、教育人才资源、物资资源、信息资源等有形、无形的优化组合。

其次，在横向类型上，探索构建普通特色高中。进入 21 世纪以来，深圳特色高中建设稳步推进，在普通高中初步形成了一批在课程、德育、体育、艺术、科技教育、教育科研方面独具特色的学校，对改变"千校一面"的办学模式，促进学校内涵发展，增添学校活力和魅力，提高学生综合素质，形成独特、稳定的办学风格与优秀办学成果起到了积极推动作用。深圳市现有科技高中、艺术高中、体育高中等。在普职的基础上，试办综合高中，现深圳市第一职校已创办一处综合高中试点，与未来深圳市即将建设的应用型大学相衔接。

中等职业教育，围绕区域发展定位，面向市场，建设品牌专业。在中等职业教育发展中强化校企合作，与区内外知名企业建立紧密联系，充分发挥和利用企业的资源优势，强化学生技能训练，强调实践导向。在课程开发、实习实训、招生就业等方面开展实质性合作，融教、学、做为一体，建立省级实训中心，促进中等职业教育质量的提升。

二、深圳市高中教育结构演变的影响因素

郝克明先生在《影响 20 世纪以来我国学制和教育结构演变的影响因素分析》中指出，"影响学制和教育结构变化的因素是十分复杂多样的，由于世界的普遍联系，教育系统之外的所有环境因素都可能对学制和教育结构的变化产生直接或间接的影响，教育系统内部的其他因素也会产生同样影响，而且，教育不仅受环境的制约，同时它也会对环境产生反作用，因而要确定环境因素与学制及教育结构之间的决定与被决定关系是十分困难的"。本研究根据已有的材料和前文所述教育结构的发展历程来总结出影响深圳市高中教育结构演变的因素。

建市以来，深圳市高中阶段教育结构在发展方式上表现为持续不断地调整，调整方式主要以行政调节为主。深圳市高中阶段教育结构的发展经历了统一学制、类型分化、建构体系、创新改革的发展过程，在此过程中，各种内外因素影响着深圳市高中阶段教育结构的形成与演变。各种因素所

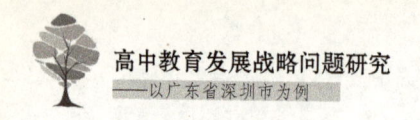

起的作用各不相同，并且同一种因素在不同的时期发生影响的途径、方式和程度也不一样。某一具体的结构变化，往往是多种因素共同作用的结果。这些因素的共同影响，集中体现为特定历史时期所形成的重大教育决策。各种内外因素及相关教育决策影响深圳市教育结构，经历了不断变化的过程。国家相关政策始终贯穿在高中阶段教育结构的调整过程中，深圳市经济社会的发展状况对高中教育结构产生着较大影响，同时上下级相关教育之间的联系以及居民的教育需求在一定程度上影响着高中阶段教育结构的发展变化。

（一）政策因素

在我国，政策和行政指导始终在教育发展过程中起主导作用。因此，在深圳市高中教育结构的变迁过程中，国家的相关政策始终是主要影响因素。

从深圳市建市以来高中阶段教育结构发展的全程来看，几乎与20世纪80年代以来我国高中教育结构发展的总体变革趋势保持一致。20世纪80年代以来，我国中等教育领域的政策重心在普职结构调整上，中等职业教育是国家政策扶持的重点，尤其是1985年《中共中央关于教育体制改革的决定》颁布，指出要"调整中等教育结构，大力发展职业技术教育"，中等职业教育得到大发展。紧跟当时政策形势，那一时期深圳市高中阶段领域中等职业教育发展速度较快，深圳市教育局制定了《关于调整特区内普通教育的布局、教育结构、学制和管理体制的意见》，提出"现有中学根据实际情况逐步办成职业高中（带初中）"，"逐步提高职业高中的办学条件"。从1986年起，深圳市中等职业教育得到大力发展，并经历了从1989年开始的深圳中等职业教育"黄金发展时期"。

2005年以来，国家为适应社会经济发展的要求，颁布《国务院关于大力发展职业教育的决定》，提出大力发展职业教育，通过国家政策有针对性地引导，实现高中阶段普通教育和职业教育招生规模的大体相当。2010年《国家中长期教育改革和发展规划纲要（2010—2020年）》中也强调了"总体保持普通高中和中等职业学校招生规模大体相当"。普职比已经成为全国各地高中阶段教育结构调整的重要视角，"大体相当"是国家在今后一段时期内比较稳定的政策导向。

从深圳市指导高中阶段教育发展的政策文件来看，深圳市高中阶段结构调整的重点是倡导发展中等职业教育，为实现"普通高中和中等职业高中招生规模大致相当"而努力。

（二）经济社会因素

经济是社会发展的基础，经济决定着社会能够向教育提供的人、财、物的多少，同时，经济发展对人才、技术的要求也在很大程度上决定社会对教育的要求，影响教育制度和结构。我国经济发展速度与培养专门人才的中专和高等院校招生数存在类似的变化趋势。20世纪80年代以来，深圳市高中阶段教育中，中等职业教育起步发展并进入十年"黄金发展期"，与当时深圳市经济社会发展的状况有关。深圳市建市后，由计划经济体制转入市场经济体制，经济实现快速增长，社会上对各类中等专业人才有较大需求，一定程度上刺激着深圳市中等职业教育的发展。当时深圳市从全市产业结构调整变化的实际出发，确定了深圳市中等职业教育8大支柱产业。经济社会的发展对高中阶段教育结构的变化有着较大影响。

而经历了20世纪90年代末的低潮发展，2005年之后，深圳市中等职业教育虽有所恢复提升，国家政策始终向职业教育方向倾斜，颁布各项政策促进中等职业的发展。但在高中阶段教育结构中，普通高中无论是从招生数还是在校生规模都远远超过中等职业类教育，除了受传统观念中对中等职业教育的偏见之外，深圳市经济社会发展的水平也是重要影响因素。国家政策一直在鼓励发展中等职业，但就深圳市高中阶段教育发展的状况来看，一直达不到国家政策所倡导的"普通高中和中等职业教育招生规模大体一致"的目标，尤其是国家所施行的中等职业教育免费政策，对于深圳市中等教育发展的刺激作用并不大，这与深圳市经济发展总体状况有关。深圳市经济发展速度快，不断实现产业结构升级，以创新和高新产业为主，因此更需要技术水平高的技术人才，而以中级技术工人为培养目标的中等

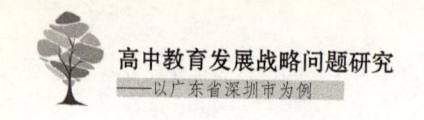

职业教育不符合深圳市经济和产业发展的现状。随着深圳产业结构的调整与升级，中职毕业生已不能满足深圳市产业的需求，深圳经济发展更需要知识和技能并重的综合性、创新型人才，职业教育重心上移是大势所趋。

（三）教育内部因素

各级教育发展水平相互制约，上一级教育的发展制约下一级教育的发展，并影响其结构。同时各级各类教育之间的沟通与联系也会直接影响教育结构。有学者总结，一般来说，普通高中受高等教育的影响比较大，而中等职业教育受国民经济发展水平和速度，尤其是受劳动力市场就业状况的影响较大。我国20世纪80年代高等教育规模较小，普通中学的毕业生不能满足就业需求，因此当时中等职业教育得到了大力发展。而20世纪末，我国高等教育以前所未有的速度大发展，大规模扩招下大学在校生数和每年的毕业生数都大幅度增加，拉动了普通高中的发展。高等教育的数量和结构直接影响高中教育的数量和结构。2000年左右，深圳市中等职业教育大滑坡，普通高中得到快速发展，与当时高等教育扩张带来的高校扩招有直接关系。深圳市高等教育规模扩张直接带动对应直升的普通高中的大发展。

同时，普通教育、职业教育之间的沟通与联系影响教育结构。由于一定阶段社会上的有效教育需求是一定的，因此高中阶段教育中普通高中和中等职业教育之间是"此消彼长"的关系。在我国，长期以来中等职业教育实行的是"终结性教育模式"，是没有升学机会的就业前准备。在20世纪80年代以前，中专、技校以其短时间、见效快的学制和较好的毕业分配等优势吸引了一批学生；近几年来，由于职高、中专、技校毕业生就业困难也难以升学，便出现了"职高冷、普高热"的状况。深圳市中等职业教育目前虽有较大发展，但招生规模和在校生规模均低于普通高中，普通高中和中等职业教育之间缺少沟通与联系。加上传统观念的影响，深圳市社会居民对高中阶段教育中的中等职业教育有效需求不足。因此深圳市高中阶段教育中普职比一直处于7∶3的比例。

三、深圳市高中教育结构演变的特点与趋势

20世纪80年代以来，经过十余年的改革和调整，深圳市初步建立了高中阶段教育结构体系。这一时期高中阶段教育结构的主要特点是深圳市建市初期相对单一的高中教育结构得到改善。与国家高中阶段教育结构调整的步伐一致，中等职业教育的发展较快，学校数、在校生数占高中阶段的比例不断提高，但这一时期在深圳市仍然是普通高中在高中阶段中占到主导部分。

1991—1999年间，深圳市高中教育结构体系持续调整变革。这一时期，高中阶段教育结构的基本特点是高中阶段教育结构进行了较大调整变革，适应了深圳市当时经济社会发展的需要。纵向上有了学制上的改变，探索新的办学模式；横向普职结构上，中等职业学校发展速度较快，中等职业教育的办学规模、办学质量和社会口碑都达到了一个空前的高度，一度达到了历史上的鼎盛时期，在校生数职普比例大致相当。普通高中教育和职业教育两个相对独立的体系，在相互沟通方面做出了一定的尝试。

2000—2009年间，深圳市高中教育结构体系波动曲折趋于平稳，这一时期的发展特点是高中教育的发展随着社会经济变动和上一级教育的发展情况产生曲折变动，普通高中为扩大办学规模进行了纵向上的改革。中等职业教育从低落逐步恢复发展，尽管在高中阶段教育中所占比例不大，但普职比自此以后平稳发展，没有出现大起大落。

2010年至今，深圳市高中教育结构体系进入创新发展时期，其特点是高中阶段教育受到了前所未有的关注，高中阶段教育改革向特色化、优质化、多样化方向发展，教育规模扩大。在一系列大力发展职业教育重大政策和措施的推动下，中等职业教育成为扩大高中阶段教育规模，满足高中阶段教育需求的重点，普通高中教育则逐渐呈现出发展规模保持稳定的态势，普通高中教育逐步摆脱同质化，追求特色化、优质化发展。

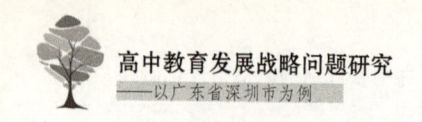

第二节 深圳市高中阶段教育结构的现状分析

一、深圳市高中教育发展基本情况

十八届五中全会提出"普及高中阶段教育",在政策指导下,如何高水平、高质量地普及高中阶段教育,实现高中阶段教育优质发展是我国教育改革领域应当思考的重要课题。"普及高中教育不只是量的增加,还需转换发展模式,解决内部结构和机制问题,这样才能健全发展。"《深圳市中长期教育改革和发展规划纲要(2011—2020年)》的总体目标是:到2020年,高中毛入学率达到99%以上,普通教育与职业教育适度融合,免费教育范围不断扩大,高中教育优质化、特色化发展。

在上述政策推动下,2010年以来,深圳市经济社会发展速度快,高中阶段教育的规模也在不断扩大,并向高水平、优质化迈进,普通高中教育建设步伐加快,中等职业教育规模有较大增长。从学校数、招生数和在校数三个指标来看,截止到2015年,深圳市高中阶段学校数共96所,普通高中共73所,较2010年增加了10所,中等职业教育学校23所,较2010年增加了4所。(详见表2-1)单从学校数量来看,深圳市高中教育在规模数量上仍呈上升态势。

表2-1 深圳市高中阶段学校数基本情况(单位:所)

年份	普通高中		中等职业学校		高中阶段总计	比上年增加数
	计	比上年增加数	计	比上年增加数		
2010年	63	3	19	-1	82	2
2011年	66	3	19	0	85	3
2012年	67	1	22	3	89	4
2013年	70	3	22	0	92	3
2014年	71	1	23	1	94	2
2015年	73	2	23	0	96	2

数据来源:深圳市教育局.《深圳市教育事业统计手册》(2010—2015年),2016年3月。

2010年,深圳市高中阶段招生数58 583人,2013年以后均不断增长,

2015年深圳市招生数达到66 537人，高中阶段毛入学率达到99%。其中，普通高中的招生规模较持续增长，从2010年的3.51万人扩大到2015年的4.23万人，增长率为20.51%。中等职业教育招生人数有所波动，从2010年开始招生数量连年下降，在2014年有所回升，出现了近年来招生数最高值25 276人，但随后又有下降趋势，招生数有一定幅度的减少。但总体来说较2010年是波动中有所增长，从2010年的2.34万人增长到2015年的2.42万人，增长率为3.42%。（详见表2-2）

表2-2 深圳市高中阶段招生数发展情况（单位：万人）

年份	普通高中		中等职业学校		高中阶段总计	增长率
	计	增长率	计	增长率		
2010年	35198	/	23385	/	58583	/
2011年	36378	3.39%	22932	-1.94%	59310	1.24%
2012年	37493	3.07%	21148	-7.78%	58641	-1.28%
2013年	39637	4.99%	21091	-0.27%	60728	3.56%
2014年	39872	0.59%	25276	19.84%	65148	7.29%
2015年	42329	6.16%	24208	-4.23%	66537	2.13%

数据来源：深圳市教育局.《深圳市教育事业统计手册》（2010—2015年），2016年3月。

2015年，深圳市高中阶段在校生数19.34万人。近年来，普通高中和中等职业教育的在校生规模均呈增长趋势，其中普通高中在校生规模从2010年的9.85万人增长到2015年的12.01万人，增长率为21.93%，中等职业教育从2010年的5.4万人扩大到2015年的7.33万人，增长率为35.74%。（2010—2015年深圳市高中阶段教育发展情况详见表2-3）

表2-3 深圳市高中阶段在校生数发展情况（单位：万人）

年份	普通高中		中等职业学校		高中阶段总计	增长率
	计	增长率	计	增长率		
2010年	98536	/	53962	/	152498	/
2011年	102890	4.42%	57483	6.52%	160373	5.16%
2012年	107926	4.89%	60147	4.63%	168073	4.80%
2013年	113639	5.29%	63252	5.16%	176891	5.24%
2014年	114797	1.02%	69411	9.73%	184208	4.13%
2015年	120073	4.60%	73309	5.61%	193382	4.98%

数据来源：深圳市教育局.《深圳市教育事业统计手册》（2010—2015年），2016年3月。

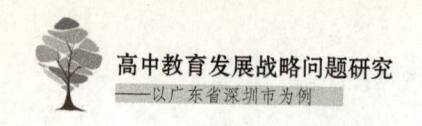

二、深圳市高中教育结构现状的特点

目前，深圳市高中阶段学校数共 96 所，在校生数 19.33 万人，高中教育规模总体呈上升增长趋势，下文结合图表对高中阶段教育结构的现状进行具体分析。

（一）普职类型结构

一般来说，将高中阶段的学校分为普通高中和中等职业类学校。深圳市 2015 年共有普通高中 73 所，中等职业类学校 23 所。2007 年以来，在相关政策指导下，深圳市中等职业教育和普通高中教育不断发展，但中等职业教育的学校数、招生数、在校生数均远远低于普通高中。深圳市普通高中招生数和在校生数呈连年增长趋势，中等职业教育在校生数不断增加，招生数则在波动中上升。中等职业教育招生数最高值是在 2014 年，但 2015 年又有所下降。（详见图 2-1 和图 2-2 所示）

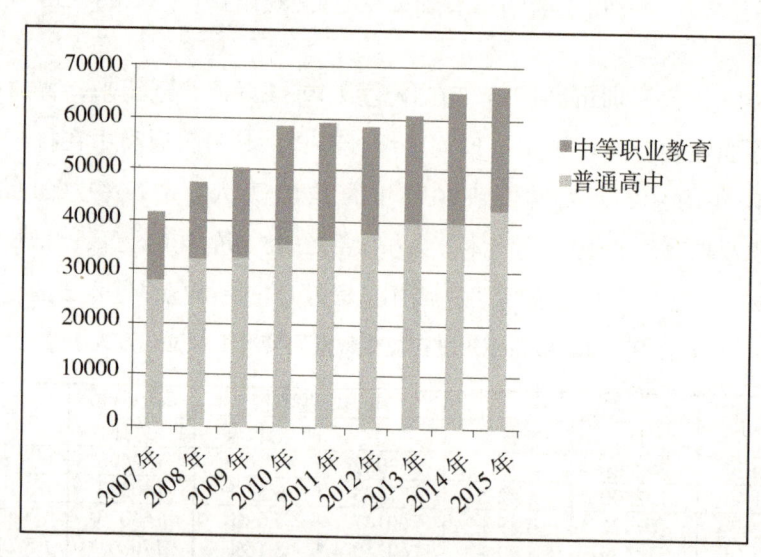

图 2-1 深圳市高中阶段教育招生数发展状况

第二章 深圳市高中教育结构调整与优化研究

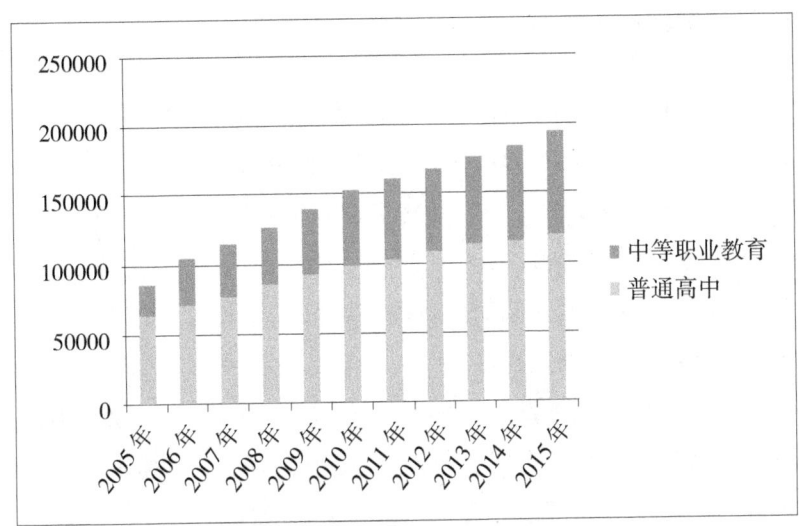

图 2-2 深圳市高中阶段在校生数

数据来源：深圳市教育局.《深圳市教育事业统计手册》（2010—2015 年），2016 年 3 月。深圳市教育局.《深圳市教育事业统计手册》（2007—2012 年）》，2013 年 3 月。

在普职规模结构中，"关系"是"比例"的基础，"比例"反映"关系"。普职比例是普职类型结构的一个重要反映。2010 年《国家中长期发展规划纲要》指出，今后一个时期总体保持普通高中和中等职业学校招生规模大体相当。深圳市近年来的高中教育的发展目标也是向 1：1 的比例靠近，但总体来说深圳市高中阶段教育普职比例有升有降，不断变动，招生数的普职比在 1.77 上下徘徊，在校生数普职比徘徊在 1.8 左右。（详见表 2-4）

表 2-4 深圳市高中阶段普职比统计表

年份	学校数普职比	在校生数普职比	招生数普职比
2008 年	2.85	1.99	2.16
2009 年	3	1.94	1.89
2010 年	3.32	1.83	1.51
2011 年	3.47	1.79	1.58
2012 年	3.05	1.79	1.77
2013 年	3.5	1.80	1.89
2014 年	3.09	1.65	1.58
2015 年	3.17	1.64	1.75

数据来源：深圳市教育局.《深圳市教育事业统计手册》（2007—2010 年），2013 年 3 月。深圳市教育局.《深圳市教育事业统计手册》（2010—2015 年），2016 年 3 月。

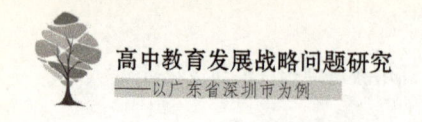

（二）办学体制结构

深圳市外来人口数量庞大，民办高中教育发挥着重要作用。2010年以来，高中阶段民办教育学校数、招生数和在校生数不断上升，在高中阶段教育中所占比例不断扩大。2011年深圳市高中阶段公办高中32所，民办高中53所，分别占总数的62%和38%。2015年，高中阶段公办高中38所，民办高中58所，两者总额数量均有增长，分别占高中阶段教育总体的60%和40%左右，民办教育比例略有增加。自2013年以来，高中阶段公办高中的学校数量保持稳定，民办高中数量呈小幅增长趋势，但民办中等职业类学校数量较少，直到2015年也只有15所，占中等职业教育学校总数的65%左右。（详见表2-5）

表2-5 深圳市不同办学体制学校数统计表（单位：所）

年份	高中阶段总计			普通高中			中职类学校		
	公办	民办	总计	公办	民办	总计	公办	民办	总计
2011年	32	53	85	28	38	66	4	15	19
2012年	33	56	89	27	40	67	6	16	22
2013年	34	58	92	28	42	70	6	16	22
2014年	36	58	94	29	42	71	7	16	23
2015年	38	58	96	30	43	73	8	15	23

数据来源：深圳市教育局.《深圳市教育事业统计手册》（2010—2015年），2016年3月。

2011年以来，深圳市公办和民办高中教育招生规模、在校生规模均呈增长趋势。从2013年开始，民办高中的增长速度显然快于公办高中，招生数和在校生数量增长较多，说明民办教育在普及高中教育的过程中越来越重要，未来一段时间民办教育将分流一部分学龄人口入学。但是，总体来说，深圳市民办教育的规模比例仍然较小，不论是民办普通高中，还是民办中职类学校，其招生规模和在校生规模均不足其各自总体规模的30%。（详见表2-6和表2-7）

表 2-6 深圳市高中阶段不同办学形式学校招生情况统计表（单位：人）

年份	高中阶段总计				普通高中		中职类学校	
	公办	增长率	民办	增长率	公办	民办	公办	民办
2011年	45482	/	13828	/	28831	7547	16651	6281
2012年	44140	-2.95%	14501	4.87%	29460	8033	14680	6468
2013年	44126	0.031%	16602	14.48	30036	9601	14090	7001
2014年	47223	7.01%	17925	7.96%	30287	9585	16936	8340
2015年	47562	0.72%	18975	5.86%	31342	10987	16220	7988

数据来源：深圳市教育局.《深圳市教育事业统计手册》（2010—2015年），2016年3月。

表 2-7 深圳市高中阶段不同办学体制在校生数统计表（单位：人）

年份	高中阶段总计				普通高中		中职类学校	
	公办	增长率	民办	增长率	公办	民办	公办	民办
2011年	122760	/	37613	/	81648	21242	41112	16371
2012年	129407	5.41%	38666	2.80%	86446	21480	42961	17186
2013年	133479	3.14%	43412	12.27%	88990	24649	44489	18763
2014年	136668	2.40%	47540	9.30%	88598	26199	48070	21341
2015年	140557	2.85%	52825	11.11%	90633	29440	49924	23385

数据来源：深圳市教育局.《深圳市教育事业统计手册》（2010—2015年），2016年3月。

三、深圳市高中教育结构存在的问题

从深圳市高中阶段教育发展情况和教育结构的现状来看，目前深圳市高中阶段教育结构仍比较单一。具体来说，深圳市高中阶段教育结构中存在的问题如下。

一是纵向上来看，相比其他城市，目前深圳市幼儿园、小学、初中学生规模较大，高中阶段教育规模小，学校数量和在校生规模均相对较少，校均规模相对较大，整体来说学生呈"金字塔"形，小学阶段位于金字塔底部，初中位于腰部，高中阶段位于顶部。但随着政策的调整和高中阶段普及率提升，基础教育各阶段学龄人口规模会由"金字塔形"向"矩状形"发展，以深圳市现有的高中教育学校数量高中教育将会面临较大的学龄人口压力。目前深圳市小学每年招生的数量为基准约十七万到十八九万，按照这个速度，小学和初中阶段读完，如果学生数量没有损耗，加上大量随迁子女流入，高中的学位会更加紧张，这对深圳市高中教育的优质发展和质量的提升是种挑战。2013年，深圳高中阶段在校生规模为11.4万人，预计到2020年将达到17.9万人，需增加高中教育学位6.5万个。因此，目前纵向上的"金字塔"结构不利于未来几年高中教育的高质量普及和优质化发展。

另外，纵向上，目前深圳市中职和高职还没有做到融会贯通，应用型本科、专业硕士教育还没有发展起来。中职和高职学生的上升通道不够畅通是中职教育发展的瓶颈，在一定程度上制约了中等职业教育的发展。

二是从横向来看，深圳市高中阶段的结构是以普通高中和各类中等职业学校为主的普职二元结构。在高中阶段教育普职二元结构中，普通高中占有较大比例，中等职业教育规模较小，深圳市高中阶段的普职比问题，一直没有得到解决。显然在现阶段，普通高中比中等职业教育更受欢迎。虽然近年来，深圳市高中阶段的招生数和在校生数普职比有缩小趋势，但中等职业教育所占比例仍然较小，目前普职比大约为7：3。就2013年来说，深圳市普通高中学校数是中职学校数的3.2倍，招生人数和在校生数是中职的2倍左右。相比其他计划单列市，深圳市中职学生占高中学生比例仅为35.8%，距离国家普职学生规模大体相当的要求尚有较远距离。大连和青岛中职学生数目超过普通高中学校数目，青岛和厦门中职学生占高中阶段学生人数的比例较高，接近50%。（如表2-8所示）

表2-8　2013年计划单列市普职规模对比

年份	普高		中职		中职学生占高中学生百分比
	学校数（所）	在校生数(人)	学校数（所）	在校生数(人)	
大连	79	97701	84	70222	7%
青岛	59	125516	82	118915	94.7%
宁波	81	96940	55	78345	80.8%
厦门	33	44196	21	40403	91.4%
深圳	70	113639	22	63252	55.7%

数据来源：深圳市教育局.深圳市教育发展"十三五"规划材料，2016年。

同时，高中阶段普职二元结构中，两类教育在办学上自成体系，缺乏沟通和融合。在管理体制上，普通高中和中等职业类教育分属不同的管理系统，前者属于基础教育系统，后者与成人教育并为一处。在培养目的上，普通高中毕业生为上级升学服务，中等职业教育毕业生则面向就业。而且，决定两者分流的是学生成绩的高低，以分数为唯一依据和标准。普通高中录取分数较高，而中等职业类学校录取更多的是分数较低的学生，在一定程度上排定了普职的先后顺序，使各类中职类学校成为相对弱者的一方①。中职类学校发展较弱还表现在政府对中等职业教育的管理与政策支持力度不足，政府部门中缺少相对专业的职业教育管理人员。高中阶段教育中普通高中更受重视，中等职业教育的社会支持度与社会认可程度较低，一方面对于一些不适合读普通教育的学生发展不利，另一方面也给普通高中学校的管理和教学带来一定压力。

三是横向的办学体制结构中，深圳市高中阶段仍以公办教育为主，民办教育发展不足，在高中阶段教育结构中属于薄弱的一环。深圳市民办高中学校数量多，但规模不大，教育管理不够规范，办学质量和办学水平整体比较薄弱。从深圳市基础教育已有数据来看，从幼儿园、小学、初中到高中，深圳民办教育规模和比例逐渐减少，2013年民办教育在校生数占同一学段总体在校生的比例分别为93%、43%、34%、25%（数据来源于深圳市教育局十三五规划材料）。而目前深圳市教育在发展过程中，由于土地资源限制，大量外来随迁子女流入以及异地高考政策的实施，种种因素使得深圳市高中教育尤其是普通高中教育面临极大的压力，学位缺口较大。高中阶段教育中民办高中教育的数量和质量不符合当前高水平、优质化普及高中教育的要求。

而最为明显的是深圳市中等职业教育领域民办教育机构相对较少，规模较小，不能满足多样化的教育需求，社会力量兴办职业教育的活力没有得到激发。受社会观念、资金投入和师资不足、生源不足等困难的影响，民办中职教育的发展较薄弱。2013年，深圳市中等职业教育学校数和学生

---

① 程方生.论高中阶段教育结构的优化——以江西省为例[D].南昌：江西师范大学，2004：13-14.

规模不足中等职业教育总体规模的三分之一（具体如图2-3所示），更多民办中职教育管理规范问题没有理清，各项有关民办教育的政策落实不力。总体来说，民办中职教育需要政府的引导、规范和管理，政府应严格审批条件及程序，加大对非营利性民办学校的支持力度，引导热心教育事业而非以营利为目的的组织或个人来开办公益性质的民办中职学校。

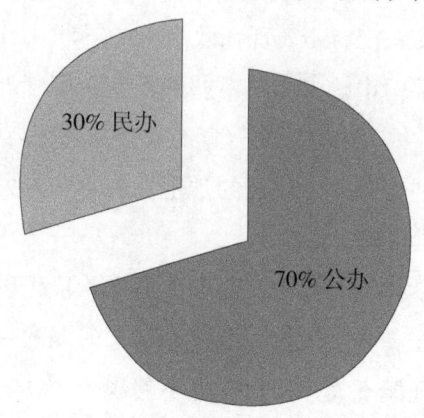

图2-3 深圳市不同办学形式中职学生在校生规模比例（2013年）

数据来源：深圳市教育局. 深圳市教育发展"十三五"规划材料，2016年。

四是针对具体高中阶段各类教育的内部而言，仍存在一定问题。首先，普通高中呈现"同质化"，结构单一，缺少特色。近年来深圳市普通高中的规模不断扩大，但存在的问题是普通高中办学模式还未从扩大规模转向创办特色，因为高考强大的导向以及社会上对高考的过度重视，普通高中"同构化"现象大量存在。深圳市目前的集团化办学，"以名校带民校"也是扩大优质学校规模，而非突出特色办学。虽然在深圳市改革的过程中也出现了一些特色高中，但基本上局限于课程的特色，特色化办学还不够明显。普通高中都以升学为主，学校千篇一律，缺少多样化和特色化。

其次是中等职业教育不够"职业化"。我国职业教育发展的一个突出问题在于不够"职业化"，职业教育的发展模式、发展路径、课程设置、培养方法、评价体系都是教育学的相关人士创设的，没有与产业实现融合，更多以普通教育的方式来发展职业教育。深圳市中等职业教育同样存在这样的问题，表现之一就是中等职业教育内部专业结构不够合理。深圳市一些中等职业学校专业和课程设置并不符合深圳市经济结构和产业结构调整的需要，而且一些中等职业教育专业发展水平不高，更有一些以升学为导向，办学模式照搬普通高中，以课堂知识传授为主，追求进入高职高专的"升学率"的职业高中存在，这种专业和课程上长期错误定位不利于中职类学校的发展。

第三节 深圳市高中教育结构面临的新形势

为更科学地对深圳市高中教育阶段教育结构进行调整，应全面分析教育结构将面对的影响因素，本节从经济和产业结构变化、学龄人口变动、教育需求状况、相关教育发展四个方面来讨论深圳市高中阶段教育结构面临的未来形势，在讨论的基础上，为深圳市高中阶段教育结构的优化提供依据。

一、深圳市经济与产业结构的变化

经济的发展对教育的发展起着决定性作用。经济结构和产业结构与教育结构之间有着高度的相关性和相互依存性。高中阶段教育作为中等教育的高级阶段，担负着升学和就业的双重任务。只有遵循规律，根据经济结构和产业结构的发展变化调整自身结构，才能更好地培养和输送合格、优质的多层次人才，推动经济发展和社会进步。现代城市经济发展速度快，产业结构不断优化升级，服务业、制造业大力发展，应加速培养金融、贸易、物流、生物、新能源、新材料等服务业和制造业领域的人才，提高人才的总体规格和层次。为适应未来经济社会的发展需要，应培养有专业基础、有生产劳动技能、有管理基本知识的复合型人才，尤其是支撑产业发展的高级技工。深圳地处沿海，作为改革开放的前沿城市，经济发达，快速发展的经济、产业结构的优化以及两者的未来发展趋势对深圳市教育的改革发展和教育结构的变化有着重要的影响。

深圳建市以来，经济高速发展的同时，产业结构也经历了跨越式发展。20世纪80年代主要是"三来一补"和一般贸易充当经济发展的主力军，经济增长倚重于传统劳动密集型产业的粗放型增长模式。到90年代，深圳意识到改变增长模式的重要性，以电子通信设备制造为主导的高新技术产业迅速崛起，其间第三产业得到了快速发展。这一时期，深圳产业层次总体水平偏低，自主创新能力不强。在当时的经济和产业结构影响下，20世纪80年代至90年代前期，深圳市高中阶段中等职业教育发展速度较快，当时的高中阶段教育结构在一定程度上满足了当时深圳经济高速发展所需要的大量初级劳动力人才。

而随着经济的不断发展，深圳市产业结构不断升级转型，开始逐步从劳动密集型转变为知识密集型，从粗放型、要素型的超高速增长转变为集约型、科技型的高速增长。深圳市在"十五"规划中将高新技术产业、金融业和物流业确立为三大支柱产业，制定了优先发展的方针和全方位的扶持政策，并加大力度推进加工制造业向先进制造业转型升级。近年来，深圳市产业结构日趋合理，从三次产业总产值构成比重看，深圳市第一产业所占比重从1979年的37%不断下降，2005年以后历年都在1%以下。第二产业比重开始逐年下降，在2009年略有波动后仍不断下降，2015年第二产业在国民生产总值中所占比重为41.2%。第三产业在国民生产总值中的比重不断上涨，2015年，第三产业比重达到58.8%。近年来，深圳市三大产业之间的构成变化如表2-9所示。

表2-9 深圳市三大产业增加值占全市生产总值的比重构成变化

年份	生产总值（亿元）	第一产业（%）	第二产业（%）	第三产业（%）
2005年	4926.90	0.2	52.4	47.4
2006年	5684.39	0.13	53.2	46.7
2007年	6765.41	0.1	50.9	49.0
2008年	7806.54	0.1	48.9	51.0
2009年	8201.23	0.07	46.72	53.2
2010年	9510.91	0.06	47.56	52.38
2011年	11502.06	0.049	46.5	53.5
2012年	12950.08	0.042	44.3	55.7
2013年	14500.23	0.036	43.4	56.6
2014年	16001.98	0.033	42.7	57.3
2015年	17502.99	0.032	41.2	58.8

数据来源：深圳市统计局.深圳统计年鉴2015［M］.北京：中国统计出版社出版，2015年第25期。

可以看出，深圳正处于经济结构调整、技术进步、产业升级和城市化进程加快的重要阶段。单从数据来分析，2010 年深圳市本地生产总值9510.91 亿元，比上年增长 12.0%。其中，第一产业增加值 6.00 亿元，第二产业增加值 4 523.36 亿元，第三产业增加值 498 134 亿元，三次产业结构比为 0.1∶47.5∶52.4。深圳市经济和产业结构得到进一步优化，直到2015 年全年本地生产总值 17 502.99 亿元，其中，第一产业增加值 5.66 亿元，第二产业增加值 7 205.53 亿元，第三产业增加值 10 291.80 亿元，三次产业结构比为 0.1∶41.2∶58.8。（如表 2-10 所示）

表 2-10　2010 年—2015 年深圳市生产总值构成情况

年份	生产总值（亿元）	增长率（%）	第一产业（亿元）	增长率（%）	第二产业（亿元）	增长率（%）	第三产业（亿元）	增长率（%）
2010 年	9510.91	12.0	6.00	−14.3	4523.36	14.1	4981.54	9.9
2011 年	11502.06	10.0	5.70	−22.3	5343.33	11.8	6153.03	8.5
2012 年	12950.08	10.0	5.56	−18.2	5737.64	7.3	8198.14	12.3
2013 年	14500.23	10.5	5.25	−19.8	6296.84	9.0	8198.14	11.7
2014 年	16001.98	8.8	5.29	−19.4	6823.05	7.7	9173.64	9.8
2015 年	17502.99	8.9	5.66	−1.7	7205.53	7.3	10291.80	10.2

数据来源：深圳市统计局．深圳统计年鉴 2015［M］．北京：中国统计出版社出版，2015 年第 25 期。

未来深圳的产业结构仍将继续优化，第三产业的比重越来越大，生物产业、新能源产业等战略性新兴产业在产业总量中的增加值会越来越大。产业结构调整必然引起人才需求结构的变化，创新型人才、科技型人才和技能型人才成为人才需求的主要部分。而目前深圳市的人口文化水平呈现出上部为较小的高级人才圈，下部为较大的低学历、低素质人口圈的葫芦形形态。深圳最缺少的是中部广阔的文化中间层。由于缺少中间广阔的文化地带，深圳本地很难培养孕育社会经济发展所需要的各类高级人才[①]。

在创新经济发展、产业结构转型的进程中，深圳市更需要素质全面、基础知识牢固的综合性人才。深圳市高中阶段教育作为基础教育的高级阶

---

① 唐伟志．产业转型与深圳市成人教育研究［J］．成人教育，2013（6）：88-89。

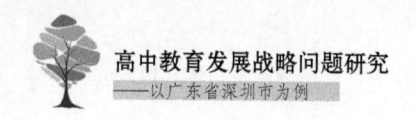

段，承担着为上级教育输送人才和就业的双重任务。深圳市高中阶段教育早已从大众化过渡到普及化阶段，但没有达到高水平、高质量的普及。2015年深圳市户籍人口的高中阶段毛入学率为99.9%，但是加上非户籍人口仅为87.5%。从深圳市高中阶段教育结构现状来看，普通高中学校数量多于中职类学校，普职比在7∶3左右徘徊，比例低于国内一些发达城市和地区。同时普通高中办学目标上多以升学为主，办学同质化现象严重，缺少特色。中等职业教育质量参差不齐，中等职业教育层次类型太低，继续升学的渠道不畅通，所培养的初级技术劳动者并不适合深圳市经济转型的需要。一些专业的设置与当前深圳经济和产业发展不相符，民办中职教育的管理水平和质量水平低于公办中职教育。深圳市经济和产业结构面临着转型和优化，高中阶段教育结构中这些问题均不利于深圳经济社会的发展。

结合目前深圳市区域经济特点和产业结构优化升级的需要来说，深圳市高中阶段教育结构调整过程中，一方面应继续提升高中阶段的教育水平和质量，同时加强普通高中特色化建设。另一方面，深圳市中等职业教育还有很大的发展空间，打通中等职业教育的上升渠道，不断提升中等职业教育的办学层次，增强中等职业教育吸引力，培养高素质、综合性人才，让中职教育更好地为经济发展服务。同时依据产业结构调整和产业发展方向，设置专业类型，根据劳动力市场需求建设一批最能发挥学校自身优势的骨干专业，将企业的品牌战略应用于职业学校的专业建设，让职业学校的主干专业产生名牌效应。

二、深圳市高中学龄人口的变动态势

（一）学龄人口变动与教育结构的关系

人口变动与教育发展存在着相互影响和相互制约的关系，一方面，教育事业的发展促进人口素质的提升。另一方面，人口数量、结构的变动会对一个国家的教育规模产生基础性和全局性的影响，人口数量增减对教育结构和教育层次的发展、教育服务水平的需求也会不同①。学龄人口是指一定地区常住户中达到规定入学年龄的人口。地区内，随着人口自然变动和机械变动，在一定时期会造成学龄人口数量与结构上的变动，形成不同年龄阶段学龄人口的"峰谷波动"变化。不同阶段学龄人口的数量、结构上的变动影响着各级各类教育的规模与需求，影响着教育资源的配置以及教育布局结构的调整。某一阶段或时期的学龄人口增多，就要增加相应学校的数量和规模，提供相应的配套设施，而随着学龄人口的减少，教育需求量变小，往往会要少建学校甚至撤并一定数量的学校以避免资源的浪费。

由此述来，学龄人口数量上的变动、结构上的变化同样影响着一定时期内的教育结构。教育结构体现的是教育中各个组成部分的比例关系以及组合方式，特别是各级各类学校和专业设置在教育体系中的比例构成，包括纵向结构和横向结构。在一定时期内，一个地区学龄人口数量、结构上的变化往往决定着需要办多少所学校，需要办哪一层次和类型的学校。而且，学龄人口数量上峰值的变化是有一定周期的，比如幼儿园的学龄人口高峰三年后转移到小学，小学六年后转移到初中，有时间上的间隔和变化。这种变化通过某一层次教育需求的变化来影响一定时期教育的纵向结构。而教育横向结构中的普职类型结构虽然与产业结构相关，但也受到学龄人口变动的影响。当一定时期某一学龄人口增长过快，普通教育不能满足需求时，就需要进入职业教育来分流，以此影响着教育结构②。

（二）深圳高中学龄人口未来变化预测及分析

根据一些学者所做的学龄人口预测数据来看，未来2016—2025年十年间，全国范围内高中阶段学龄人口趋势呈"先升—再降—再升—再降"

---

① 龚爽."全面二孩"政策下×省不同功能区学前教育资源需求预测[D].重庆：西南大学，2016：1-2.

② 肖庆顺.人口因素对区域教育"十三五"规划制定的影响[J].天津市教科院学报，2015（5）：11-12.

的变动过程①。在各种因素影响下,深圳市高中阶段未来学龄人口有何变化?将呈现怎样的发展趋势?

首先,根据人口年龄移算的基本理论,随着时间的推移,人口年龄的转组,会引起学龄人口的变动,即通过上一年龄组的上移转移到对应的学龄人口。按照我国学制特点,15~17周岁为高中段学龄人口。依据这一原理,暂不考虑人口迁移和死亡率的变化,对深圳市户籍高中学龄人口变动趋势进行简单粗略的推算,只做一个发展趋势分析。深圳市本地户籍出生人口情况如下表2-11所示。

表2-11 深圳市本地户籍出生人口统计(单位:人)

年份	出生人口	年份	出生人口
2000年	17967	2006年	26407
2001年	18060	2007年	34358
2002年	22536	2008年	36762
2003年	15986	2009年	37098
2004年	19749	2010年	30342
2005年	24407	2011年	41805

数据来源:深圳市统计局.深圳统计年鉴2015[M].北京:中国统计出版社出版,2015年第25期。

按照年龄移算的方法,2000年出生人口数为17 967人,为2015年15周岁人口,即为2015年高中段预计入学数,1998—2000年出生人口即为2015年15~17周岁学龄人口,2015年的学龄人口数为1998年、1999年、2000年出生人口总数。以此类推,2001年出生人口为2016年高中段预计入学数,1999—2001年出生人口即为2016年15~17周岁学龄人口。按照这一方法进行预测,深圳市户籍高中学龄人口的预测结果如表2-12所示。从预测结果来看,从2015年开始,未来10年间,深圳市高中阶段户籍学龄人口数量呈逐年增加的趋势。

---

① 赵佳音."全面二孩政策"背景下全国及各省市学龄人口预测——2016至2025年学前到高中阶段[J].教育与经济,2016(4):65.

表 2-12　2015—2026 年深圳市户籍高中学龄人口预测（单位：人）

年份	2015 年	2016 年	2017 年	2018 年	2019 年	2020 年
入学数	17967	18060	22536	15986	19749	24407
学龄人口数	45761	50772	58563	56582	58271	60142
年份	2021 年	2022 年	2023 年	2024 年	2025 年	2026 年
入学数	26407	34358	36762	37098	30342	41805
学龄人口数	70563	85172	97527	108218	104202	109245

其次，深圳是典型的人口净迁入城市，随着经济社会的快速发展，外来人口规模不断增加。2015 年深圳市普通高中在校学生 120 073 人，其中非深圳户籍人口 48 545 万人，占到 40.4%。同时，考虑 2016 年随着广东省异地高考方案和深圳市新的中考方案的实施，非本市户籍就业人员随迁子女符合参加中考条件的人数增加，留在深圳参加高考的人数也会有所增加。仅从质性上对外来流动人口的发展趋势进行分析来看，预计有更多的初中毕业生升入深圳市高中就读。高中阶段教育户籍学龄人口呈现增长趋势，再加之未来外来流动人口的大规模迁入，那么深圳市高中阶段在结构优化时应考虑未来大规模高中学龄人口的压力。

除了简单的质性估计之外，对于深圳市高中教育的发展规模，深圳市教科院做了更为精确的学位预测。根据深圳市教科院所做的 2016—2020 年的学位预测，到 2020 年，深圳市高中阶段在校生数将达到 28.87 万人，其中普通高中在校生数 17.9 万人，中等职业类教育在校生数为 11.01 万人，如表 2-13 所示。

表 2-13　2016—2020 年深圳市高中阶段教育在校生规模预测（单位：人）

年份	总计	普通高中	中职教育
2016 年	226911	145951	80960
2017 年	241604	154166	87438
2018 年	252628	158195	94433
2019 年	269039	167051	101988
2020 年	288724	178577	110147

综合户籍学龄人口预测结果和深圳市教科院所做的精确的学位预测，深圳市高中阶段学龄人口规模不断扩大，延续了 2010 年之后的继续增长态势。总结来说，未来 10 年间，深圳户籍人口和外来人口的数量均呈不

断增长态势,随高中教育毛入学率不断提高,高中教育规模将呈持续扩张态势,目前基础教育规模的"金字塔形"结构会不断向"矩形"结构转变,对深圳高中教育的发展提出了挑战。

而且,从《深圳市普通高中教育优质特色发展调研报告》中的相关内容来看,在单列对比几个经济发达地区普通高中的发展情况下,北京市普通高中教育规模呈逐年下降态势,上海市普通高中教育稳中有降,但深圳市普通高中规模却呈扩增态势。因此,在今后相当长一段时间内,深圳市高中阶段将面临规模扩张与质量提升并重的双重压力。在不断普及高中教育的过程中,优化高中教育结构,促进各类教育协调发展。综合考虑高中学龄人口的发展规模,合理优化资源配置,探索新的办学形式,并提升民办高中和中等职业教育的办学质量,分流一定数量的学生。同时,在高中教育规模发展中,注重学校类型与形式的多样发展,满足社会有效需求。

三、深圳市人民群众对高中教育需求的影响

(一)教育需求与高中教育结构的关系

一般来说,教育需求影响和推动着教育的发展,而教育结构作为教育大整体的一部分,往往也会受到教育需求的影响和制约,教育需求的数量和结构影响着教育结构的变动。教育需求是指社会和个人对教育有支付能力的需要,可以分为教育社会需求和教育个人需求。[1] 按照不同教育层次还可以将教育需求划分为基础教育需求、中等教育需求、高等教育需求等。社会教育需求是国家和社会经济各部门在某一特定时期内对人才的需要,往往通过国家政策来体现,比较宏观。个人教育需求是指个人及家庭有支付能力的教育需求。随着经济社会发展,人们对各级各类教育的需求强烈程度也不同,现代社会的人们越来越倾向于高层次、高质量的教育需求。

---

[1] 陈志芳.永州中等职业教育个人教育需求及其影响因素研究[D].南宁:广西大学,2014:2-3.

高中教育作为义务教育的延伸,也是高等教育的预备阶段,在当前职业教育发展不足,高等教育越来越受到重视的背景下,高中教育需求越来越受到重视。而近年来,随着高中教育规模的发展与扩大,我国高中教育需求呈现不断增长和多样化的趋势。高中教育需求状况影响和制约着高中教育结构。游心超指出,高中教育的协调发展要受到两类"有效需求"的影响。一是社会、经济发展对各类劳动力的需求;二是受教育者有受这一层教育的需求。在市场经济条件下,高中阶段教育发展的速度和规模、结构和效益不仅取决于第一类的"有效需求",还要取决于第二类的"有效需求"。这两类有效需求是同时交叉起作用的。只有同时协调两类"有效需求",才能防止教育在发展过程中出现大的波动。20世纪80年代我国中等职业教育大发展,普通高中教育受到压缩,教育结构不协调,就在于计划管理体制,对不同地区、不同行业的社会有效需求缺乏具体分析,一刀切硬性规定普教与职教的招生比,不讲市场调节,导致在短期内各种高中阶段职业教育(包括职高和中专)的过度发展,出现了一种虚假繁荣的大好局面。由此看来要促进高中阶段教育结构优化,必须对各地区、各行业的"有效需求"进行科学分析,完善政府间接的宏观调控机制,在市场调节作用下鼓励各类教育公平、有序竞争,促进高中教育协调发展[①]。

近年来,高中阶段教育中中等教育需求不足,尽管国家出台一系列鼓励职业教育发展的政策和举措,但并没有发挥显著作用。居民的教育对不同教育的需求状况直接关系到深圳中等教育结构的调整。因此,高中教育结构的优化,应该考虑到教育结构与教育需求的关系。

(二)深圳市高中教育需求情况分析

深圳市经济发展速度快,外来人口数量多,从高中阶段各类学校数量、在校生数历史数据来看,深圳市高中阶段教育需求数量一直处于波动中上

---

① 游心超.高中阶段教育结构非均衡发展问题的思考[J].教育发展研究,2001(4):13-15.

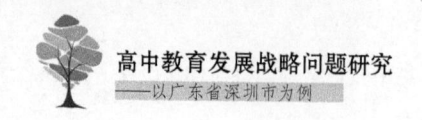

升阶段，高中教育需求的现状更呈现出多层次、多样化。最为直接的是学生对普通高中或者中职类学校的选择影响着两类教育的需求状况，进而影响到高中阶段教育的普职类型结构。而从我国国情出发，学生的教育需求选择往往不是一项个人选择，其家庭和父母对子女毕业后的选择影响尤其重要，学生的教育需求状况很大程度上是其家庭及父母的意见。因此本研究以深圳市各区初中学生家长为调查对象，采用问卷调查的方式，对深圳市居民高中阶段教育需求情况做统计分析，以此为高中阶段教育结构的优化提供参考依据。

本次调查采取分层随机抽样的方法，涉及深圳各个区，分别按照一定比例，抽取深圳各区学校共 30 所，发放问卷 700 份，回收率达到 97%，以初中学生家长为调查对象随机发放了一定数量的问卷，对回收问卷用 SPSS 软件进行统计分析。调查对象从行政区域上涵盖了全市各区，其中罗湖区占 18.2%，龙岗区占 15.4%，南山区占 14.7%，福田区占 12.4%，盐田区占 8.5%，宝安区占 8.2%，坪山区占 5.5%，光明区占 6.6%，龙华区占 5.1%，大鹏新区占 5.4%。从户籍结构上，包括深圳户籍和非深户籍，并考虑了各主要职业问卷能够比较全面地反映深圳市居民教育需求的基本状况。

从问卷分析结果和数据显示来看，可以从以下几方面对深圳市居民教育需求的基本情况进行描述。

首先，深圳市居民较为重视其子女的教育问题，年均家庭教育支出在 1.5 万元以上的家庭比例占到调查总数的 46.6%，而且对其子女往往有强烈的学历期望，对此本次调查设置了两道题。在回答"您希望子女至少接受哪一层次的教育？"这一问题时，希望子女接受本科及以上学历的人数占调查总数高达 84.9%。而在回答"您认为，现今的年轻人具有怎样水平的学历能适应社会需求和竞争？"时，61.5% 的学生家长认为本科学历才能适应未来社会需要，更有 25.1% 的学生家长认为只有达到研究生及以上学历才可以。由此看来，深圳市居民普遍都对子女有较高的学历期望，希望其子女接受本科及以上更高层次的教育（如表 2-14 所示）。

表 2-14 深圳市家长对其子女学历期望情况调查

Q1 您希望子女至少接受哪一层次的教育？

样本	学历层次	频率	百分比	有效百分比	累积百分比
有效	高中	23	3.4	3.4	3.4
	大专	80	11.8	11.8	15.1
	本科	443	65.1	65.1	80.3
	硕士	101	14.9	14.9	95.1
	博士	33	4.9	4.9	100.0
	合计	680	100.0	100.0	

Q2 您认为，现今的年轻人具有怎样水平的学历能适应社会需求和竞争？

样本	学历层次	频率	百分比	有效百分比	累积百分比
有效	中专	3	0.4	0.4	0.4
	高中	8	1.2	1.2	1.6
	大专、高职	80	11.8	11.8	13.4
	大学本科	418	61.5	61.5	74.9
	研究生及以上	171	25.1	25.1	100.
	合计	680	100.0	100.0	

其中，学历不同的家长对子女学历的期望有着高度显著的差异，$P=0.0000<0.001$。总的趋势是，家长学历越高，对子女的学历期望就越高。而学历不同的家长都希望其子女接受普通高中教育，$P=0.008>0.001$，不存在显著性差异。

表 2-15 学历不同的家长对子女学历期望的差异性分析

数据类型	平方和	df	均方	F	显著性
组间	35.230	6	5.872	10.759	0.000
组内	367.298	673	0.546		
总数	402.528	679			

正因为深圳市居民对其子女有较高的学历期望，深圳市高中阶段中等职业教育需求不足，主要表现为初中家长不愿意其子女选择中职类学校，强烈需求其子女进入普通高中接受教育。这在问卷的统计数据可以明显显示在题目"您希望您的孩子初中毕业后继续在哪里学习？"的问题中，在没有任何附加条件影响下，选择让孩子初中毕业后就读普通高中的家长比例占到调查总人数的86%，选择职业高中、普通中专、技工学校、出国所

占比例分别为 4.9%、0.6%、1.2%、7.4%，可以看出深圳市居民对于中职类学校的教育需求量远远低于普通高中，表示"无论什么情况下都不会选择中职类学校的"比例占到 32.8%。而占有 55.3% 的学生家长表示当"孩子成绩不好，考不上普通高中"的情况下才会为子女选择中职类学校，中职类学校是学生和家长无奈之下的选择。这也可以侧面反映出，学生进入高中阶段教育的分流主要是以学生的考试成绩为依据进行的，在调查"您认为哪些因素影响您对子女的教育选择倾向"中，子女的成绩情况所占比重为 79.7%。

同时可以看出，出国读高中也是目前深圳市居民的一项升学选择，在深圳市一些经济条件好的家庭选择送孩子出国读高中接受更优质的教育，这个比例占到调查人数的 7.4%（详细数据见下表 2-16 所示）。

表 2-16 深圳市居民对其子女升学期望调查

Q1 您希望您的孩子初中毕业后继续在哪里学习？

样本	学校类别	频率	百分比	有效百分比	累积百分比
有效	普通高中	585	86.0	86.0	86.0
	职业高中	33	4.9	4.9	90.9
	普通中专	4	0.6	0.6	91.5
	技工学校	8	1.2	1.2	92.6
	出国	50	7.4	7.4	100.0
	合计	680	100.	100.0	

Q2 您在什么情况下会为子女选择中职类学校？

样本	学校类别	频率	百分比	有效百分比	累积百分比
有效	孩子的成绩不好，考不上普通高中	376	55.3	55.3	55.3
	认为中职类学校的教学质量还不错	76	11.2	11.2	66.5
	家庭经济状况部分较差，希望子女早点工作	5	0.7	0.7	67.2
	无论什么情况都不选中职类学校	223	32.8	32.8	100.0
	合计	680	100.0	100.0	

而且，即使在中职类教育逐渐免费的条件下，仍有 57.2% 的被调查对象表示中职免费不能增强对其子女升学选择的吸引力。

表2-17 中职类教育免费政策下深圳市居民中等职业教育需求情况调查

Q1 中职类逐步推进免费政策后会增强您和子女选择中职类教育的吸引力吗?

样本	选项	频率	百分比	有效百分比	累积百分比
有效	是	291	42.8	42.8	42.8
	否	389	57.2	57.2	100.0
	合计	680	100.0	100.0	

在没有考上公办普通高中的条件约束下,选择民办普通高中就读的比例为54.7%,而选择中职类学校的比例占到43.1%,说明相对来说,深圳市居民更倾向于普通教育,无论其办学形式如何。但在普通高中范围内,深圳市居民显然更倾向于公办普通高中(如表2-18所示)。

表2-18 没有考上公办普通高中条件下深圳市居民对其子女的教育选择情况调查

Q1 您的子女没有考上公办普通高中,您会怎么办?

样本	教育选择	频率	百分比	有效百分比	累积百分比
有效	就读职业高中	203	29.9	29.9	29.9
	选择就业	15	2.2	2.2	32.1
	就读民办普通高中	372	54.7	54.7	86.8
	就读普通中专	24	3.5	3.5	90.3
	就读技工学校	66	9.7	9.7	100.0
	总计	680	100.0	100.0	

从统计分析结果来看,民办高中的办学水平、收费情况影响深圳市居民是否为子女选择民办教育。在本次调查数据中显示,68.1%的深圳居民认为深圳民办高中的办学水平一般,12%的居民认为民办高中办学水平处于较低及以下(如表2-19所示)。

表2-19 深圳市居民对民办高中教育满意调查

Q1 您认为,深圳市民办高中的办学水平如何?

样本	办学水平	频率	百分比	有效百分比	累积百分比
有效	较高	74	10.9	10.9	10.9
	一般	463	68.1	68.1	78.0
	较低	88	12.9	12.9	91.9
	较差	55	8.1	8.1	100.0
	合计	680	100.0	100.0	

57.5%的学生家长认为只有民办学校与公办学校质量差不多,而公办

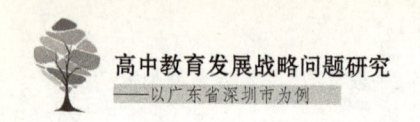

学校进不去时才会考虑选择民办高中。

Q2 您在什么情况下会为子女选择民办高中？

样本	选项	频率	百分比	有效百分比	累积百分比
有效	民办与公办学校质量差不多，但公办学校进不去	391	57.5	57.5	57.5
	子女在公办学校读不下去	102	15.0	15.0	72.5
	没有精力照顾子女	20	2.9	2.9	75.4
	无论什么情况都不选择民办学校	167	24.6	24.6	100.0
	合计	680	100.0	100.0	

在问到"您对目前深圳市民办高中教育发展最不满意的地方是什么？"时，学生家长认为民办高中最让人不满意的在于办学条件和办学质量较差，收费高昂，不够合理。而对于中等职业类学校来说，学生家长普遍认为目前中职类学校办学质量不高，升学不够顺畅，学不到实用的知识。

从分析现状可以看出，随着社会的发展，深圳市居民对子女接受更高层次的教育提出了要求，同时有一些因为成绩原因考不上普通高中的子女家长也有接受其他类型优质教育的需求。中等职业教育对于深圳市居民来说，缺乏教育需求，但目前深圳又面临着技能人口结构性短缺的现状。这就对高中教育结构体系在类型、形式等方面提出多样化的要求。如何优化高中教育结构使其满足深圳市教育需求现状也是目前应思考的问题。

四、其他教育的发展对高中教育的影响

前文中提到，各级教育发展水平是相互制约的，上一级教育的发展制约下一级教育的发展，并影响其结构，同时各类教育之间的沟通与联系也会直接影响教育结构。如果"不同的教育体系、类别、层次之间连接不通畅、融通不够、壁垒太多，必定会使人们的选择机会受到束缚，这与终身教育的理念背道而驰"[1]，各级各类教育之间连接不通畅，同样也会影响到教

---

[1] 赵红丽.初中分流制度对中等职业教育发展的影响[J].学校管理研究，2013（1）：267-268.

育结构的优化。接下来将从纵向结构和横向结构两方面进行探讨。

就纵向上来说，普通高中受高等教育的影响比较大，高等教育发展的拉动效应刺激高中教育需求的扩张，特别是普通高中教育是接受高等教育的必经阶段，高等教育的发展必然带动普通高中教育需求的增加。有学者通过对体制改革以来职普教育数量和结构的变化进行分析，高等教育规模越大，对普通高中的拉动越大。高等教育的数量和结构直接影响高中教育的数量和结构[①]。但是中等职业教育上升高等职业教育或普通高等教育的渠道往往受到严格限制，这在一定程度上使中等职业教育发展受到限制，影响高中阶段教育结构中各类教育的协调。初中教育的发展也影响着高中教育结构，初中学生的升学人数和分流选择影响着高中教育阶段教育结构。目前以学生成绩为分流依据的现实状况形成了对中职毕业生的偏见，不利于中等职业教育的招生和发展，最终影响着高中阶段教育结构的优化。

从横向来看，高中阶段教育中，普通教育和中等职业教育在人们需求一定的情况下是此消彼长的关系，如果某一类教育超常规发展，两者就会出现互竞关系，必然影响甚至破坏另一类教育的发展。中职类教育和普通高中教育之间缺乏沟通、联系，中职教育和高职教育与普通本科教育之间的渠道也往往受到人数上的严格限制。这种各级各类教育之间沟通的限制，制约着高中教育结构的优化。在普及高中阶段教育的过程中，应"搭建起基础教育、职业教育和普通高等教育互联互通的桥梁"，逐渐打通不同类别、不同层次学校之间的通道，加强它们之间的交流与合作，扩大中等职业学校学生接受高等职业教育和普通高等教育的通道，不断促进高中教育结构的优化[②]。

根据深圳市教育局所做的"2015—2020年深圳市初中学位需求数量预测"数据来看，深圳市初中阶段初三毕业生人数将从2015年的82 395人

[①] 曹晔，张玉红. 我国高中阶段职普数量与结构的演变[J]. 河北师范大学（教育科学版），2007（3）：101-102.

[②] 赵红丽. 初中分流制度对中等职业教育发展的影响[J]. 学校管理研究，2013（1）：267-268.

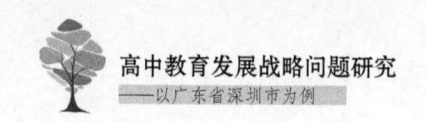

增长到 112 859 人。初中毕业生人数的增长为高中教育的发展提供了机遇，但会对高中教育提出新的挑战，迫使高中阶段教育结构不断调整优化。在短期内初中毕业生数量仍在上升，以"成绩"为分流依据的现状短期不会有较大改变的前提下，学生升学愿望强烈，更热衷于普通高中教育，在未来一段时间深圳市教育管理部门应从质量上着手，以增强中等职业教育吸引力来优化高中阶段教育普职结构。

目前，深圳户籍人口高等教育毛入学率已经达到高等教育普及化水平，2015 年达到 55%，但与国内部分城市相比，深圳高等教育规模仍然低于北京、广州等城市。因此，在"十三五"规划中，深圳市将新建 3～4 所本科层次以上的普通高校。预计到 2020 年，高校数量达到 18 所左右，未来还将建设对接中职类学校和综合高中的应用型大学。高等教育的未来发展形势会对高中教育形成一定拉动作用，高中阶段教育应抓住这个机遇优化教育结构。

第四节 深圳市高中教育结构的优化策略分析

深圳市高中阶段教育在数量上已经进入了普及化阶段，进一步要探讨的是如何实现高质量、高水平地发展，实现高中阶段教育结构的优化，发挥其在整个基础教育领域和经济社会中的作用。应该采取何种举措引导深圳市高中阶段各级各类教育协调发展，普通高中办出特色，中等职业教育提升水平，从而为高等教育和经济社会的发展提供合格人才。根据前面的研究结果，结合存在的客观问题及其原因，同时借鉴上海、苏州两地高中阶段教育结构优化经验的基础上，尝试性提出深圳市高中阶段教育结构优化的基本思路与建议。

一、高中教育结构调整的指导思想和基本原则

有学者指出，对教育结构的调整优化是一个隐含式的假命题，其前提

为"教育结构不够合理、完善",一定阶段教育结构的现状是否合理,需要判别标准[①]。高中阶段教育结构的优化同样面临这个问题,因为如果没有判别的标准和依据,也就谈不上是否要优化现阶段的教育结构。然而,高中教育结构本身充满着复杂性,很难用一个公式或模型精确地构建出特定时期完全合理的、固定的教育结构形态,因此一定区域教育结构,只有相对的合理程度,没有绝对的共同规律。所以,本节也仅是从理论上探讨高中阶段教育结构优化的合理性依据,以此为提出优化深圳市高中阶段教育结构的前提和依据。

经过对一些文献的深入研读,学者在探讨高等教育结构时经常涉及"功能与结构"的关系,从结构功能关系理论来探讨高等教育结构的调整。本研究认为,"结构与功能"的逻辑关系原理同样适用于高中教育结构的优化研究中。我们可以从高中教育自身的特点,以高中阶段教育结构与功能的关系为理论基础来探讨高中阶段教育结构优化的依据和标准。这是提出优化深圳市高中阶段教育结构策略的逻辑起点。同时,提出优化深圳市高中教育结构应遵循的基本原则,在基本原则指导下,提出具体的优化策略。

接下来,本节从高中教育功能与结构的关系出发,在全面考虑高中教育自身的性质和特征的基础上,构建深圳市高中教育结构合理性的理论依据,即高中教育结构优化的逻辑起点。

(一)高中教育结构优化的指导思想

结构与功能是哲学上的一对范畴,两者关系密切。结构是功能的基础,功能是结构的表现。一般地,事物的结构决定事物的功能,事物的功能反作用于事物的结构。高中阶段教育结构与功能的关系也是如此。有什么样的高中教育结构,就有什么样的高中教育功能。高中教育要发挥什么样的功能,就决定了其需要什么样的结构。只有当高中教育系统内部的关系达

---

① 刘六生. 省域高等教育结构调整研究 [D]. 大连: 辽宁师范大学,2011: 29-30.

到了最优状态即结构最优，才能够实现高中教育功能的最优化。优化合理的高中教育结构才能发挥高中教育的应然功能，高中教育应然功能的发挥需要以合理的高中教育结构为前提。高中教育究竟应该发挥什么样的功能？发挥"这样应然"的功能需要什么样的高中教育结构呢？合理的高中教育结构才能使高中教育的"应然功能"得到最大发挥。因此，优化高中教育结构就必须先对高中教育应然的教育功能进行探讨。

高中教育是介于义务教育和高等教育之间的中间位置，向下与初中教育紧密相连，向上与高等教育息息相关，在整个学校教育制度中起着承上启下的作用。正由于"承上启下"，高中教育具有其独特性、复杂性的特点，相对于义务教育和高等教育，高中教育的任务和目标更为复杂，学生的需求呈现多元性。"作为衔接基础教育和高等教育的桥梁，高中教育的升学目标和任务主要是面向高等学校，为其培养和输送合格的生源。作为联结社会的纽带，高中教育还必须为不能进入高等学校深造的肄业学生进行劳动能力、职业技能训练，即为社会输送劳动力。与人的发展关系，高中教育还必须培养学生的自主学习、自立自强和适应社会的能力，即为家庭、社会培养输送一个身心发展成熟了的人。[①]"综合来说，由于高中教育自身的复杂性特征，高中教育呈现三大功能形态，即基础教育功能、职业教育功能以及升学预备功能。

最初，我国高中教育的功能定位是升学与就业，一方面为高等学校输送合格新生，另一方面培养社会主义建设所需要的初级人才。随着高中教育入学率的提升，高中教育从精英化阶段进入大众化阶段，并进一步普及化。高中教育普及化阶段的到来，推动着高中教育的功能也逐渐从单一走向综合。"当前，世界高中教育的发展趋势不再仅仅为高等教育做准备，或是在升学、就业双重功能上的转换，而是注重升学、就业、全人三维目

---

① 程斯辉. 论高中教育的复杂性及其对高中教育改革的要求 [J]. 教育学报，2011（2）：74–75.

标的统一和强调学校类型的多元化与课程结构的多样化。"①而今，随着国际高中教育的发展趋势和国家制定的普及高中教育的战略目标，我国高中教育在功能定位上除了兼顾升学和就业，更应该突出其基础教育的功能，强调学生的基本素质培养。

高中教育的地位和作用在整个教育阶段中具有特殊性。高等教育地位和作用的特殊性决定了其功能发挥上的特殊性。应然状态下高中教育的功能目标是多元的，其功能目标表现为不仅需要引导初中健康发展，为高校输送合格生源，而且应从"人"的角度出发，更加宽泛、深入地培养学生的基本素质，重视学生基本知识与技能的发展，把培养公民作为高中教育的基本功能，把发展学生的特长与个性作为高层次基础教育的重要功能②。

高中教育的结构与高中教育的功能密切相关——理论上合理的高中教育结构是能够让高中教育应然功能得以最好发挥的。有了对高中教育应然功能的界定，在优化高中教育结构的过程中应以其功能的最大发挥为准绳，高中教育功能是否得到实现是判别高中教育结构合理性的一个标准。深圳高中教育结构优化的基本方略之一，就是要以功能决定结构的理念作为思考与行动的逻辑起点。

从这个逻辑起点出发，合理的高中教育结构表现为，高中阶段教育学校类型多样化，不同层级、类型学校之间协调发展，联结畅通能够满足学生成长发展的需要，满足社会发展所需人才的需要。

（二）高中教育结构优化应遵循的基本原则

需要发挥什么样的教育功能理应就需要什么样的高等教育结构。为使高中教育功能得到最好发挥，优化高中教育结构还必须遵循一定基本原则。本研究在参考一定文献的基础上提出了优化高中教育结构应遵循的基本原则。

---

① 卢立涛.全球视野下高中教育的性质、定位和功能[J].外国教育研究，2007（4）.
② 徐爱杰.论我国高中教育的功能定位[J].教育理论与实践，2012（7）：29-30.

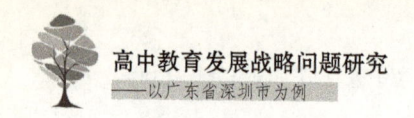

一是差异性原则。差异性原则是指每个地区高中教育结构的调整优化，应根据每个地区的实际特点及经济社会发展的水平来进行。高中教育结构往往受到地区经济社会中各种因素的影响，每个地区高中教育发展的水平和阶段也不一样，那么教育结构的现状表现和呈现的问题就不尽相同。这就决定了不同地区的高中教育结构优化会有不同的宏观经济社会背景和具体的目标。2010年《国家中长期发展规划纲要》中指出"根据经济社会发展需要，合理确定普通高中和中等职业学校招生比例，今后一个时期总体保持普通高中和中等职业学校招生规模大体相当"。但由于各地经济社会发展不平衡，高中教育处于不同的发展阶段，"大体相当"的职普比例并不适合所有地区，可能有的地区中等职业教育要占较大比例，有的地区普通高中教育则是主流。例如在初中毕业生持续减少，学生升学愿望强烈，经济较为发达的地区，在多方因素影响下已经很难维持职普招生比大体相当的水平。每个地区经济水平和高中教育发展阶段是不一样的，应在国家整体大政方针政策指导下，尊重差异性原则，每个地区教育部门应根据各自的实际情况来确定高中教育结构的优化方略。

二是动态性原则。动态性原则是指高中教育结构优化是一个长期的动态过程，即使在短期内结构调整已经得到落实，但当内外部环境发生新的变化时，需要根据新问题再次做出调整。高中教育结构是否合理的判别依据是看其是否适应和满足社会发展的要求，能够使高中教育在社会发展中的各种功能得到最大发挥。经济社会处于动态发展当中，其对高中教育所提供的条件和对高中教育的要求也是不断变化的，所以高中教育结构对社会发展的适应也是相对的、动态的。它呈现出一个过程，即不断由不适应到适应，再由新的不适应到新的适应。因此，应在动态性原则的指导下，优化高中教育结构，应根据当前经济社会发展的需要做出适时调整，同时考虑到高中教育所面临的新形势、新情况，从而提出适时的、合理的优化策略。

三是整体性原则。整体性原则是指在调整与优化高中教育结构中，需要处理好部分和整体的关系。只有解决好了各部分的问题，才会实现整体结构的优化。首先，高中教育系统作为社会大系统中的一部分，会受到来自各方面因素的影响。诸多外部条件如经济、政治、文化及相关教育的发展都影响着高中教育结构，如果不考虑各种外在因素，只顾自身系统的发展，势必会阻碍高中教育功能的发挥。因此，应最大限度地协调好高中教育与地区内社会、经济、人口、文化等各方面的关系，同时在纵向上处理好各级教育之间的关系，使高中教育结构实现优化。其次，每个地区高中教育结构作为一个多要素的整体，其内部所包括的办学形式结构、办学类型结构等虽有各自的特点，但它们之间不是孤立存在，而是相互联系着的。在研究高中教育结构优化时，应注重各部分之间的联系，协调各类结构的关系，使高中教育结构整体得到最大优化。

二、区域高中教育结构调整的经验与借鉴

在研究深圳市高中教育结构优化问题时，借鉴其他国家或地区促进高中教育结构优化提出的思路或方略，可以有一定的启发性和参考性。鉴于条件的局限性，本研究不能对一些地区高中阶段教育结构优化情况进行实地调研考察，只能通过文献研究法对他人关于部分地区高中教育结构调整优化的研究成果进行借鉴，以此拓宽视野，获得启示，为提出优化深圳市高中阶段教育结构策略时提供参考。

（一）发达国家高中教育改革发展的相关经验

发达国家教育发展水平高，为促进本国教育的发展不断进行教育改革。纵观世界上几个主要发达国家中等教育领域进行的改革探索，所取得的经验对深圳市高中阶段教育结构优化有一定的借鉴作用。

1. 以政策为先导，促进职业教育和普通教育等值发展

目前，我国社会普遍推崇普通教育和学术道路，职业教育受到冷落，中等职业教育只是成绩较差学生无可奈何的选择，高中阶段教育结构发展不够协调。而在国外中等教育发展进程中也出现过"普通高中门庭若市，

中职门可罗雀"的发展格局,因此20世纪中后期,国外各国高中教育进行了普职沟通的尝试与努力,其改革措施对促进我国高中教育阶段普职融合,优化高中教育类型结构优化提供了经验借鉴。

普通教育和职业教育地位不等值的现实状况有其历史原因,仅仅依靠呼吁社会转变观念的做法收效甚微,关键在于以政府出面主导,通过一定的政策安排来引导社会转变观念。国外发达国家做出了很好的举措。在德国,许多州都规定具有中等教育和继续职业培训资格的学生可报考大学,承认中等职业教育与普通高中毕业生具有报考大学的同等学历和资格,实施双元制的职业学校的毕业生在某些情况下相当于具有普通高中第一阶段教育学历。法国政府规定,高职院校对各种类型的高中生完全开放,不设入学考试,凡持有普通高中、职业高中和技术高中等任一毕业会考文凭的学生均平等享有高职院校的入学资格。如果职业教育和普通教育处于真正的平等地位,接受职业教育和接受普通教育拥有共同的、多样的发展空间和未来出路,选择何种教育类型只是源于受教育者的兴趣和未来发展需要,在市场导向作用下,高中阶段教育结构才能不断完善优化[①]。

尤其是芬兰政府为促进高中教育均衡发展,赋予普通高中和职业教育平等的地位,建立了灵活开放的高中教育体系。在芬兰,求学者可以通过几条不同的途径完成高中和高等教育。芬兰的各类教育相互沟通,纵向上,职业高中与多科技术学院、普通高中与高等教育上下贯通;横向上,普通高中与职业技术高中、普通高等教育与多科技术学院相互平等和沟通。侧向上,普通高中与多科技术学院、职业高中与普通高等教育也可相互联通。芬兰有教育法律规定,中等职业教育和培训应保证受教育者可获得进入高等教育的资格选择。同时,不论是何种形式的高等教育和高中教育,都可以直接面向就业。这种体系赋予了普通高中和职业教育平等的地位,也使高中教育和高等教育的选择更具灵活性和开放性。虽然芬兰的这种教育系

---

① 刘丽群,彭李.国外高中教育普职沟通的关键举措与基本经验[J].湖南师范大学教育科学学报,2014(5):85-86.

统在实践操作层面有一定问题，但在形式上建立了普通教育和职业教育的流通渠道，对深圳有一定借鉴意义①。

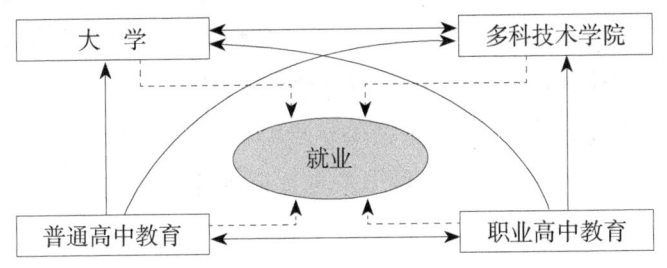

图 2-4　芬兰高中教育与就业和高等教育关系图

2. 建立完备的指导咨询体系，引导学生做出教育选择

合理的高中教育结构下，各级各类学校协调发展，才能满足学生的教育需要和选择。而在我国当前教育现实中，学生选择何种类型的学校，往往是由其升学考试成绩所决定的，"唯分数论"的条件下，学生的个性和兴趣受到限制。这不仅与高中教育发展的功能定位中培养"人"的目标不一致，而且往往是成绩不好的学生读中职类学校或一些民办学校，成绩好的学生读重点普通高中继续升学，中职类学校和一些民办学校生源质量差，社会口碑差，不受欢迎。长此以往，高中教育阶段各种形式、类型的学校发展协调，必然会使高中教育质量整体提升。

为促进高中阶段内各种类型学校协调发展，应引导学生根据自己的兴趣和自身发展状况做出教育选择，进而避免各级各类教育不因学生成绩分流产生区别待遇，从而引导高中阶段各类教育协调发展，优化高中教育结构，实现高中教育功能的最优发挥。

有关普通教育还是职业教育的选择应基于学生的自我认识和自我规划，不论选择何种教育，学生都能从中实现个体价值和社会价值②。为引

---

① 沈佳乐. 均衡与融合：高中段普通教育和职业教育的发展趋势——芬兰高中教育的经验与启示[J]. 职业技术教育，2010（25）：91-93.

② Sahlberg P. Education Policies for Raising Student Learning: The Finnish Approach[J]. Journal of Education Policy，2007（22）：147-171.

导学生做出适合自己的教育选择，芬兰以"学生中心"和"终身教育"理念为出发点，建立了教育指导和咨询制度，成为芬兰学校教育的重要特色。从 20 世纪 70 年代开始，芬兰所有的小学和初中都会设立每周两小时的教育咨询和职业指导课程。这类课程强调对学习技巧、个性发展、终身学习和职业定向等方面的早期干预，帮助学生认识自己的学习状况和学习兴趣，正确认识到自己的学习状态，做出未来就业规划，从而在职业教育和普通教育间做出合适自己的选择，这种咨询指导行为对学生后期教育起了积极的作用[①]。

目前，深圳初中毕业生在选择不同高中教育类型时往往比较盲目，大多数学生不了解自己的兴趣和需要，对于自己选择何种类型的教育，要上什么类型的学校往往处于迷茫状态，更多的是由其父母根据升学成绩为其做决定。因此，深圳市教育部门可借鉴芬兰经验，在学校建立完备的指导咨询体系，帮助学生了解自身兴趣需要，在自我认识和自我未来发展规划的基础上选择合适的教育类型，进而引导高中阶段各类学校协调发展，提升高中教育质量。

3. 探索学校新形式，促进高中教育多样化发展

多种类型和形式的学校协调发展才能满足学生的教育需求，提升高中教育品质。高中教育在性质与功能上的复杂性也决定了其学校类型和办学形式多样化的必要性。从总的方向上来看，当前世界各国在进行中等教育结构改革时，中等教育结构的层次和类型多样化发展成为一种明显的动向和趋势。世界各国采用种种不同的形式来改革中等教育结构，使得中等教育的层次和类型更趋于多样化。[②] 改革中等教育结构，促进高中教育多样化发展也应成为深圳市高中教育结构优化的一个方向。

---

① 沈佳乐. 均衡与融合：高中段普通教育和职业教育的发展趋势——芬兰高中教育的经验与启示 [J]. 职业技术教育, 2010（25）: 92-93.

② 张建敏. 国外中等教育结构改革对我国职业教育的启示 [J]. 教育与职业, 2010（24）: 94.

20世纪70年代，日本实现了高中教育普及化之后，多样化改革成为其后期中等教育领域的发展重点。日本20世纪90年代以后的学分制高中、综合学科高中、初高中一贯制教育学校等一系列制度改革促使了日本后期中等教育重拾活力。学分制高中、综合学科高中、初高中一贯制教育学校三种学校各有其特色和功能。在横向结构上，综合学科高中的结构特性是实现学科的多样化，实施综合性教育。学分制高中属于后期中等教育阶段课程管理方式的改革，它具有"弹性"化结构，主要是实行个性教育。从纵向结构上，初高中一贯制高中属于学制改革，该类型学校的功能是实行初高中一贯制教育。除了学校制度类型上的变革，一些发达国家在中等职业教育办学模式上的探索对深圳市高中教育结构优化有参考作用。德国中等职业教育的"双元制"办学模式，职业培训和管理以企业为主，学校教育只起辅助作用。已在美国、日本、德国发展成熟的职业教育集团化办学模式，融合了政府、企业、学校等多种办学主体，多种办学主体之间开展合作或联合办学。这些发达国家坚持以开放、灵活办学、鼓励社会力量参与、重视学生能力培养、注重投资主体多元化为指导，所进行的新型办学模式探索对深圳高中教育结构优化有一定启示作用。

由上可见，国外高中教育改革实践虽各有侧重，但表现出一些共同的发展趋势和方向，既注重高中教育质量提升，也注重消除普职界限实现融合，更注重探索高中教育的类型、形式的多样化发展以满足学生的个性化需要。深圳市高中教育普及水平较高，高中教育在实现了数量规模的普及之后，也应学习发达国家发展高中教育的举措，更注重高中教育优质化、多样化发展。在促进高中教育普职融合、高中教育和各级各类教育贯通融合以及优质化发展方面，发达国家提供了丰富的经验实践。

（二）其他省市高中教育结构优化的实践探索

近年来，随着高中教育重要性日益凸显，国内亦有一些地区开展了高中阶段教育结构的调整与优化工作。下面仅以江西省和山东省为例，对相关情况加以简要探讨，以期为深圳市高中教育结构优化提供参考。

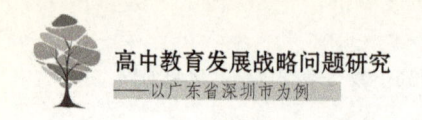

1. 江西省高中教育结构优化的经验

江西省是一个农业大省,相比东部发达地区,江西省的经济、社会及教育发展水平仍有较大差距。世纪之交至今,江西省高中阶段教育超常规发展,规模迅速扩大,普通高中和各类职业学校招生规模从 1997 年的 23.43 万人上升到 2003 年的 44.39 万人,在校生数从 1997 年的 61.83 万人发展到 111.47 万人,增长速度很快。单从江西省高中教育发展现状来看,江西省高中教育结构与处于工业化初期向中期过渡阶段的江西经济结构与劳动力就业结构不相适应。总的来说,江西省高中教育结构存在的问题表现在两个层面:一是普职之间的比例失衡与普职分离,二是中等职业教育内部的专业结构不合理与定位模糊。

高中阶段教育应根据社会及个人有效需求,通过市场调节实现协调发展,同时消弭普职界限,倡导普职等值与融合已成为当今高中阶段教育改革与发展的主流国际趋势。因此,江西省高中阶段教育结构优化的策略如下:首先应改革教育管理模式,建立政府统筹与面向社会相结合的自动调节机制;其次,将部分普通高中改制为综合高中,将普职分离的二元结构转变为普、职、综合相沟通的三元结构;再次,高中教育结构的优化还应通过建立适应终身教育发展需要的职业教育体系,再次,改革中等职业教育的办学体制与办学模式,"以就业为导向,以能力为本位",实行校企合作的"订单式"培养,增强中等职业教育的内在活力与整体竞争力[1]。

2. 山东省教育结构调整的经验

20 世纪 80 年代以来,山东省中等教育结构经过多次调整,初步形成了高中段教育的多元化格局。但是,山东省在普及高中教育过程中出现了一些问题,普通高中和职业高中发展"一热一冷",一些职业高中生源不足,办学效益不高。中职类学校专业设置重复,地方同类教育之间相互制约"内耗",更出现各类教育之间相互挤压、彼此掣肘的现象。

---

[1] 程方生. 论高中阶段教育结构的优化[D]. 南昌:江西师范大学,2004.

究其原因，一是调整中等教育结构的指导思想不科学，往往以限制普通高中教育的发展为前提，通过新建大量职业高中的方式实现职业教育大发展，不顾地方实际情况硬性规定两者比例。这样反而导致一些地方的职业高中生源不足，办学效益不高。二是中等职业教育长期实行的部门所有、分割管理的局面没有得到根本转变，中职类学校专业重复设置，发展不协调。三是对高中段教育缺乏科学系统的统筹规划和宏观调控，分管各类教育的部门往往单线下达指标和任务，各类教育之间常出现相互挤压的现象。

经济社会不断发展，人们择业观念和社会对人的素质要求也发生着深刻变化，高中阶段教育往往面临着新形势、新矛盾和新问题。因此，优化高中教育结构应确立高中段教育发展新思路，重新构建高中段各类教育的结构，使普通教育和职业教育有一个科学的比例结构，以服务于山东经济与社会发展需要。具体措施包括：首先，政府应统一规划，坚持普通高中教育和中等职业教育并举的方针，并根据当地经济与社会发展的水平对普职比例做出科学规划。其次，政府应引导并推动中职教育健康稳步发展，提高职教质量，突出职教特色，并进一步完善职教层次结构和优化职教专业结构。最后，应探索高中段教育改革与发展的新模式，试办综合高中[①]。

由于我国幅员辽阔，每个地区实际经济社会发展情况不同，其所面临的高中教育结构问题表现也不尽相同，故各地高中教育结构优化的实践路向也各不相同。综上可知，虽然上述两个地区高中教育发展水平远不及深圳，但在教育结构问题表现上也有一些与深圳市高中教育存在共性，诸如普职分离、中等职业教育需求不足等问题，在优化深圳市高中教育结构的过程中也可对两地区的结构优化实践有所借鉴。最终，应根据差异性原则，针对深圳市的实际情况提出高中教育结构的优化对策。

---

① 金传宝.山东省高中段教育结构调整与发展研究[J].山东师范大学学报（人文社会科学版），2003（1）：63-65.

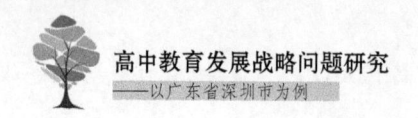

三、深圳市高中教育结构的优化策略

教育结构的优化是一个动态过程，面临很多复杂的因素，不可能一蹴而就。当高中教育所处的内外部环境发生新的变化时，就需要根据新问题再次做出调整。经前文论述，本研究从高中段教育结构优化的逻辑起点出发，在结构优化的原则指导下，通过借鉴国外发达国家和国内一些地区高中教育结构优化的经验和实践，在此基础上，根据深圳市经济社会发展实际情况，将从以下几方面提出深圳市高中教育结构的优化对策。

（一）面向社会与政府宏观调控结合，科学优化高中教育结构

高中阶段教育结构的优化，需要在科学、有效的调节下进行。在不断完善的市场经济条件下，高中教育结构的调整与优化，必须由政府主导的以行政干预和硬性比例控制为主要手段的调节，向以市场调节为主、政府宏观调控为辅转变，面向社会与政府宏观调控结合，科学优化高中教育结构[①]。

相当长的时期内，我国实行计划经济体制，政府包揽教育事业的发展，以计划制订的形式确定各类教育发展的规模和速度。随着计划经济体制向市场经济体制的过渡，我国教育体系面向社会放开，但仍带着政府主导型的浓重行政色彩。市场经济条件下，教育发展不与社会客观需求建立紧密联系，必然会导致教育领域产生非正常波动的局面。我国已形成的高中教育结构也是在政府力量主导下完成的，带有很强的国家计划性，比如普职结构的调整往往是通过规定普职比的形式进行的。我国高中教育属于非义务教育，在市场经济不断完善的条件下，高中阶段教育的发展规模、各类教育应占多大比例在很大程度上要根据社会和个人"有效需求"进行调节。

社会和个人对高中阶段教育的"有效需求"有两类：一是能够提供

---

① 程方生.论高中阶段教育结构的优化——以江西为例[D].南昌：江西师范大学，2004：25-26.

就业和升学机会的社会、经济发展对各类劳动力的需求。二是受教育者有受这一层教育的需求，但必须是有支付能力的需求才是有效的。市场经济条件下，高中教育发展的速度和规模、结构和效益要同时取决于这两类教育需求。同时，两类"有效需求"交叉起作用，当第一类"有效需求"不足时必然会影响到受教育者对教育的投入，导致第二类有效需求不足①。20世纪80年代以来，我国高中阶段教育出现的非均衡发展，高中教育普职结构中出现非正常波动，也都是由于对社会有效需求缺乏具体分析，不讲市场调节，用国家行政手段进行硬性比例控制所造成的后果。因此，在优化高中教育结构过程中，应具体分析不同地区的社会和个人有效需求，在市场调节和国家宏观指导下进行，促进高中各类教育协调发展。

那么，具体到深圳市来说，如何在政府宏观调控和市场调节下优化高中阶段教育结构呢？

首先，教育行政部门应转变职能，充分发挥政府的公共管理职能，政府对教育的指导应转移到对教育的宏观规划和教育预测上，通过立法、政策引导、规则制定等，加强宏观调控能力。深圳市教育部门应综合考虑经济社会发展的各项因素，通过建立高中学龄人口发展趋势预测机制，对深圳市高中教育的未来发展趋势做出科学判断，合理规划高中教育中长期发展；完善高中教育发展的相关法规，维护教育活动秩序，为各类教育发展创造公平竞争的条件和平台。深圳市中等职业教育有效需求不足，一些中职学校存在着专业质量较差、专业设置重复、缺少特色、学校之间恶性竞争的现象，在高中阶段教育中处于劣势。教育行政部门应通过宏观调控，保证高中阶段普职学校"起点"公平，促进普职教育等值。

其次，教育行政部门应根据对地区社会及个人有效需求的具体分析，对高中教育结构中普职比例做出宏观调控，从以往"刚性"规定向"柔性"

---

① 游心超.高中阶段教育结构非均衡发展问题的思考[J].教育发展研究，2001（4）：13-14.

指导发展①。受经济社会发展影响，高中教育结构的普职比不可能永远保持固定的且绝对合理的状态，应根据经济发展和产业结构的变化，保持动态、灵活的普职比。在我国，普职比是全国各地高中阶段教育结构调整的重要视角，2010年《纲要》颁布后"大体相当"成为国家在今后一段时间内比较稳定的政策导向。但对于深圳来说，深圳市经济社会发达，产业结构不断升级，对人才需求层次也不断提高，同时学生升学愿望强烈，希望接受更高层次的教育。而且，随着深圳经济社会转型更需要综合素质较高的劳动技术工人，普通高中在人才基础知识培养方面拥有优势。所以，目前深圳市普职结构中普通高中比例远大于中职类教育的现状短期内及至较长时期不会有较大变动。中等职业类教育也应根据经济社会发展情况合理设置专业，并不断提升层次，满足经济社会发展的需要。

最后，通过充分发挥市场调节作用，依据社会及个人教育需求促进高中教育协调发展。建立人才预测信息系统，促使各类劳动力市场发育成熟，逐步形成高中阶段教育与区域经济发展变化相适应的自动调节机制。通过学校与学生之间双向选择的市场调节，使各类学校对受教育者的供给与受教育者对各类学校的需求趋于平衡②。优化高中教育结构也应综合考虑深圳市现有的产业结构和各产业部门的经济总体发展状况，需要系统分析深圳市的经济发展战略，对区域内一定时期各科类人才做出科学预测，进而有计划、科学、合理地对高中阶段教育各类学校的规模发展、专业设置、办学方向做出一定调整，合理优化高中教育结构。据深圳市劳动保障部门统计，深圳仍有大量劳动密集型产业需要中级技术型人才，同时极为缺乏中高级技能人才。因此仍需通过建立准确、及时的劳动力需求信息反馈机制促进中职教育专业设置的灵活性，同时要不断提升中职教育层次，培养综合素养高的技能型人才。

---

① 曹晔.新形势下我国中等职业教育功能定位与推进策略[J].教育发展研究，2016(13)：108.

② 程方生.论高中阶段教育结构的优化——以江西为例[D].南昌：江西师范大学，2004：26-27.

（二）以横、纵向结构为两条主线，全面优化高中教育结构

在高中阶段教育和高等教育"双普及"后，高中教育结构如何安排需要重新思考。总的来说，构建一个与各级各类教育相互衔接与沟通的办学模式和学校类型多样化的、立体交叉的教育结构体系，是未来高中教育发展的重要特征[①]。深圳市高中阶段教育结构的定位是"大类多样化，同类特色化"，不仅要有职业高中、普通高中、综合高中，还应发展其他类型、其他形式的高中，同时各级各类教育之间相互融通，实现协调发展。具体来说，优化深圳市高中教育结构，实现高中阶段各类教育协调发展，应从横、纵向结构出发进行全面优化。

从横向结构上，应促进高中阶段不同办学目标、办学体制、办学形式的学校协调发展，构建类型多样、形式丰富的高中教育体系，满足经济社会和个人的有效需求。

一是促进普职协调，实现高中教育普职等值发展。随着高中教育的不断普及，实现普职协调发展将成为新时期高中教育改革和发展的一个重要方面。深圳市中等职业类学校所存在的诸如办学条件薄弱、专业设置与社会需求不符、毕业生出路不好等问题造成了中等职业竞争力不强，加之传统观念的影响，学生及其家长对其有效需求不足，更乐意选择普通高中教育而轻视中等职业教育，普通教育和中等职业教育处于不协调的发展状态中。因此，深圳市教育部门应采取多方措施促进中职类教育内涵式发展，提升中等职业学校教育质量，从办学质量和效益方面出发，使中等职业教育和普通高中处于平等地位。同时，加强普职融会贯通，构建普通教育和职业教育之间畅通的沟通渠道，使学生能够根据自己的兴趣、未来就业规划选择不同类型的教育，并通过相互融通的渠道都能接受更高层次的教育，两类教育的毕业生获得平等的社会评价和认可。

二是支持民办高中发展，提升民办高中教育水平。深圳市外来人口数

[①] 曹晔.新形势下我国中等职业教育功能定位与推进策略[J].教育发展研究，2016（13）：108-109.

量多,随着异地高考政策的放开,高中教育学龄人口数量也随之有一定程度增长,民办高中在深圳市高中阶段教育中分流学龄人口压力的作用也不容小觑。另外,民办教育在管理模式、特色办学、发展模式上具有较大自主性,能够满足多样化的教育需求。但是从调查及访谈得来的情况看,民办教育的办学质量不容乐观,办学特色不明显,不能满足深圳市学生及家长对其的要求。为高质量、高水平地普及高中教育,优化高中教育结构过程中应积极推动公办校和民办校共同发展的格局。深圳市教育管理部门应给民办高中以平等的政策支持,对民办高中做出合理规划,从土地使用、教师待遇、建设经费等方面给民办教育创造良好的外部条件。同时,不断提升民办教育质量,凸显办学特色,通过发展民办教育资源满足不同社会群体对优质教育的需求,使教育供给的多样化与选择性成为可能。尤其是深圳市民办中等职业类学校数量少,学校发展薄弱,更需要政府的支持和规划引导。

三是探索新型办学模式,促进高中多样化发展。高中教育相对于义务教育来说,更应从个性化、多样化发展来满足教育需求,提供更多可选择的教育形式。深圳市高中教育发展也存在"同质化"现象,作为高中教育两大主要类型的普通高中和中等职业学校的多样化、特色化发展不明显。对于深圳市来说,要在高中教育普及的基础上提供更为个性化的、高质量的教育服务是今后高中教育要重点解决的问题。为满足学生多样化需求,教育管理部门应探索办学形式,以特色化形式促进高中教育多样化发展。

首先,在普通高中内部设置不同的方向、不同系列的学校,设立综合高中、特色高中、专门高中等。目前深圳市已有一部分新型的艺术高中、体育高中等,政府应采取支持政策并不断优化其发展。

其次,对于中等职业教育来说,应改变以学校为本位的办学模式,鼓励企业和行业参与的办学模式,增强灵活性、开放性,满足经济社会的发展要求。

最后,继续推进集团化办学改革。深圳市目前正在进行的普通高中集团化办学模式改革也是对现有办学模式的创新。根据办学形式结构、学段结构、治理方式、资源组合等形式进行集团化办学,改变单一办学体制,探索混合制办学经验，实现教育资源优化配置。目前深圳市已在实施，仍需在已有基础上继续完善推进，尤其可以将集团化办学的模式推广到中等职业类学校。

从纵向上，促进高中教育与高等教育之间的衔接、贯通，从而丰富高中阶段教育办学类型和办学形式，合理优化高中教育结构。一方面，促进高等教育与普通高中合作与衔接。政府应指导普通高中与高等学校建立实质性的联系，通过各种形式形成合作与衔接。鼓励高校到相应的特色高中建立教学、招生与指导基地，使学生能全方位了解之后选择适合自己的专业。另一方面利用深圳地缘优势，积极实施普通高中与国外高水平大学的合作交流办学。探索普通高中与大学的合作伙伴关系，从纵向上促进高中教育办学模式的多样化、丰富化。

另一方面，灵活设置中职学制，积极推进中高职有效衔接。随着深圳市经济快速增长，生产方式从劳动密集型向资本密集型发展，应用型、创新型人才的需求大幅度增加。仅仅依靠传统中职所培养的初中级技术工人不能满足深圳市经济社会发展需要，迫切要求加强高层次技术技能人才培养。高级技术人才的成长需要长期的培养过程，因此深圳市教育管理部门不仅应不断提高中等职业教育的办学质量，更应灵活设置中职教育的学制，加强与高职教育的衔接。将一般的中等职业教育较单一的2到3年学制改为与 "2+3" 或 "3+3" 的中高职衔接学制，或者是 "3+4" 中等职业教育与应用型本科衔接的学制，不断提升毕业生的层次和水平。另外，也可以根据行业和岗位特点，从职业能力和岗前培训的角度出发适当缩短中等职业教育的学制，根据市场需求设置灵活的学制。

总之，深圳市高中教育结构的优化目标是，在综合考虑深圳经济社会发展需要和居民教育需求的基础上，应从横纵向结构出发构建一个"上下贯通、左右融合"、各类教育协调发展的高中教育结构体系。

(三) 从制度层面出发，完善高中教育结构优化保障体系

合理的、完善的制度建设与深圳市高中教育结构改革优化有着极为密

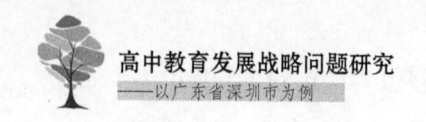

切的关系,应加强高中教育结构优化相关的制度体系建设,为深圳市高中教育结构优化和教育质量提升提供保障机制。

1. 建立高中教育发展结构评价问责制度

首先,应突出政府的主体责任,将教育结构作为一项指标纳入政府教育政绩考核中。从系统全面地构建地方政府教育政绩考核指标体系来看,政府教育政绩考核既要包括教育优先发展指标、教育质量指标、教育公平指标,还应包括教育结构指标。目前已有地区将普职招生比例列入政府绩效考核评估体系中并取得了一定效果。将教育结构作为一项考核指标列入政府政绩考核指标确保其受到应有的重视[①]。其次,深化高中教育结构研究,具体完善高中教育结构评价指标体系的内部指标。以科学的评价体系为合理优化高中教育结构提供依据。目前,已有实践经验只是把普职比例作为教育结构是否优化的主要考核指标,而对于高中教育来说除普职比例外,应围绕高中教育结构优化目标,从办学模式、办学体制、学校类型等方面出发不断将评价指标体系全面化,将其不断完善。最后,加强问责制度建设。评价与问责往往紧密联系。以高中教育结构是否能促进其功能最优、满足经济社会及个人有效需求为标准,明确教育结构优化目标及各级责任主体所承担的责任,即时评价教育结构调整情况,并反馈给相关责任主体,将问题落实到人。

2. 大力推进考试评价制度的配套改革

首先,建立并完善多元的高中学生评价制度,以评价引导高中阶段教育多样化发展,促进各类教育协调发展以优化高中教育结构。目前,高中阶段评价标准单一,高考成绩是学生发展唯一的评价指标,高考升学率也成为评价学校教学质量和地方教育行政部门政绩的主要评价手段。单一的评价标准下,学校发展都以追求升学率为目标,同质化现象严重。其次,

---

① 陈丹,徐冬鸣.论普通高中教育发展方式的转变[J].教育发展研究,2013(7):13-14.

通过考试制度改革促进高中阶段教育普职沟通融合。目前中等职业教育与普高的考试评价体系基本都是双规并行、各行其道，要促进普职横向贯通，实现普职结构优化，需要改革目前的考试评价制度以实现学生在普职之间的灵活转化。应尽快出台具体指导意见，包括学校学生的学籍如何在普高和中职之间转换，学分如何在学校之间认可，如何开展课程合作等都需要具体的建议指导[1]。

3. 完善学生发展指导咨询制度

借鉴芬兰经验，完善学生发展指导咨询制度，使学生发展指导专门化、专业化、系统化。我国初中教育分流到高中往往是以分数为标准，学生对自身的兴趣、需要及未来职业和人生规划方面往往处于迷茫状态，选择何种学校更多是其父母的意愿，缺少科学的指导。以成绩为依据的分流在一定程度上也不利于高中普职教育协调发展。《我国中长期教育改革和发展规划纲要（2010—2020年）》指出，我国普通高中应建立"学生发展指导制度"，对学生的理想、心理、学业等多方面进行指导。而我国高中学校已施行的学生发展指导往往依附在教学、管理当中，没有达到专门化、专业化的水平，缺少应有的实际作用。

针对上述情况，教育管理部门应合理规划，完善学生发展指导咨询制度。在中小学校设立专门的教育咨询和职业指导课程，贯穿小学到高中，内容侧重点不同，对学生的学业发展、兴趣需要、职业定向、发展规划等进行早期干预，使学生正确认识自己的学习状态，根据未来发展需要和职业规划选择高中阶段教育的学校类型。同时，教师教育中需要增设学生指导专业，不仅培养专门从事学生指导教育、工作的专职人员，还应对学校中兼任学生指导工作的班主任或科任老师提供相关培训[2]。

---

[1] 刘丽群.高中阶段普职沟通的问题反思与政策建议[J].教育研究，2015（9）：97-98.
[2] 黄向阳.学生发展指导制度建设刍议[J].教育发展研究，2010（15）：68-69.

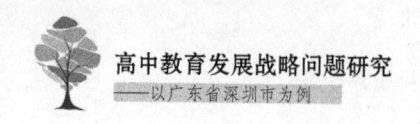

第三章 深圳市高中教育评价机制改革研究

第一节 国内外高中教育评价机制发展审视

一、我国高中教育评价机制变迁的历史分析

(一)我国高中教育评价的改革与发展历程

1949年新中国成立以后,中央政府成立教育部,社会主义教育事业得以发展,视导室作为教育部下属机构的重要组成部分之一亦随之建立起来。当时视导室的主要任务是督察各大行政区对中央教育方针、政策的执行情况,并根据督察的情况对一些重大问题展开分析和解决。1953年,教育部进一步明确视导室的主要工作职责还应肩负对各级各类学校的教学情况的视察工作。1955年,教育部颁发《教育部关于加强视察工作的通知》明确提出要"逐步建立视察工作制度"[1]。但由于"左"倾思想的严重影响,

---

[1] 何东昌. 中华人民共和国重要教育文献1949—1975[M]. 海口:海南出版社,1997:454.

视导室不但没有完全建立反而被撤销，刚刚萌芽的教育视导工作被扼杀。一定程度上来说，在新中国成立以来很长一段时间内，我国教育评价事业基本处于停滞状态。现代高中阶段教育评价的真正建立还是要追溯到我国的高考制度恢复之后，大致可以划分为以下三个阶段。

1. 恢复发展阶段（1977—1985 年）

1977 年，高考制度恢复以后。邓小平同志率先提出了建立教育督导机构与督导评价制度的初步构想，他在《教育战线的拨乱反正问题》的谈话中提到应建立一支督导队伍到学校里了解情况，监督计划、政策的执行情况，并向上级反馈。根据邓小平同志的这一指示，王季清、郭明秋等几位具有丰富教育管理经验的教育工作者得到时任国务院副总理王震的提名，被任命为教育部巡视员。与此同时，分别于中学教育司和普通教育司下设立视导室与巡视室。1983 年，在全国普教会议上提出《关于建立普通教育督导制度的意见》，进一步明确了恢复和发展教育督导评价制度的任务，要求县级以上行政部门要设立相应的教育督导机构。次年，教育部巡视室并入视导室，从中学教育司中脱离而出，成为教育部的直属机构。1985 年 3 月，国民经济与社会发展第七个五年计划指出"要加强教育事业的管理，逐步建立系统的教育评价和监督制度"[①]，将建立系统的教育督导评价制度提高到国家发展战略地位。5 月，我国教育事业发展的纲领性文件《中共中央关于教育体制改革的决定》颁布，其中也肯定了对教育进行督导评价的问题。6 月，教育部聘请了 12 位专家视导员，教育督导评价工作基本恢复。

这一阶段由于是我国教育恢复发展阶段，高中教育评价机制尚处于起步阶段。评价主体由政府，尤其是中央政府包揽。评价制度十分缺乏，仅有的一些政策也只是侧重于对建立评价活动要求的简单规定，督导评价基

---

① 何东昌.中华人民共和国重要教育文献 1976—1990［M］.海口：海南出版社，1997：2417.

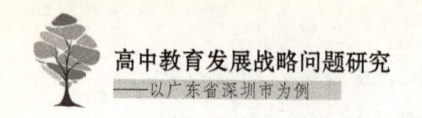

本关注的是宏观上对教育复苏与发展的情况进行了解。

2. 巩固完善阶段（1986—2009 年）

为加强对教育事业的管理，以配合国家教育管理体制改革。1986 年 9 月，国务院批准教育部视导室更名为国家教育委员会督导司。随之国务院办公厅转发国家教委等部门关于实施《义务教育法》若干问题意见的通知，进一步规定"逐步建立基础教育督学（视导）制度"[①]，要求地方也要逐步建立起相应的督导制度。同年 12 月，全国督导工作座谈会在北京召开，会议指出：督导机构的性质是教育行政部门内设行政职能机构，负责对下级教育行政部门及学校教育教学工作进行督察、评价和指导，督导工作应面向整个普通教育。1987 年，时任教育部长何东昌在国家教委工作会议上再次强调对中小学的监督、指导和评价，建立教育督导评价制度。1988 年，国家教委首次颁布针对全日制普通中学的督导评估意见（即《国家教委关于全日制普通中学端正办学方向、纠正片面追求升学率倾向的督导评估的几点意见》）。

随后，中央陆续发布了《关于中小学教育工作五项督导检查的报告》《国家教委关于开展成人中等专业学校评估工作的通知》《国家教委关于开展普通中等专业学校评估工作的通知》和《国家教委办公厅关于继续开展评估、认定"省级重点职业高级中学"的通知》等与高中教育督导评价直接相关的指导性文件。1995 年，国家颁布了《中华人民共和国教育法》，首次以法律形式确立了学校教育评价的重要地位。随之，先后颁布《教育督导暂行规定》《普通中小学校督导评估工作指导纲要》《国家教委督学聘任暂行办法》等政策法规对高中教育督导评价工作进行规范。1996 年，为进一步推动素质教育，构建督导评价机制，汨罗研讨会召开。2000 年，国家教委教育督导团再次更名为国家教育督导团，地方教育督导机构基本

[①] 何东昌. 中华人民共和国重要教育文献 1976—1990 [M]. 海口：海南出版社，1997：2499.

建成，初步形成了中央、省、市、县四级教育督导体系。2007年，国家基础教育质量监测中心正式成立。至此，我国初步建立起以教育督导为核心，督政、督学与监测三位一体的教育评价体制机制。

素质教育的提出与发展成为这一阶段教育督导评价取得重大发展的主要推动力。地方政府作为教育督导评价的第一行动集团，积极贯彻中央的教育督导评价方针政策。同时，中央对教育评价制度的关注也在加深，陆续颁布了相关的法律法规及政策文本。地方政府也在努力探索适合本地区教育实际情况的评价制度，如上海市颁布的《上海市教育督导规定》和《上海市督导评估指标》。督导评价不再只是单一地关注督政，也开始重视教育质量状况。

3. 制度创新阶段（2010年至今）

随着新制度主义和公共管理理论的兴起与发展，构建多样化的教育评价机制，改革我国高中教育评价以政府为主导的传统评价模式异军突起。2010年，中共中央、国务院印发《国家中长期教育改革和发展规划纲要（2010—2020年）》中首次提出要"管办评分离"，要求管理、办学和评价的主体明确权责和分工，教育评价权力应让渡于社会教育利益相关者。为进一步落实教育评价机制改革，2012年中央成立国务院教育督导委员会，并发布《教育督导条例》对教育督导评价进行规制。同时，加强评价改革政策的落实，化整为零实行督学责任区建设。2013年，先后发布《中小学责任督学挂牌督导规程》《深化教育督导改革，转变教育管理方式》和《中国教育质量监测与评价统计指标体系》明确和规范高中教育评价机制的改革与实施。

2015年，中央颁布《教育部关于深入推进管办评分离，促进政府职能转变的若干意见》作为改革传统高中教育评价机制的重要指导性文件，督促地方政府下放教育评价权力，鼓励社会利益相关者积极参与高中教育评价活动。普通高中教育评价改革的同时，中等职业教育评价改革也在如火如荼地进行。2011年，国家教育督导团发布《国家教育督导报告：关注中

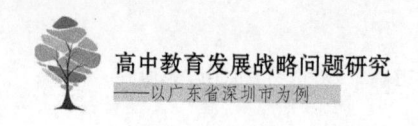

等职业教育》，随即教育部印发《中等职业教育督导评估办法》，2016年再次颁布《中等职业学校办学能力评估暂行办法》。为加强教育评价机制改革任务的落实，中央率先垂范，对督导机构进行调整。2016年，教育督导团办公室更名为教育督导局，加挂国务院教育督导委员会办公室牌子。其主要职责是：拟定教育督导的规章制度和标准，指导全国教育督导工作；依法组织实施对各级各类教育的督导评估、检查验收、质量监测等工作；起草国家教育督导报告；承办国务院教育督导委员会的具体工作。

就全国范围来说，这一阶段我国高中教育评价主体仍以政府为主。但随着教育评价机制改革的深入，各级地方政府也在积极响应改革号召，不断尝试将第三方评价组织纳入高中教育评价活动当中，尤其是山东、上海、西安和成都等省市的评价机制改革已取得不错的成绩。一些地区也颁布了相应的规制第三方评价市场的教育评价制度，如山东省于2016年出台了《山东省第三方教育评价办法（试行）》。评价方式也呈现出多样化趋势，开始关注发展性、过程性评价，多种评价方式并重。

（二）深圳高中教育评价的改革与发展历程

深圳位于广东省南部，别称鹏城。1979年建市，次年建立经济特区。1981年，升格为副省级市。短短三十多年，深圳创造了由落后小渔村变成现代化大都市的奇迹。深圳教育随着深圳经济的腾飞也取得了巨大发展，其中高中阶段教育尤其突出。在此之前高中阶段学校几乎为零，如今深圳高中阶段学校数量已经达到上百所的规模，学生数量逐年上升，高中教育的快速发展对教育督导评价工作提出了更高的要求。深圳经济特区设立至今，高中教育评价发展时间较短，大致可以划分为两个阶段。

1. "二元"管理体制时期（1979—2000年）

1979年深圳建市，宝安县教育局改为深圳市教育局。1980年深圳建立经济特区，特区内外实行两种教育管理模式，即特区内实行市、区两级管理的体制，特区外实行区、镇、村三级管理体制，以区为主的管理模式。

1988年9月，市教育局设置督导室，聘请兼职督学，对市属学校和区属重点学校的教育工作进行监督、检查、评价和指导。此后，罗湖、福田、南山各区和宝安县教育局相继成立教育督导室。为增强教育督导机构的权威性，1994年市政府将市教育局督导室提升为市人民政府督导室，正局级建制，挂靠市教育局，下属各区教育督导室也随之改革。督导室职能范围也有所扩大，除对学校进行督导评价外，还对下级政府及教育行政部门、有关职能部门、办学机构和其他教育机构的教育工作进行监督、检查评价和指导。

教育督导室建立以后，深圳市高中教育评价得到了巨大发展。1991年，市教育督导室制订了《深圳市中小学办学条件、办学水平评估方案》，开始对全市中小学的办学条件和办学水平进行综合评价。1994年，范围扩大到中等职业技术学校，督导机构的行政职能也由单一的督学发展到督学、督政、督教并重。同时，在全市范围内实行学校教育等级评估制度。次年，深圳市第二届人民代表大会常务委员会第五次会议通过我国第一个地方性教育督导条例——《深圳经济特区教育督导条例》，明确规定了教育督导的职责、职权、范围和工作内容等，进一步确定了教育督导的法律地位和督政、督教、督学的职能。

1995—1997年，市、区政府教育督导室落实市政府和广东省教育厅"进一步改善中小学办学条件"，"进一步改造薄弱学校"的指示，对全市中小学办学条件大普查。对校舍、设备设施、教师住房和薄弱学校进行督导评估，建立起督学与薄弱学校的挂钩联系制度。同时，颁布《深圳市中等职业学校办学效益评估试行方案》和《深圳市中小学办学效益评估试行方案》，在全市普通中小学、中等专业学校、职业学校中推行办学效益评价制度，推进教育现代化先进区（镇）的评估①。1998年底，通过市教研室对全市42所中小学的调查结果认识到科学的教育评价机制对教育教学质量提升的重要意义。1999年，市、区开始对教育评价机制展开研究，市政

---

① 熊贤君.深圳教育史[M].北京：社会科学文献出版社，2010：339-340.

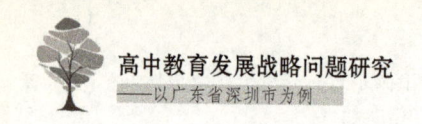

府教育督导室开始在全市中小学推行办学质量承诺制,包括莲花中学在内的30所学校承担了试点任务。

2000年,宝安区西乡镇接受"推进教育现代化先进镇"评估,成为广东省首个"推进教育现代化先进镇"。同年,罗湖区与福田区进行教育评价机制改革。罗湖区确定了全面实行等级评价和综合评价,试行"'步步高'小学综合素质评价办法"等;福田区研制出《福田区中小学生综合素质发展评价手册》对中小学生德、智、体、美等多方面的全面发展情况进行形成性评价的"素质发展档案"。深圳的高中教育评价制度发展较晚,但在二十年的时间里,以政府为评价主体的教育督导评价机制迅速建立起来,制度性的法律规制和规则约束不断发展。

2. 教育管理体制一体化发展时期(2001年至今)

为加强对教育的管理,市政府对教育管理体制进行改革。进入21世纪后,教育管理普遍实现全市"市、区两级管理"的体制模式,高中教育评价规模进一步发展。2002年,南山区通过省级评估,成为广东省第一个教育强区。罗湖区和福田区也相继通过评估,成为省教育强区。2004年,深圳通过省政府的评估验收,获得"广东省教育强市"称号,创造了全省三个第一:全省第一个教育强镇(西乡镇),全省第一个教育强区(南山区)和全省第一个教育强市。2001—2009年,深圳市不断提升高中教育质量,在全面落实和完成普通高中教学水平评估、等级评估以及重点(示范)中等职业学校评估等省级教育督导评价工作方面取得了良好成绩,深圳龙岗职业技术学校、深圳市宝安职业技术学校及深圳第二高级技工学校等多所中等专业学校被评为国家级重点学校。2009年,南山区获全省首个"推进教育现代化先进区"。同年,宝安区也顺利通过省推进教育现代化先进区督导评估。

2010年,教育评价改革进入新时期,教育评价权力不断下放。深圳市开始积极探索符合本市实际情况的高中教育评价改革路径与评价方案,宝安区率先迈出第一步,对教育督导方式进行改革。自2012年探索至今宝安区建成20个教育督导责任区，并成立区教育督导委员会负责统筹规划全区教育督导工作，协调落实区有关部门的教育职责，研究决定全区教育督导工作的重要事项。随着教育"管办评"分离，在号召让渡教育评价权与关注学生综合素养发展的双重趋势之下，深圳市不断探索新的教育评价方式，开展阳光教育评价。2014年，深圳首次引入第三方评价机构——北京师范大学基础教育质量监测协同创新中心，抽取全市范围内部分中小学开展阳光教育评价，并发布全国首个"阳光评价"报告。2016年底，深圳市再次启动全市中小学生第二轮"阳光评价"测试工作，阳光教育评价体系已取得良好发展。深圳积极探索高中教育评价机制改革，实行督导责任区创新，在以政府为主导评价主体的背景下，逐步尝试引入社会评价机构，探索教育评价改革新思路，构建立体化的教育评价体系。

二、国外发达国家高中教育评价机制的比较分析

现代教育评价活动最早产生在西方发达国家，不同教育行政体制的国家的教育评价机制各有差异。现选取三种不同教育行政体制的西方发达国家进行研究，探索其教育评价改革与发展的基本概况，以期借鉴其优秀经验助力我国教育评价机制改革。

（一）法国高中教育评价机制改革经验

法国在教育行政管理体制上属于中央集权制，在教育评价机制上与我国存在诸多相似之处，但也呈现出独特的改革和发展特点。

1. 评价主体

（1）政府：国民教育总督导和评价预测司

法国基础教育阶段的绝大多数评价活动都由教育部下属的教育督导系统和评价预测司共同实施。中等教育的相关评价工作由国民教育总督导重点负责。法国中等教育评价经过改革逐步向更加多样化和专业化的方向发

展,在统一的归口管理的前提下将评价工作划分为14个学科和领域。在管理上,国民教育总督导绝对服从国民教育部的领导和指挥,地方各级政府和其他相关部门无权干涉他们的工作,只能支持、配合[①],这与我国的督导评价有所不同。评价预测司(DEP)由教育部于1986年成立,是侧重从量化的角度专门对教育进行评价和指导的政府机构。

(2)学校:自我评价

法国教育评价一贯以政府为主的外部评价为主导,近年来随着法国教育评价机制改革的深入,提升了对学校的认识,注重通过学校自我评价的结果来促进学校主动寻求发展,实现教育教学水平的整体提升。因此,学校自我评价不断受到重视。一方面每学年末,学校委员会要召集校长、教师和家长代表,共同对机构运行情况进行评估[②];另一方面政府提出"学校改善计划",积极为学校自我评价创造条件,开发了中等教育向导指标(IPES)的同时为每所学校提供自我评价系统。学校利用计算机辅助系统评价学校的发展状况,并为学校的改进和未来发展进行规划。

(3)评价机构:全国评价委员会

全国评价委员会是成立于1985年专门针对基础教育阶段的社会专业评价机构,评估成员由8名大学教授和7名国家审议和行政机关的最高负责人或有相关经验的人员组成,委员会下设事务局负责日常事务。全国评价委员会虽然是社会专业评价机构,但与政府关系甚为密切,其活动经费基本上来源于教育部拨款。全国评价委员会主要从学校设施设备、组织机构、经费情况以及学生学业成就额等12个方面来评价教育发展状况,评价既包含定性的内容,又涵括了定量的方法。

2. 评价制度

法国是较早建立起教育督导评价制度,进行教育评价实践活动的欧洲

---

① 石灯明.中央集权体制下的法国教育督导制度[J].当代教育论坛,2009(11):22-25.
② 王晓宁,张梦琦.法国基础教育[M].上海:同济大学出版社,2015:123.

国家，教育评价发展历史也比较悠久。针对政府为评价主体的重要法律、法规有早期的《国民教育法》以及后来的《国民教育督导特别章程》等，充分利用规制性和规范性较强的制度确保教育评价的顺利实施，这些规制性政策一方面制约法国教育评价机制的发展，另一方面又保障了法国评价机制的稳定发展。1989年法国颁布《教育指导法》，明确指出了教育评价适合于整个教育系统，评估的目的不是为了使学校和教师处于相互竞争的环境当中，而是力图通过评价教育的发展状况，核查教育目标的实现程度，通过对整个教育系统的经常性调整来改善教育系统[①]。2006年，法国政府出台《共同基础法》，这一政策法规成为法国教育评价与质量监测的关键性依据。《共同基础法》重点强调学生经过学校学习之后必须要达到的基本能力水平，这使法国在基础教育质量测评的内容、结果使用等方面得到不断调整和变化，并根据发展需要设置新的测评，逐渐形成了自己的测评体系[②]。

3. 评价方式

法国基础教育在发展创新的同时，开创了具有法国特色的教育评价方式。

其一，学校发展评价。学校发展评价，是对学校教育的综合评价。它主要通过高中毕业考试通过率、参加高中毕业考试率、取得高中毕业证的学生与中途离开学校的学生比例三个方面的指标来评价学校发展的"附加值"或称为"增加值"，即衡量原有发展水平之上的成长部分，把握高中教育质量和学校运转的实际情况。同时，学校发展评价也能帮助学校获取自我发展的相关信息，正确地分析自己的优势和不足，促进其全面改进，提高教育教学质量。

其二，教育元评价。2000年，法国成立独立于行政机构的学校评估高级委员会，主要任务是对学校教育领域完成的评价工作，特别是DEP组织的评价活动进行评价，并提出政策建议。法国教育元评价强调教育共同体

---

① 刘敏. 法国高中学校绩效评估体系探究 [J]. 教育发展研究, 2009 (12): 36-38.
② 王晓宁, 张梦琦. 法国基础教育 [M]. 上海: 同济大学出版社, 2015: 109.

的参与。所谓教育共同体,即学校内外所有参与学生教育者,同属一个教育共同体①。因此,来自社会的代表(国家与地方竞选的当选人、主要工会和雇主组织指定的成员),学校和学校服务对象的代表(教职工、学生家长、高中生与大学生)和在教育体制评估中公认的法国和国外专家②共同参与到教育元评价当中,形成法国独特的教育评价方式。

4. 评价反馈

法国教育评价改革提出"教育共同体"概念,认为教育利益相关者都应参与到教育评价当中来,全面了解教育的发展情况。为此,法国的教育评价结果不仅提供给教育系统内部,而且提供给教育系统外部。一方面,作为教育行政管理部门和学校及时调整教育政策,改进教育教学措施,提升教育质量的重要依据;另一方面,积极向社会公布评价的结果,让"消费者"了解教育的质量与发展情况,敦促教育的优质化发展。随着改革的深入,法国政府在教育评价结果的使用上展开了积极的探索,越来越重视评价结果使用的有效性。如通过教育质量测评结果认定相关教育管理部门工作绩效,采取"问责制"的方式,促进其切实承担起责任③。同时,明确将经费划拨与教育评价结果相契合,教育评价结果决定经费划拨的具体情况。

(二)英国高中教育评价机制改革经验

英国的教育行政管理体制是典型的中央与地方合作制,在此体制的影响之下,英国的教育评价机制发展亦颇具特色。

---

① 吕达,周满生.当代外国教育改革著名文献(法国、德国卷)[M].北京:人民教育出版社,1998:317.

② [法]雅基·西蒙,热拉尔·勒萨热.法国国民教育的组织与管理[M].安延,译.北京:教育科学出版社,2007:49.

③ 杨涛,辛涛,董奇.法国基础教育质量测评体系探析[J].比较教育研究,2013(4):60-65.

1. 评价主体

（1）政府：教育标准局、资格与考试管理局

英国教育评价的政府主体主要由教育标准局（The Office for Standars in Education, Children's Services and Skills）和资格与考试管理局（Office for Qualifications and Examinations Regulation）来进行。两者都是挂靠在教育部下的非内阁部委，与教育部之间并非隶属关系，而是合作关系，评价活动不受教育部门内部干扰，直接对议会负责。

1992年教育评价改革，皇家督学团更名为教育标准局，并从教育部中独立出来。同时，在部门下设八个地区督导机构，取消了中央与地方两级的督导评价体制，实行全国一体化管理模式。资格与考试管理局于2010年开始运行，主要职责在于对课程和考试方面的安排，兼教育评价的权力。在评价方面，资格与考试管理局通过各类资格证书考试评价学习的结果和教育的质量，负责对考试评价的公平性、合理性及实效性进行保障，发挥终端监控作用。此外，政府在学校层面设立基层督学，直接负责学校督导评价的组织和实施。

（2）学校：自我评价

以学校为主体的自我评价在教育评价活动中有着重要作用，英国在发展外部教育评价的同时亦积极指导学校开展自我评价。英国学校自我评价被认为是一个持续动态的循环过程，其基本模式（如图3-1所示）可以用三个要素进行概括：第一，我们做的如何；第二，我们是如何知道的；第三，接下来应该怎么做。学校自评框架主要围绕七个方面的内容展开，即学校特点、利益相关者意见、成就和标准、学生的身心发展、学校教育质量、领导和管理以及学校的整体成绩和效率。评价过程中要始终明确自评是为学生发展服务，为学校管理和改进服务的核心理念。

```
我们做的如何  →  我们如何知道
      ↑              ↓
    接下来应该怎么做
```

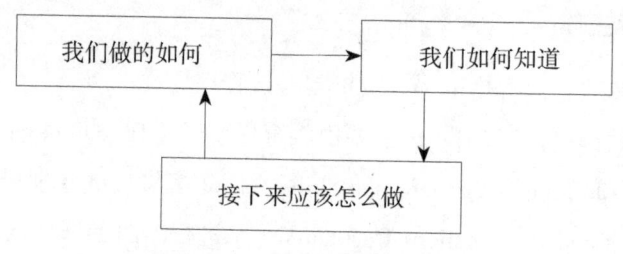

图 3-1　学校自评基本模式

（3）评价机构：第三方监控

1992 年教育评价机制改革之后，英国政府开始将部分地区的评价业务委托给第三方评价市场——督导服务机构（Inspection Service Providers，简称 ISP），逐步将评价活动推向市场化运作。英国的第三方专业评价机构大致分为两类，一类是资格与考试管理局认可的教育证书考试机构，如牛津、剑桥考试局，通过证书考试对教育质量进行监控与评价；另一类是专门服务学校的专业评价机构，如杜伦大学课程、评价与管理中心。它们根据学校需求评价学校教育教学质量，及时为学校改进建言献策。截至目前，常与政府合作的督导服务机构主要有四个，即教育信托基金会（CfBT Education Trust）、前景服务机构（Prospects Services）、信佳教育与儿童服务机构（Serco Education and Children's Services）、萃博公司（Tribal Group），它们分别负责英格兰的北部、中部、南部地区的教育评价。

2. 评价制度

英国教育评价改革推进以来，教育评价的规制和规范得到进一步完善。首先，以法律法规的强制性形式对教育评价做出了详细的规制，如《1992 年教育法》《学校督导法》《2006 年教育与督导法》，这些法案对以政府为主体的教育评价活动进行了规制，目的在于为总督学确定与其职责相关的战略优先选择，确定与此选择相关的战略目的和目标，保证总督学职责有效行使[①]，促使教育评价顺利进行；其次，对以学校为主

---

① 李建民. 英国基础教育［M］. 上海：同济大学出版社，2015：101.

体的评价活动进行引导和规范。1992年,对《学校督导大纲》进行修订,提升教育评价的公开性和透明度。1994年至1998年先后制定和颁布了《学校督导手册》《充分利用督导——学校和校董指南》《提高标准——设立目标:中学支持文件包》与《学校评价事项》,对学校开展自我评价提供引导。

2009年,再次出台一份对学校开展自我评价的详细指南——《与学校建立一种新型关系:通过自评提高学校效能》,要求学校以此为据对学校教育教学相关方面展开自我评价。最后,就评价价值导向来说,英国逐渐开始从关注"关于学习的评价"转向"为了学习的评价",重视每一所学校的发展与成功。根据《2005年教育法》要求,开始对学校进行监测性督导,帮助落后学校实现改进。2005年《每个孩子都重要——英格兰学校督导框架》,中小学教育督导评价指标确立了总体效能、成绩和标准、教育质量、领导与管理四大核心指标。2010年调整为"学生成果、学校教育效能、学校领导管理效能"三大板块。2012年再次将评价指标体系详解为"总体效能、学生成绩、教学质量、学生行为与安全、领导和管理"五个方面。同时,为向社会宣传教育评价状况,促进社会利益相关者对教育评价的参与程度,先后出现《学校督导:理解新制度》《学校行动计划》和《评价学校效率》等指导文件。

3. 评价方式

英国教育改革侧重于追求卓越与个性,教育评价改革也强调赋权于学校,发展学校自我评价特色。故而,学校增值性评价成为英国教育评价改革发展的一大特色。所谓学校增值性评价,指的是评价学生学校学习前的原有水平与学习后所获得的发展之间的变化程度,是基于学校可以使学生学业成就增加"价值"的假设[1]。增值性评价是在学校内部进行的用于学

---

[1] [英]萨丽·托马斯,彭文蓉.运用"增值"评量指标评估学校表现[J].教育研究,2005(9):20-27.

校改进的评价方式，根据对学生的学业成绩和学生个体特征的分析，试图从定性与定量的综合性角度来评价学校的教育教学效能。由于学校增值性评价需要收集大量的学生数据，英国政府开发了《学校增值表现指标》、RAISE online 系统（即自评报告分析改进系统，该系统整合了关于学生测评和学校水平表现的相关信息资源，学校在此系统上开展自我评价，能获得大量分析性增值评价数据，获取学校发展的基本情况），以及情景化增值评价模型（如表 3-1 所示），通过指标、数据和模型计算出学校的增值分数，评价学校的基本发展情况。

表 3-1　情景化增值评价模型（100 为全国平均水平）

增值分数	排名情况
>102.1	全国排名前 5%
100.9～102.0	全国排名前 5%～25%
100.3～100.8	全国排名前 25%～40%
99.8～100.2	全国排名前 40%～60%
99.3～99.7	全国排名后 25%～40%
98.0～99.2	全国排名后 5%～25%
<97.9	全国排名后 5%

资料来源：李建民.英国基础教育[M].上海：同济大学出版社，2015：122.

4. 评价反馈

英国的高中教育评价是一个系统性工程，评价反馈是整个评价机制的重要环节。评价组织给出的结果经过严密的程序之后以评价报告的形式呈现。评价活动结束后，评价人员整理汇总相关信息，形成评价报告。并就形成的评价报告进行小组内部讨论，同时与被评价学校的董事会交换相关信息，鼓励学校对相关问题做出补充和说明，在此基础上形成第二稿评价报告。修改后的评价报告提交相关部门和人员征求意见，形成最终的评价报告。将评价报告下放至地方教育和学校，学校必须在规定时间内将评价报告和评价结果转发给学生家长或监护人，并进行说明。同时，评价报告还需出版和挂网公示。

评价结果与学校的改进直接挂钩，评价等级为不合格的学校将被列为引起关注的学校（Category of Concern），主要包括两种类型：一类是需要采取特殊措施的学校,另一类是存在重大缺陷的学校。学校必须根据评价结果提出详细的有针对性的改进计划,地方教育局也需提交一份学校改进的行动计划。因此,学校必须明确评价结果的重要性,同时也应知道结果只是暂时性的。除此之外,评价结果也将作为学生、家长和社会了解学校发展和教育教学情况的重要来源。

(三)美国高中教育评价机制改革经验

美国实施地方分权的教育管理体制,教育评价权力分属各州。作为现代教育评价的发源地,美国的教育评价机制独具特色。

1. 评价主体

美国作为现代教育评价的发源地,教育评价机制发展相对完善。就评价主体而言,美国基本上已经形成了以学生的学业成就与能力水平监测为基点,政府、学校和社会相互衔接、相互协调的教育评价主体融合机制,是一个由国家、州、学区、学校和社会广泛参与的系统工程。一方面,就外部评价来说,州教育总监受州教育董事会(由家长为主的社区成员组成)委托,制定政策与执行方案,实施环节由不同的专业教育机构竞标,委派中标的机构参与评价的具体实施。在评价过程中政府作为评价活动的组织者与协调者从宏观上对评价活动进行把控,社会团体和专业机构通过竞标参与到评价活动各个环节的具体实施工作当中。另一方面,从学校自我评价来说,学校根据所在州政府的规定,结合学校的发展目标与实际情况,在专业评价机构的指导下开展个性化的评价活动。评价也围绕学生学业成就与能力水平进行,以此了解本校学生的发展状况,以便更好地指导学生的学习和发展,实现学校改进提升教育质量。一言以蔽之,美国的教育评价机制是教育利益相关者共同参与教育评价标准制定和实施的全过程,形成以专家为核心的民主参与机制[1]。

---

① 苏红. 美国基础教育学业质量评价:体系、机制与启示[J]. 世界教育信息,2012(5):40–43.

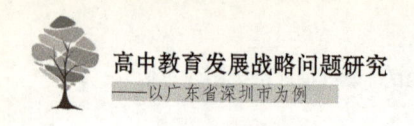

2. 评价制度

美国教育评价制度相对完善，教育评价的法律地位从国家到地方都得到有效保障。从国家层面来说，布什政府时期颁布的《不让一个孩子掉队法》（NCLB 法案）对美国教育影响颇大。该法案明确要求各州根据自身实际情况，开发出一套完整的有关语言、艺术、数学与科学的学习标准与评价方案，并制定"合格年度进展指标"（Adequate Yearly Progress，即 AYP）；奥巴马政府当政时期，在 NCLB 法案的基础上提出了"力争上游"（Race to the Top）法案，对以标准化测评学生学业成就表现和能力的形式进行了规制。2010 年，奥巴马政府再次颁布《改革蓝皮书：中小学教育行动再授权法案》（A Blueprint for Reform: Reauthorization of Elementary and Secondary Education Act），该法案是对"力争上游"项目的补充与完善，涉及对学生学习增长水平评价、学生成就评价以及教育高质量测评等项目。

从地方层面来说，各州都有一定的立法权，也针对本区教育评价的实际情况进行了法律法规方面的规制。如田纳西州的《综合教育改革法案》（The Comprehensive Education Reform Act）、马萨诸塞州的《教育改革法》等。美国教育评价也十分强调教育发展的针对性，项目评价是政府对教育进行评价的主要途径。因此，除了相关的法律法规对教育评价进行保障外，各个项目评价政府都颁布了相应的专业规范。如美国历史上首部国家中小学课程标准——《共同核心州立标准》，就对国家教育进展评价项目的评价内容与方式等方面进行了规范。同时，对评价各个环节的专业化行业标准也进行了规范，如要坚持以《教育与心理测验标准》《教育公平测验实践的准则》和《国家教育统计中心统计标准》为指导原则制定评价框架。另外，教育评价偏向于市场化，以需求—供应为运行标准。由于学校与州教育发展的个性化与多样化，各个州与学校根据实际需求申请不同的教育评价项目及经费支持，以此带来相应的评价供应。

3. 评价方式

目前美国影响力较大的高中评价项目有国家教育进展评价（National

Assessment of Education Progress，简称 NAEP 评价）、"蓝带学校"（Blue Belt School）等。

国家教育进展评价是一个全国性的教育评价项目，目的是了解学生对知识的掌握和运用程度。测试的内容十分广泛，包含了艺术、公民学、经济学、地理学、数学、阅读、科学、美国历史、写作，同时还需要提供被测试学生的相关背景资料，如性别、种族、所学课程，等等。测试内容按照课程标准要达到四个一致原则进行，即内容、深度、广度和知识样本平衡四个方面，评价框架通过教师、课程专家、评价专家、学校管理员、家长以及一般公众成员共同协作开发。NAEP 测试每两年进行一次，主要针对 K4、K8 和 K12 的学生，每个学生只参与一门学科的测试。以 2015 年高中数学测试为例，参与测试的高中学生人数达 13 600 人，涉及 740 所学校（如表 3-2 所示）。

表 3-2　2015 年 NAEP 高中数学测试样本

学校类型范围	Sample size（样本量/人）	Target population（目标群体/人）	Number of schools participating（参加学校数/所）
Nation（全国）	13 600	3 337 000	740
Public（公立）	12 300	3 055 000	650
Private（私立）	1 300	282 000	90

数据来源于：https：//www.nationsreportcard.gov/，2017-2-15.

"蓝带学校"评价是选优评价，以质量与公平为核心原则，主要目的是选出在缩小学生成绩差距或者学业水平方面有突出成绩的学校，以促进优秀学校的相互学习与交流，提升整体教育教学质量。美国教育评价虽然推行以学生测评和学生成绩为主导，但具体的评价更加强调教育所带来的"增加值"，关注学校和学生取得的发展空间。此外，评价实施划分为多个环节，每个环节通过招标形式让不同的专业机构参与其中，凝聚社会提高教育质量的共同愿景。

4. 评价反馈

总体而言，美国教育评价结果反馈是面向整个社会群体的，在教育系统内部，评价结果以书面报告的形式反馈给联邦教育部长、总统办公室、

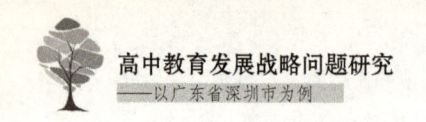

国会教育委员会以及相关教育与研究组织机构等组织与个人。教育系统外部，评价结果多以出版物的形式呈现，也会借助新闻发布会、电视媒介、报纸、网络等公众渠道向社会公布评价信息。

实施绩效问责是美国在教育评价结果使用的突出特点，评价结果与教育经费挂钩。美国教育评价绩效问责制度主要分为公众报告（Public Reporting）、州级绩效系统（State-defined Accountability System）和地方绩效系统（Locally-defined Accountability System）三种类型。公众评价报告要求定期向社会公布教育评价的结果与教育发展状况，包括地区和学校两个层面，以便社会教育利益相关者了解教育情况，督促学校改进教育教学质量。学生家长亦可通过报告为子女选择就读学校提供参考。州级绩效系统主要是将学校和学区的教育评价结果与州一级的结果水平进行比较，根据比对结果的等级决定财政补贴金额。对于评价结果不合格的需要进行改进和干预，严重时则会进行取缔。同理，地方绩效系统与州级绩效系统实施大致相同，只是比对范围缩小为学区。

此外，评价组织会设立专门的监督与投诉渠道，审查整理投诉与反馈信息，以此确保社会、学校、家长等教育利益相关者以及被评价对象的知情权与发言权，使教育评价活动更加公开化、公正化和透明化。

（四）西方国家高中教育评价改革特点

法国、英国和美国虽实行不同类型的教育管理体制，但在教育评价机制改革的问题上却呈现出相同的发展趋势：鼓励评价主体的多元参与，强调评价制度的全面完善，评价方式的多样化与专业化发展，以及关注评价结果的反馈与使用。

1. 评价主体多元参与

在宏观格局上，各国都尝试转变政府的主导性地位，促使政府由评价核心主体转变为评价活动组织主体。同时关注学校内部评价效能，积极引导和规范学校进行自我评价。创造条件，引入社会教育评价机构以第三方视角判断教育价值状况。近些年，各国都通过各自的教育评价机制改革逐步形成政府、学校和社会多方位视角的评价格局。在内部协调上，评价各个环节都呼吁家长、社区成员、社会机构等教育利益相关者的多方位参与，拓宽教育利益诉求与监督渠道。

2. 全面完善评价制度

全面完善的教育评价制度是教育评价机制有效运行的有力保障。各国政府在对教育评价进行改革时都十分重视对评价制度加以完善和系统化，尤其是法律化程度与专业规范等方面都进行了积极的引导与补充。其中以美国为典型代表，不仅针对不同的评价项目制定了相应的法律规制，还对评价实施的各个环节进行了专业规范与说明，评价理念侧重于采用关注教育"增加值"的过程性评价价值取向。

3. 评价方式多样化与专业化

由于西方教育强调个性化发展，各地区和学校的发展都独具特色，单一的评价方式则无法满足教育发展的实际需求，评价方式多样化与专业化是其教育评价机制改革的必然趋势。此外，由于地区与学校的实际情况的差异性以及生源结构的差异性，多样化与专业化的评价方式更能有效地保障教育评价的权威性以及评价结果的可靠性，教育评价机制才能发挥自身的激励与改进功能。

4. 注重评价结果使用

在评价反馈上不仅只是注重评价结果的呈现与机械式的反馈，更加注重评价结果的使用以及结果使用的有效性。各国不仅在教育系统内部反馈与应用评价结果，同时也注重教育系统外部的使用。在系统内部强调教育问责制度，对评价结果不理想的学校或地区予以相应的惩罚措施，以此激励教育改进，提升教育教学质量。在系统外部，重视向社会公众发布教育评价结果，确保教育利益相关者的知情权与参与权，促使教育评价活动更加公平、公正、公开。

通过对英、法、美三个不同教育行政体制国家的高中教育评价机制改革经验进行比较分析，发现国际高中教育评价机制的最新发展趋势，能够

为深圳市高中教育评价机制的改革和创新提供借鉴。

第二节 深圳市高中教育评价机制现状透视

深圳作为改革开放的先进区，自建市和创办特区以来，短短30多年的时间里创造了一个从落后的边陲小镇成长为蜚声海内外的现代化大都市的发展奇迹，高中教育更是实现了跨越式大发展。截至目前，深圳市高中学校由建市之初的3所增加至100所（其中普通高中74所，中等职业学校26所），在校生人数19.34万人，高中阶段教育入学率达到99%以上，高中教育正逐步由"有学上"向"上好学"的优质化阶段迈进。

2009年中国城市教育竞争力报告显示，深圳在15个副省级城市中的教育竞争力排名第一，而在二级指标教育管理项目中的排名却相对低下，位居第9名（表3-3所示）。根据表中数据可以看出，以教育督导为核心的教育评价发展水平是阻碍深圳打造教育质量，做教育领跑者的关键性障碍，也将是深圳市教育发展的强大后劲。因此，笔者跟随深圳市高中教育发展战略课题组对深圳市高中教育评价机制进行了实地调研，调研对象包括普通高中（如深圳市北京大学附属中学、布吉中学、南山外国语学校、深圳实验学校等）、中等专业学校（深圳市第三职业技术学校、中嘉职业技术学校等）以及市教育局与教育科学研究学的相关负责人。借此了解深圳市高中教育评价机制的安排现状，尝试寻求影响深圳教育评价发展的主要因素，以期抛砖引玉促进其改革发展。

表3-3 15个副省级城市教育管理认知及评价排名（节选）

城市指标	二级指标	三级指标			
	教育管理	领导重视程度	教育规划水平	教育服务水平	教育督导评价水平
成都	3	1	1	4	4
青岛	2	5	3	1	2
大连	8	11	6	8	6
深圳	9	11	12	7	10

资料来源：倪鹏飞.中国城市教育竞争力比较——探寻宁波方位［M］.北京：社会科学出版社，2009：104.

一、深圳市高中教育评价主体解析

（一）以政府为主体的督导评价

深圳高中教育评价由督导室与教育科学研究院共同负责。督导室全称为人民政府督导室，分为市、区两级，挂靠教育局代管。其中，大鹏新区、光明新区和龙华新区为非行政区，则由区公共事业局代管。两级督导室的人事管理、经费支配及运行状况等归口于教育局管理，受教育行政部门制约。督导室的具体职责包括监督、检查全市贯彻执行教育法律、法规、规章和方针、政策情况；对教育行政部门工作进行督导检查；对教育工作中的重大问题和教育改革发展情况进行调研，向政府反映情况，提出建议；承担深圳市教育督导委员会日常工作，指导全市教育督导工作，研究制定全市教育督导制度和评价指标体系，并组织实施；对本行政区域内的学校和其他教育机构进行监督、检查、评估和指导；做好省级教育督导评估的专访初审、推荐申报和迎评指导、协调等工作；统筹开展全市基础教育质量监测工作；统筹和指导全市督学责任区建设和责任督学挂牌工作；组织和指导全市教育督导科研和督导人员培训工作。

概言之，督导室职能可囊括为督政、督学与评价三个方面，而实际上基本是以督政为主，重点强调"督"忽视"导"。从督学人员结构来看，目前深圳市督学共576人，督学队伍的专兼职比例、职称结构比例与年龄结构比例基本符合督导评价活动的相关要求（专兼职督学比例大致为1∶9；中高级职称人数占58.5%，正高级职称与小教高级职称人数分别占比3.2%和21.7%；在年龄结构方面，30～40岁督学占13.3%，41～50岁督学占66.0%，51岁及以上占20.5%）。而进一步对督学身份背景进行探讨发现，有行政职务的督学（如公务员身份的正副处长、局长、主任以及学校校长等）占比74.2%，科研人员与无职务人员（如教师、家长等社会成员）仅占25.8%。具有行政职务的督学比例过大，一定程度上影响教

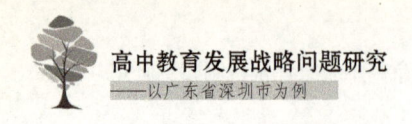

育督导评价的专业性[①]。

政府的另一高中教育评价主体为深圳市教育局直属机构——教育科学研究院，主要负责学科教学评价与质量监控方面的工作。2016年，教育科学研究院内部机构改组，教育评价职能由教育质量评价与监控中心分划至高中教学研究中心及质量监测与科技创新中心负责。督导室与教育科学研究院均作为政府主体对教育进行评价，督导室侧重行政性的监督与评价，教育科学研究院则是业务指导与评价。从权力来源看，督导室评价更具权威性。

（二）以学校为主体的自我评价

作为现代教育评价发展的一大趋势，学校自我评价受到了越来越多的关注。学校自我评价指的是以学校为评价主体，立足于自身发展需求，运用教育评价的理论和技术方法，自行组织对学校办学各方面工作及成效进行价值判断、问题诊断，并形成改进对策，以利于改进学校工作策略，提升学校组织与教师个体发展能力和发展水平的评估活动。

在深圳，学校自我评价表现在两个方面：其一，理论层面。深圳市政府在学校试点卓越绩效管理时，曾对学校自我评价做出了简单的指导。文件指出，自我评价是学校定期对其活动和结果全面、系统地进行评审的管理活动，目的在于实现自我改进，追求卓越发展。因此，自我评价应当是一个由评价、改进和创新构成的循环系统（如图3-2所示），即通过评价，找到改进和创新的机会并识别出改进优先次序。其二，实践层面。概而论之，教育督导评价环节中，都要求学校对自我办学情况进行自诊自评。全面分析学校发展实际，根据学校办学情况的相关方面进行质性的梳理和描述形成自评报告。

---

① 深圳市教育科学研究院. 深圳教育蓝皮书（2013~2014年）[M]. 深圳：海天出版社，2015：293-294.

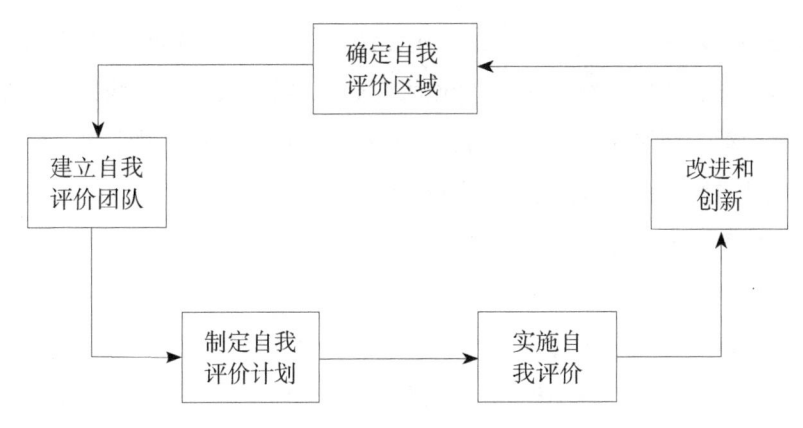

图 3-2　深圳学校自我评价流程图

在对深圳部分高中学校进行实地调研发现，这些学校几乎都建立起了学生管理制度、校本研修制度及财务管理制度等学校内部常规管理制度，却均未建立起相对系统完善的自我评价机制，甚至没有自我评价活动。学校评判自身教育教学质量状况的标准，也是唯一标准就是学生的学业成绩。政府对自我评价关切力度有限，以及学校自身的需求与认识不足，深圳高中学校自我评价发展还是比较落后。

（三）以社会为主体的第三方评价

深圳作为市场经济的活跃地带，引入第三方专业机构参与教育评价早已有所行动。2010 年，罗湖区率先突破"官方"评价体制束缚，聘请北京大学教育学院对学校进行绩效发展性评估。2014 年 10 月，深圳市教育局首次邀请中国基础教育质量监测协同创新中心合作，在全市范围内开展综合素养阳光评价，共组织 43 所普通高中学校开展"阳光评价"测试，参测学生高达两万五千多人。此次活动对学生品德、身心、学习、创新、国际、审美、信息、生活等 8 个方面的发展状况给出了科学、系统的评价，并向社会发布了全国首个中学生综合素养"阳光指数"测评报告。

2017 年 3 月，深圳市再次与中国基础教育质量监测协同创新中心合作开展高中阶段学生综合素养"阳光评价"的测试工作。中国基础教育质量

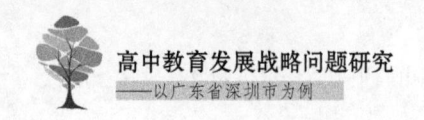

监测协同创新中心是教育部认定的国家级单位,由北京师范大学牵头,华东师范大学、华中师范大学、东北师范大学、西南大学、陕西师范大学、中国教育科学研究院、教育部考试中心和科大讯飞信息科技股份有限公司等8家机构作为核心协同单位共同建立的国家级协同创新中心。简而言之,中国基础教育质量监测协同创新中心是具有半官方性质的第三方教育监测和评价机构。

由是观之,拥有政府背景的教育评价中介组织更容易获得政府委托让渡的教育评价权,而纯粹的第三方教育评价机构却较少获得评价机会,如深圳本土的第三方专业评价机构——英葵教育服务中心、深圳新博教育评估咨询有限公司等。此外,即使作为半官方组织的评价机构涉及教育评价的范围也是非常有限,基本上都是在大型的质量测评层面。如何更大限度地引入第三方专业机构进入教育评价,扩大第三方专业机构参与教育评价的广度和深度仍需进一步探索。

二、深圳市高中教育评价制度剖释

按照制度主义的观点,教育评价制度可以从规制性、规范性和文化-认知性三个层次进行认识。规制性要素具有权威性和强制性;规范性要素是追求结果的方式和手段,与规制性要素在制度实施过程中相互强化;文化-认知性要素则是指习惯、价值观等精神层面的内容。

(一)评价政策规制

评价政策规制是指通过确立评价规则并监督相关评价活动参与者遵守的评价制度,具有一定的强制性和权威性。深圳市高中阶段教育评价的政策规制可以从国家和地方两个层面来进行阐述。

从国家层面来说,自1985年教育督导评价工作恢复以来,共有四部法律和行政法规对教育评价进行保障。1995年颁布2015年修正的《中华人民共和国教育法》将教育督导与评价定为我国教育基本制度,规定"国家实行教育督导制度和学校及其他教育机构教育评估制度";2009年颁布的《中华人民共和国民办教育促进法》第四十条指出"教育行政部门及有关部门依法对民办学校实行督导,促进提高办学质量;组织或者委托社会中介组织评估办学水平和教育质量,并将评估结果向社会公布";国务院先后颁布的两部行政性法规——《关于基础教育改革与发展的决定》和《关于大力发展职业技术教育的决定》也对教育评价工作进行了保障。《决定》分别指出"在推进实施素质教育工作中发挥教育督导工作的保障作用,建立对地区和学校实施素质教育的评价机制","要制定各类职业技术学校的设置标准和评估标准,逐步建立职业技术教育的评估制度";2012年国务院颁布《教育督导条例》,该条例是目前为止唯一一部国家层面对教育督导评价相关活动进行规制的专门性行政法规。

从地方层面来看,深圳市是我国拥有"特区立法权"和"较大市立法权"的特殊城市之一。自获得立法权以来,为适应自身的发展需要,深圳市借助特区的立法权优势,先后制定和出台了200多项法规。截至目前,深圳市利用"特区立法权"和"较大市立法权"已经制定出台四部法规、八部规章,基本上覆盖了深圳市教育管理的主要领域[①]。其中就包含由深圳市人大常委会颁布实施的《深圳经济特区教育督导条例》,它明确规定了教育督导的职责、权力和工作内容等,确立了深圳市教育督导评价的法律地位和督政、督教、督学的职能。它是全国第一个地方性教育督导法规,也是深圳市唯一一部关于教育督导评价活动的政策法规。

(二)评价专业规范

所谓评价专业规范就是制度化的评价行为规则,是对评价活动的执行进行规定,包括评价的方式和手段等内容,是守护教育评价秩序的重要武器,它与评价政策规则在制度实施过程中可以互相辅助。深圳高中教育外

---

① 深圳市教育科学研究院. 深圳教育蓝皮书(2011~2012年)[M]. 深圳:海天出版社,2015:350.

部领导管理主要存在两种模式,即市级管理模式和区级管理模式,深圳教育评价亦实行市级与区级两级管理。自1988年,深圳市、区两级教育督导室体系建立以来,为保证教育评价的公平性和专业性,两级政府及教育督导室都陆续颁布了一系列规范教育评价活动的文件。目前,深圳市高中阶段教育评价活动规范可以分为规范评价方式、内容与评价行为两种类型。

首先,规范评价方式与内容型。市政府研究制定的《关于进一步提升中小学生综合素养的指导意见》和《课程建设和学生综合素养评价方案》围绕深圳市的经济与社会发展需求,重点对教育质量测评的相关内容进行了规范。围绕品德素养、身心素养、学习素养、创新素养、国际素养、审美素养、信息素养和生活素养八个方面的内容进行展开,构建深圳市高中学生综合素养"阳光评价"体系。近年来颁布的《深圳市中小学体育发展三年行动计划》和《深圳市中小学艺术教育发展三年行动计划》进一步对学生的身体素质发展和审美艺术修养的评价内容进行了描述。另外,各种学校评价项目及对应的指标既作为对评价方式的说明,也是对评价内容的规范。如《广东省普通高中教学水平评估》《广东省重点中等职业学校标准》《宝安区中小学办学水平评价办法》等分别对其评价的内容做出了限定。

其次,规范评价行为型。此类型规范旨在进一步规范评价主体行为,加强督学队伍建设,提高教育督导工作水平。2006年制定的《深圳市民办教育管理若干规定》第十七条规定要求"教育督导部门应当每三年对民办学校办学情况进行综合评估,并形成评估报告"。2011年,深圳市政府颁布《深圳市督学管理办法》和《督学履职手册》进一步明确深圳市督学队伍的任职条件、聘任规程、权责划分与组织管理等四个方面的内容。

(三)评价价值导向

教育评价就是对教育的价值进行判断,而价值是客体满足主体需要的程度。因此,主体的意识形态、习惯、价值观等精神层面的要素很大程度上影响着教育评价活动,即评价价值导向的潜在效应。评价的价值导向贯穿于整个教育评价活动，作用于教育评价主体的行为方式，直接关系教育评价的成效与发展。

深圳是市场经济发展的活跃地带，短短三十多年所创造的深圳奇迹与市场经济良好的价值导向密不可分，追求快速发展的价值导向是一把双刃剑，渗透至深圳教育领域的同时难免产生一些消极影响。通过对学校的访谈发现，高中阶段教育追求效益，高中学校的升学率仍然是政府和社会判断学校的关键性指标。在评价观念上往往倾向于"办学水平评价＝教学水平评价＝学生升学率或统考分数评价""教师评价＝教学工作评价＝学生升学率或考试分数评价"。

作为高中教育消费者的学生家长是教育评价价值导向发展的重要影响因素。深圳市高中教育发展战略课题组曾在全市范围内就子女教育问题对深圳市9所初级中学的700名初三学生家长进行问卷调查。调查结果显示，84.9%以上的家长希望子女接受本科以上层次的教育，同时86.6%的人认为大学本科以上学历才能适应社会的需求和竞争。由此可见，绝大部分家长是普通教育高学历的忠实拥趸。这种对子女教育的预期与追求直接导致家长和社会生成以升学率和学生学业成绩判断教育质量状况的价值导向。

三、深圳市高中教育评价方式探究

（一）教育督导与评价

深圳市高中教育评价活动经过二十多年的发展和完善，始终坚持综合督导与专项督导相结合原则，先后开展了中小学校(园)等级评估、办学(园)效益评估、义务阶段学校办学水平评估、规范化幼儿园评估、学习型社区评估、义务教育均衡发展评估以及阳光教育质量监测等。高中阶段教育也逐步形成以学校等级评估和办学效益评估为重点的教育督导评价机制。

1. 学校等级评估

1993年，深圳市按照国家和广东省制订的评估方案，开始对各级学校的办学条件、管理水平进行综合性的等级评估。1994年，学校等级评估全面展开，同时开始了市一级、区一级学校的评估。2004年，深圳市印发《深圳市办学机构等级评估实施办法》，学校等级评估逐步形成了一套相对系统、完整的程序。普通高中学校等级评估按照《广东省普通高中等级评估方案》和《广东省民办高中督导评估方案（试行）》的规定逐级申报。中等职业学校等级评估按照《广东省重点中等职业学校标准》和《广东省示范性中等职业学校条件（试行）》进行申报。

一般而言，普通高中学校等级评估设定"区一级""市一级""省一级"三个等级。申报区一级评估需办学二年及以上，且有一届以上的毕业生；申报市一级评估需办学四年及以上，且已取得"区一级学校"称号一年以上；申报省一级评估需取得"市一级学校"称号一年以上。中等职业学校等级评估设立"市一级""省一级""国家级"三个等级，申报单位需办学时间在三年以上，且至少有一届毕业生。同时，学校的办学规模、占地面积和生均建筑面积也是申报的重要条件。评价指标分为不同的等级，适用于学校申报的不同等级，示范性学校申报必须通过省级或以上重点学校等级评估。

表3-4　深圳市高中阶段学校评估情况

类型	普通高中	中等职业学校
国家级	国家级示范性高中评估	国家级示范性中等职业学校评估 国家级重点中等职业学校评估
省一级	广东省普通高中等级评估 广东省普通高中教学水平评估	广东省重点中等职业学校评估
市一级	市级高中评估	

2.办学效益评估

办学效益评估属于选优性评价项目，深圳市率先在全国范围内成立市、区办学效益评估领导小组，制订了《深圳市中小学办学效益评估方案》和实施办法，对高中阶段学校进行办学效益评估。办学效益评估在等级学校评估的基础上，遵循"从投入看效益、从起点看进步"的原则，确定了固定资产班均值、生均教育经费、生均公用经费、师生比、教师中高级职称比五个投入因素以及学校管理评价、教育教学管理评价、年度学校与师生获奖情况、教学成绩进步率、社会与家长满意度五个产出因素（表3-5所示），以这十个因素指标来对学校效益总分进行核算，并通过效益总分排名的先后来评价学校。评价结果主要提供给教育行政部门，作为学校评选先进单位、优秀校长的重要依据，同时与教育资源获得直接挂钩，作为确定下一年度教育财政投入的重要参考。此外，取得"办学效益奖"的高中学校将获得额外的教育经费作为奖励。

表3-5 深圳市办学效益评估指标

指标内容	构成要素	代码	效益分
投入	近三年学校固定资产班均值	A_1	$a_1=\dfrac{M_1-A_1}{M_1-m_1}\times 30+70$
	近三年学校生均教育经费	A_2	$a_2=\dfrac{M_2-A_2}{M_2-m_2}\times 30+70$
	近三年学校生均公用经费	A_3	$a_3=\dfrac{M_3-A_3}{M_3-m_3}\times 30+70$
	本学年学校师生比	A_4	$a_4=\dfrac{100\times A_4}{M_4}$
	本学年教师中高级职称比例	A_5	$a_5=\dfrac{100\times A_5}{M_5}$
产出	学校管理评价	B_1	$b_1=B_1$
	教育教学管理评价	B_2	$b_2=B_2$
	本学年度学校、师生获奖情况	B_3	$b_3=\dfrac{B_3}{当年班级数}$
	教学成绩进步率	B_4	$b_4=20\times B_4$
	社会与家长的满意度	B_5	$b_5=B_5$

注：设投入要素A的最大值为M，最小值为m，效益分为a；产出要素B的效益分为b。

（二）质量监测与评价

1. "阳光评价"学生综合素养测评

为全面提升中小学生综合素养，深圳市积极探索构建区域、学校、学生三级综合素养阳光评价体系，并于2014年启动首次素养试测工作。2014

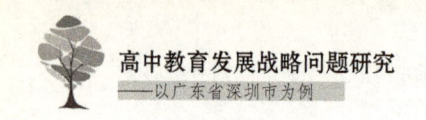

年10月，深圳首次与中国基础教育质量监测协同创新中心合作，在全市范围内开展综合素养阳光评价，共组织43所普通高中学校开展"阳光评价"测试，抽取高二年级学生25 427人进行测评。此次活动对学生品德、身心、学习、创新、国际、审美、信息、生活等八个方面的发展状况给出了科学、系统的评估，并向社会发布了全国首个中学生综合素养"阳光指数"测评报告。2017年3月，深圳市再次与北京师范大学基础教育质量监测协同创新中心合作开展学生综合素养"阳光评价"高中阶段的测试工作。此次测评规模有所扩大，共抽取57所高中阶段学校，参测高二年级学生33 723人。

"阳光评价"尝试将学生学业水平考试与国家颁布的核心素养紧密对接，重点测试学生核心素养的发展状况，主要采取纸笔测试和网络测试两种方式进行。纸笔测试学科包含语文、数学、科学、英语（含听力）、人文学科。网络测试主要通过对学生、教师、校长和家长问卷展开，以全面了解学生综合素养的相关情况。"阳光评价"测试是深圳市适应国家招生考试制度改革需要，构建学生综合素质评价制度的重要探索。初步构建"阳光评价"体系，也是对深圳市普通高中学校办学水平评估体系的完善与升华，同时更是对深圳市高中生综合素养发展状况的诊断性评估，对各区学生综合素养表现、区域相关政策实施效果的反馈，发现问题，并提出有针对性的对策建议。

与此同时，市、区两级教育行政部门每学年（或学期）开展艺术课堂教学质量检测和学生体质健康测试。检测形式分为普测和抽测，主要检测学生知识与能力、过程与方法、情感态度与价值观以及学生学业水平等方面的发展状况。

2. 学校发展性评价

2012年，宝安区颁布《深圳市宝安区学生学业成就评价案例研究课题实施方案》《深圳市宝安区中小学办学水平评价试行办法》和《深圳市宝安区教师专业发展评价试行办法》，开创学生学业成就评价、学校办学水平评价、教师专业发展评价三位一体的学校发展性评价体系。学校发展性评价是指以科学发展观为指导，以"学校为发展主体，评价为发展保障"为宗旨，依据教育法律法规的要求、学校现状和发展目标，建立学校自评与外部督评相结合的运行机制。

学校发展性评价是以学校改进为目的的对学校发展绩效和发展态势的综合判断与价值分析。因此，学校发展性评价追求的不只是单纯的"结果"与"证明"，更重要的是追求"改进"与"发展"，全面发挥评价的导向、诊断、调控、改进与激励功能。深圳市学校发展性评价主要从学校基本情况及特色、学生学业成绩、学生综合素质表现、教师教育教学效果、学生学习活动的效果、学校领导和管理水平以及学校效能等七个维度进行，以诊断问题、指导改进的方式为本对学校的办学进行价值判断。

四、深圳市高中教育评价运行反馈

评价反馈是教育评价机制的最后环节，也是关键环节。美国教育学家布卢姆曾明确说过"评价实际上就是一种反馈，用于判断教育过程是否有效"。只有评价，没有信息反馈，容易导致"评价形式主义""评价无用论"等问题。因此，科学地把评价结果与相关信息及时、有效地反馈给评价客体及相关利益主体，对教育评价机制的发展具有十分重要的意义。评价反馈包括两个层面的含义：一方面指的是评价主体对评价利益相关者的结果呈现，即评价结果解释；另一方面则指的是对评价结果的反馈，也就是结果的运用。二者存在着静态与动态的差别。

（一）评价结果解释

评价结果是评价结果反馈的第一步，需要对搜集到的数据和资料进行分析、解释、归纳和总结，并做出相应的判断。目前，深圳高中教育评价结果呈现主要可以分为描述解释型和指标分析型两种形式。

描述解释型，顾名思义就是以教育评价的内容为主要依据，以准确简洁的语言文字，对被评价对象所反映出来的相关问题给予综合性的描述和说明。描述解释型的评价结果通常以评价报告的形式呈现，包括应对上级评价的自评报告，以及评价主体提供的评价报告单。其呈现的内容通常采取观察法、经验总结法和SWOT分析方法得出，一般包括评价对象的发展现状、优势、问题和原因，以及发展所遇到的挑战与进一步改进计划等内容。

指标分析型主要是按照评价指标表示学校发展情况，是目前比较常见的高中教育评价结果解释类型，一般可以细化为等级型和数量型。等级型是指对采集到的学校评价信息进行结果分析，在一定理论框架下，按照某一标准对分析后的结果作进一步解释，将各项评价指标的结果和学校整体结果划分为若干个高低水平，通常用字母、数字或含有等级意义的文字表示[1]。深圳市对高中教学水平的评价结果解释分为优秀、合格、不合格三个等级。其中"优秀"，要求7项必达标准达标（评分标准20分中的18分以上），二级指标评分无0分，总评85分以上；"合格"，要求7项必达标准基本达标（评分标准20分中的14分以上），二级指标评分无0分，总评60分以上；"不合格"，为总评分未达60分，或有一项必达标准评分为0分。数量型是指在一定参照标准下，对采集到的评价信息进行量化转换，得到各项评价指标以及学校整体评价结果的精确的量化数值。该数值具有连续性，其大小具有高低意义，通常用指数、数字分数等表示[2]。深圳市高中学校等级评价直接将评价指标定量化，普通高中以数值1～20表示，中等职业学校以1～6表示，按照衡量标准进行评价，结果要求总分达90分以上。此外，深圳市高中学校办学效益评估的结果呈现方式也是数量型。根据评价内容搜集学校信息资料，按照一定的法则算出各项指标的结果，进而整合成代表学校整体办学效益的数量型综合评价结果。

（二）评价结果运用

教育评价结果的运用是教育评价机制的作用是否有效发挥的核心环

---

[1] 王薇.学校评价结果解释的类型分析[J].教育科学研究，2017（1）：53-59.
[2] 王薇.学校评价结果解释的类型分析[J].教育科学研究，2017（1）：53-59.

节。《深圳经济特区教育督导条例》第二十二条指出"督导工作结束后，应向被督导单位通报情况，提出意见和建议。属重大问题的，应向本级人民政府及其教育行政部门和上级督导机构报告督导情况。对督导评估结论，可以向社会发布"。从法律规定来看，教育评价结果至少需要反馈给学校、政府和社会三个对象。从现实状况来看，深圳市教育评价结果反馈对象也基本上包含了作为被评价客体的学校、作为教育管理者的政府和作为利益相关者的社会大众。

1. 反馈被评价客体——学校

正如美国教育评价学家斯塔弗尔比姆（D. L. Stufflebeam）所言"评价的目的是改进，而不是证明"，作为教育系统基本构成要素的学校是教育评价结果反馈的首要对象。《深圳经济特区教育督导条例》第二十三条明确规定"被督导单位对督导意见，应按督导要求做出答复，并将改进意见和采取的整改措施报告教育督导室。教育督导室认为必要，可进行复查"。事实上，在评价活动结束后，评价主体会在限定的时间内向评价对象（也就是学校）提供本次评价的结果报告，并要求其提交对应的整改计划，限期完成教育改进工作，评价主体将再对其进行复评。

2. 反馈教育管理者——政府

教育评价作为教育管理的重要手段，是政府行政部门进行教育决策的重要依据，政府利用教育评价结果对教育管理人、财、物等方面进行调控。首先，人事方面来说，各项评价结果将被作为对被督导单位及其主要负责人进行考核、奖惩的重要依据。譬如，深圳市办学效益评估结果就作为政府评选省、市先进学校，评选优秀校长以及决定任免校长升迁的重要依据。其次，作为教育财政投入的参考，市政府根据各项评价结果的具体情况对其颁发经费奖励。譬如，市政府为通过办学效益评估，获得"办学效益奖"的中学予以80万元奖励；2008年，深圳市宝安区政府设立专项奖励经费，对区内通过教育均衡优质发展的各街道予以300万元的奖励。最后，作为

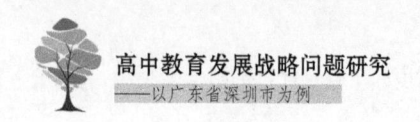

政府分配有限教育资源的重要依据。政府为凸显政策成果、管理绩效，以实现公共教育支出效益的最大化为目的，在教育资源分配与政策制定与落实等方面，对取得较好评价结果的学校和地区均会有所倾斜。

3.反馈利益相关者——社会大众

从经济学的角度来看，以学生家长为代表的社会大众作为教育的消费者，拥有对教育发展状况的知情权和监督权。近年来，深圳市积极探索高中教育评价机制改革，改进评价结果反馈。2014年首次在全市范围内引入第三方组织进行教育评价，并向社会发布了全国首个中学生综合素养"阳光指数"测评报告。同时，市、区两级也在积极探索教育督导蓝皮书制度，同时借鉴浙江、上海等地的先进经验，尝试建立教育质量监测结果通报制度。

第三节 深圳市教育评价机制问题的制度主义分析

所谓制度主义分析，实际上是指利用新制度主义的观点对教育评价机制问题进行阐释。众所周知，新制度主义分析范式经过不断地深化和发展，已超越单一学科，成为遍及经济学、政治学、社会学乃至整个社会科学领域的分析路径。高中教育评价作为一项备受社会关注的教育问题，是保障我国高中阶段教育质量的重要手段。近年来，高中教育评价机制改革也取得了积极的进展，但教育评价改革不可能选择一个具有完全替代性的系统，他们的行动总是以现实存在为基础。制度主义对制度与行为关系、制度变迁、制度绩效的研究无疑会为高中教育评价机制改革添砖加瓦，提供更为广阔的发展思路。基于此，本部分主要利用新制度主义分析范式中的利益博弈理论、制度变迁理论与路径依赖理论对高中教育评价机制的合法性危机以及产生缘由进行分析。

一、深圳市教育评价机制面临的合法性危机

新制度主义理论认为，任何一次新的制度变迁都产生于当前制度安排的合法性危机，即制度内部的结构失衡，它也可以看成是制度变迁的动力。换句话说，深圳市高中教育评价机制可以从评价机制的四个内部结构来全面探讨其合法性危机，即评价的主体、制度、方式和结果。

（一）现代教育评价体制尚欠健全

1. 政府主导，评价活动行政化

首先，从教育评价机制的历史变迁来看。不论是深圳市教育评价发展，还是全国教育评价的发展，不论是现代评价活动建立之初，还是发展至今，现有各项评价政策和评价实践的指向几乎都是在宣誓政府评价的主导地位。可以说，政府主导甚至垄断了整个高中教育评价活动，将其作为教育管理的重要手段。其次，从政府督学队伍结构来看。深圳市教育督导现状调查与专业化发展研究报告显示：近八成的教育督学拥有一定的行政职务（如公务员身份的正副处长、局长、主任以及学校校长等），督学人员结构行政倾向显著。最后，从评价活动进行来看。通过笔者对深圳市部分教育督学（高中学校校长）的访谈发现，教育评价活动存在形式化倾向，评价活动重视"督"忽视"导"，督学惯以"钦差大臣"自居，并没有深入了解学校实际情况，评价沦为形式化工程。

2. 学校自我评价发展滞后

学校自我评价发展滞后主要体现在两个方面。

首先，自我评价地位缺失，目标错位。在接受访谈的学校中，问及学校自我评价相关内容，几乎所有学校在承认自己未建立自我评价体系的同时都会强调学校的考试成绩和升学率在市区的排名情况。由此，学校所谓的自我评价基本上就是以各种考试的成绩来评判，如月考、期末考、市区联考等，将学校教育质量简单地定义为学生学业考试成绩及学校升学率情

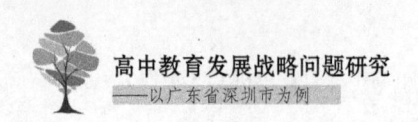

况,过分地关注地区学校的横向比较,忽视学校的纵向发展。

其次,学校被动评价,自评活动沦为政府督导评价的附庸。一方面,在认识上普遍将学校自我评价视为政府督导评价的环节之一;另一方面,在操作中学校为应付政府评价所写的自诊自评报告也是千校一面的"八股"文章,并未真正对学校的现状、面临问题、未来发展等进行深入的分析。

3. 第三方评价力量主体地位缺失

自2014年深圳首次在全市范围内引入第三方专业评价机构以来,已经顺利开展两次高中教育质量监测,走在了全国教育评价机制改革的前列,取得的成效值得学习和推广。但甘瓜苦蒂,天下物无全美。目前,参与深圳市高中教育评价的第三方评价专业机构的主体地位仍然得不到保障。主要体现在三个方面:第一,第三方评价机构参与评价范围小,仅限于大范围的质量监测。第二,评价独立性受限。参与质量检测评价的第三方评价机构——北京师范大学基础教育质量监测协同创新中心不仅是一个半官方组织性质的机构,而且在整个监测活动中都有政府参与其中,评价独立性不足。第三,评价行政权威不足。就评价机构来说,本身没有行政权威,且政府亦未让渡相应的评价权威。此外,评价结果也仅作为社会了解本市教育发展状况的途径发布,没有落实到相关的权责与利益划分,得不到重视,也难以获得实质性的权威。

(二)教育评价活动制度供给不足

1. 教育评价法律法规具有明显的滞后性

当前,深圳市高中教育评价法律法规远落后于教育评价实践,完全无法跟上评价机制改革的需要,主要表现在法律法规的数量和内容两个方面。就数量而言,不论从国家层面还是从地方层面来说,教育评价方面的法律数量均不多,专门法律有且仅有一部"督导条例":国家层面的《教育督导条例》,深圳市地方层面的《深圳经济特区教育督导条例》。就内容来说,现有的教育类综合性法律法规对教育评价的保障仅限于强调要建立起相应的规章制度，具体的实施等方面的内容几乎没有涉及。而仅有的"督导条例"也只是对以政府为评价主体的督导评价进行了规制和保障，指明了教育督导的职责、权力和工作内容等，确立了深圳市教育督导评价的法律地位和督政、督教、督学的职能。现有的教育评价法律法规所调控的范围和适用面十分有限，具有明显的滞后性。

2. 教育评价专业规范发展不均衡

许多制度和规范都是在教育评价实践当中建立和完善的，这种边实践、边建设的探索过程，极易导致教育评价专业规范发展结构失衡。深圳教育评价改革是一个正处于起步阶段的新生事物，有诸多不完善之处。其中最为显著的就是在教育评价制度实施过程中与教育评价法律法规互相辅助的教育评价专业规范发展不均衡。深圳市教育评价专业规范虽然包含了评价方式规范、评价内容规范与评价行为规范等丰富的内容，但其发展仍然滞后、不均衡。披览深圳现有的评价专业规范，普职不均衡十分显著，这一特点笔者在访谈深圳一些中等职业学校时亦被证实。此外，主体分布不均衡亦一目了然。当前的专业规范基本上都是对以政府为评价主体的规范，涉及以学校、第三方机构或者社会为主体的评价规范暂付阙如，远落后于一些内陆地区，在这一点上值得反思。

3. 教育评价价值导向存在偏差

深圳作为改革开放的先驱、经济繁荣发展的国际大都市，固守着根深蒂固的传统思想的同时，又接受着市场经济带来的国外先进思想冲击。这些观念反映在高中教育评价上体现为：对以升学率为标榜的应试教育难以割舍。在对全市范围内的初三学生家长进行抽样调查时，调查结果显示普通高学历仍然是民众所追求的"香饽饽"。然而这一现象并不为深圳所独有，当前应试教育仍然是我国的基础教育尤其是高中教育无法摆脱的窠臼。对高中教育的评价仍然以关注学生学业成绩和学校的升学率为核心标准，学业成绩好、升学率高的学校就是好学校，就能获得更多有限的教育资源。

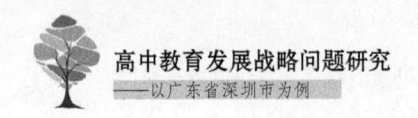

（三）教育评价方式与现实相脱离

1. 重视指标对接，忽视现实情况

政府总是以教育评价为手段来证明成果、检视绩效，造成各类评价方案成了政府证明政策成果、展示管理绩效的重要手段，并通过区分等级、评比效益、推举遴选、经费补助等奖惩后效促使评价对象就范。因此，政府为主导的教育评价，往往采取大规模集中运动的方式，以统一的评价指标体系和采取"指标量化"的手段评价高中阶段学校。这是我国基础教育评价的诟病，深圳教育亦深受其害。在对深圳高中进行评价时，以单一的指标体系评价所有的申报学校，划定学校水平和等级，不仅极易造成被评价对象同质化发展，而且忽视学校的差异性与发展性等现实情况，不利于教育的特色发展与个性展现。

换个角度来看，这种评价方式虽然提高了评价的效率，但是并不适用于对处在质量两端的学校。位列前茅的学校轻易就能达到评价的目标，居于下游的学校则是心有余而力不足，一定程度上都阻碍了其发展的积极性。对高中学校的评价活动并不只意味着是对其教育教学的价值判断，还意味着评价所伴随的办学资源。一些发展相对落后的学校迫切希望得到政府支持，但发展尚不能达到指标要求不敢贸然申请评价，不申请评价意味着又得不到政府的关注和指导，以及获得学校提升质量的办学资源。中等职业学校，这一现象尤其突出。笔者在对中等职业学校相关负责人进行访谈时，部分学校负责人均表示学校在高中教育评价活动中被边缘化。S职业技术学校的校长更是无奈地表示学校办学二十多年来，仅开办之初接受过一次评价。由于学校达不到申请评价的资格无法参与评价活动，相关政策信息与办学资源获取滞后甚至难以获得。

2. 质量监测评价，仍以考试为主

目前深圳市的教育质量监测评价被称之为"阳光评价"，该评价主要采取纸笔测试和网络测试的形式进行。纸笔测试包含语文、数学、科学、

英语（含听力）、人文等学科知识。网络测试主要通过对学生、教师、校长和家长进行问卷调查。虽然辅以问卷调查来进行质量监测，但其结论基本上是基于学生学科知识测试得来的结果进行的分析，以考试为主的评价方式仍然占据主导。

（四）结果使用不当阻碍功能发挥

1. 评价结果使用不足：止于教育系统内部

通过对深圳市高中阶段教育的实地调研和访谈，以及对深圳市高中教育相关文献资料的查阅，并不难发现深圳市高中教育评价结果呈现形式化，解释深度有待加强，反馈亦基本上局限于包括政府和学校在内的教育系统内部组织与成员之间，几乎不向社会公布，缺少社会的监督与问责。2015年4月，深圳市首次向社会公布了一份比较完整的教育评价结果报告——中学生综合素养"阳光指数"测评报告。虽然该评价报告亦是创全国首例，对评价结果的使用已经算得上是重大突破。但从宏观角度来看，这使得教育评价结果使用不足的问题更加凸显。教育评价结果使用不足，一定程度上也限制了利益相关者参与教育管理活动，不利于教育管理体制改革的推进。

2. 评价结果使用过度：唯"结果"是举

评价结果作为教育评价的最后环节，可以说是一把双刃剑，运用得好则皆大欢喜，运用不好，不但不能发挥教育评价机制的效能，甚至可能适得其反，带来消极后果。事实上，评价结果不仅仅是对评价对象进行价值判断，提出改进意见，更重要的是与相关的利益直接或间接地联系着。

深圳市现有的教育评价其结果基本上都关系着学校办学资源的获得，无论是相关负责人的人事任免、学校办学经费等有形利益，还是社会声誉等无形资产。在这些现实功利目标的驱使下，被评价对象可能会为了评价而评价，偏离了教育的初衷。评价是手段，不是目的。过分依赖评价结果，使之与现实的功利性目标相连，就会使得教育评价活动与我们评价的初衷背道而驰。首先，极易造成马太效应，即好的越来越好，差的也越来越差，不利于高中阶段教育的优质均衡发展，进而导致择校等其他教育问题；其次，为获得更多的直接利益，评价对象迎合评价指标要求，从而同质化趋势更加明显；再次，结果的过度使用变相强化了政府在评价中的主导地位，从而阻碍教育评价机制改革；最后，使得评价兴师动众、造成浪费，影响学校的正常教育教学秩序。

概而言之，各种评估过程和评估结果，都有改进教育教学工作的价值，可是，人们往往忘记了过程改进本身的意义，从而放弃了评估改进教育教学的功用，而去追求评估直接的名誉、地位、经济功效等外在功能[①]。

二、深圳教育评价机制合法性危机成因探讨

新制度主义对制度的动态变迁提供了一个二元的分析框架，制度变迁源自当前制度安排的合法性危机，合法性危机往往来自两个方面，即行动层面与结构层面。所谓行动层面则是以个体为载体的行为体系，结构层面包含的是制度所处的政治、经济、文化等环境以及制度本身。深圳市教育评价机制的合法性危机将在机制结构的基础上，从合法性危机的二元分析框架进行，包含评价主体及其行为、制度环境、制度自身等相关内容。

（一）评价主体利益掣肘与相互博弈

新制度主义理论认为，制度就是一种利益机制，制度的变迁就是对利益规则的选择[②]。深圳市高中教育评价机制实际上也是一种利益机制，是由相关利益主体在一定历史条件下选择利己的利益规则的目的性活动，因而随着教育的发展必定产生一些有利或不利的结果。当前，深圳市教育评价机制发展存在政府主导，其他教育利益相关者的地位缺失，现代教育评

---

① 刘振天.高等教育评估结果的使用及其规范探究[J].中国高等教育，2013（2）：22-25.

② 范炜烽.试论转型期中国政府职能制度变迁的评估[J].经济与社会发展，2008（12）：114-116.

价体制尚未建立的现实问题。究其缘由，无外乎利益的分配与协调。

根据新公共管理理论，各种社会主体在参与决策的过程中无法彻底摆脱其"理性经济人"特征，他们会运用其所掌握的政治资源，来努力表达其利益要求和愿望，从而影响政府决策，以期在最终政策结果中实现自我利益最大化[①]。各方主体为满足各自的利益需求，从而产生博弈。教育评价机制究其本质而言，就是教育评价利益相关主体之间博弈的结果。

作为政府来说，改革就意味着利益需要重新分配。其他评价主体权力的扩大就意味着政府评价权力的减少。正所谓"天生丽质难自弃"，政府作为一个天然权力的拥有者，放弃既得利益并不容易。同时，从成本—效益的角度分析，改革意味着扬弃前期的投入，增加新的成本投入。政府在放弃既得利益与增加成本的双重投入之下，能否从教育评价机制改革中获得预期效益的抉择面前举棋不定，教育评价机制改革进展缓慢。

作为学校来说，需求作为内生变量是学校供给自我评价机制最基础的动因。在教育评价活动当中，由于信息的不对称，各方对评价客体的信息了解状况存在差异。理论上，学校作为评价关键客体之一，是对信息的掌握和了解比较全面的一方，在评价中更具优势，更应该利用这一优势建立起促进学校发展的自我评价机制。而在实际中，教育机构被认为是"接受性"（而非市场性）的组织，被动地遵从更大（并早已制度化）的势力[②]，建立起自我教育评价制度似乎只是徒增学校负担。首先，从学校与政府的关系角度来看，以公办学校为主的深圳高中阶段学校与政府之间的关系是上下级隶属关系，学校办学自主权受到限制。改革所需要的包括人、财、物等在内的成本投入，学校无权自由支配。其次，在当前的教育行政管理体制安排之下，顺应政府评价一方面能使学校在自诊自评活动中"搭便车"，节省投入；另一方面又能为学校带来人、财、物等有形资产，以及名誉、

---

① 张国强.教育政策中的利益相关者及其博弈逻辑[J].河北师范大学学报（教育科学版），2014（2）：90-94.

② 海因兹·迪特·迈尔，布莱恩·罗万.教育中的新制度主义[J].北京大学教育评论，2007(1)：15-25.

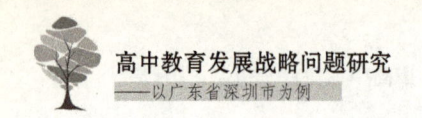

社会关系等无形资产。任何行动主体所追求的目标都是自身收益的最大化，衡量利益取舍，学校尚未拥有建立自我评价机制的需求，迎合政府便能获取期望获得的利益。

作为社会第三方评价机构来说，当前第三方参与高中教育评价一定程度上可以看作是政府权力寻租的结果。根据前文分析，政府放弃既得利益并不容易，不是一蹴而就的事情。于是，与政府存在一定"血缘关系"的半官方性质第三方教育评价机构就成为政府委托教育评价活动所青睐的对象。理想意义上，第三方评价机构是具有利益中立性的评价主体。但由于具有市场性质的第三方为争夺有限的政府权力让渡，获得生存和发展，以及与政府的某种关联性一定程度上可能会导致评价是衡量利益之后的评价，对评价活动的独立性和专业性有所影响。从表面上看，政府将教育质量监测评价任务委托给第三方利益团体，没有直接参与测评活动。而实际上，评价合同机制尚未建立，教育评价的行政权威等相关权力也没有完全让渡给第三方评价机构，被委托的第三方评价机构实则是在替代政府进行利益博弈，自身利益诉求表达有限。

另外，从制度供需的角度来看。一般，制度变迁就是不断以"供给"制度，满足"需求"的过程。评价制度与教育评价活动之间的关系并不是单向制约关系，而是一种双向互构关系，是教育评价主体之间的均衡契约。众所周知，只有当供给平衡时市场发展才能达到均衡。同理，"管办评"分离政策的推行要求与之相适应的新型高中教育评价机制，而现实的状况是供给远远无法满足需求，评价的行政合法性得不到保障。评价主体是在制度环境的影响下活动的，为规避环境的不确定性，获得社会的承认和支持，主体便会服膺已获得合法性认可的结构或行为，影响着教育评价机制的改革创新。

（二）评价制度的传统文化弊端阻碍

制度不仅是规章制度，更和某种特定的区域性历史文化、社会条件等联系在一起①。教育评价制度整体发展比较滞后，无法满足教育评价机制改革的要求，究其原因来自为行动提供模板规范和情景网络的文化思想的自我复制与自我强化制约着制度的供给—需求关系。自公元前221年秦朝建立中央集权制国家至1912年推翻清朝封建王朝建立中华民国以来，中国社会经历了漫长的封建历史。可以说中国社会的价值观念和文化传统都是在封建社会里形成的，至今仍影响着每一个中国人的生活习惯与思维方式，对教育乃至教育评价发展的作用也是十分持久的，沉淀于历史过程中的。

第一，儒家传统思想的弊病阻碍了教育评价机制的制度化进程。儒家思想作为影响着中国社会方方面面的传统思想，在社会治理中重点强调伦理和人治。儒家思想将以"三纲五常"为核心的伦理要求奉为圭臬，强调以等级观念来规范约束行动者的行为。儒家人治思想的意旨在于"圣贤决定礼法""身正则令行""法先王，顺人情"，也就是说君王的作用与人才的选拔比建法立制更为重要，即"为政在人""有治人，无治法"等极端思想。宣扬"王者受天命，临四海，上承天之序，下正人之统"的人治思想，忽视法治，认为权力大于法律。"天下无道，则礼乐征伐自诸侯出"，法律被认为是治理乱世的工具和极端的镇压手段，淡泊法律的意识观念也逐步在民众心中形成。而这一传统思想与现代法治观念中"法律至上""法律是社会的至高权威"的核心思想相冲突，在很大程度上阻碍了教育评价机制的法制化与规范化进程。

第二，延续至今的官本位思想渗透于教育评价活动之中。官本位即以官为本、以官为贵、以官为尊的价值观念，是中国两千多年的封建专制文化所形成的思想意识"糟粕"。一方面，它重点强调官方至高无上的主导地位，强调对权威（即政府官方）的服从。如主张"普天之下，莫非王土；率土之滨，莫非王臣""唯天子受命于天，天下受命于天子，一国则受命于君。君命顺，则民有顺命；君命逆，则民有逆命"，以及"君让臣死，臣不得

---

① 饶旭鹏.新制度主义及其在中国的实践[J].辽宁工业大学学报（社会科学版），2015（3）：1–3.

不死"等"唯上是从,唯首是瞻"的"大一统"价值取向。在高中教育评价活动中体现为:政府评价的主体地位与权威性,获得了理所当然的社会合法性。另一方面,体现为嗣守以仕途为业的价值取向。这要与我国的另一传统文化联系起来了,即世袭千年之久的科举制度。

第三,科举制度强化了应试教育取向的教育评价机制。自古以来,中国人就强调"学而优则仕",将考试取得好成绩比作人生幸事,甚至上升到与实现人生价值相提并论。普遍认为"丹墀对策三千字,金榜题名五色春""满朝朱紫贵,尽是读书人"。科举制度还体现出对普通教育的重视,造成"万般皆下品,唯有读书高"的唯智育独尊的文化偏见,这也是当今教育重视普通高学历,难以脱离以成绩和升学率为本的应试樊笼的原因之一。

另外,市场经济文化一定程度上固化了深圳高中教育评价对效益的重视。深圳作为改革开放先进区,在短短三十多年的历史里创造了"一夜城"的深圳奇迹,离不开对社会发展效益的重视。这引以为傲的社会改革模式也渗透至教育领域之中,然而教育作为培养人的活动,具有很长的周期性,在追求效益的市场经济取向下难以准确全面地进行评价。而直观的学生成绩和学校升学率是相对符合效益取向的教育质量评价方式,故而深刻地影响着政府、社会和学校自身对教育质量的评判。

(三)教育评价方式创新的路径束缚

制度本身的内部冲突及变迁历史对教育评价方式改革创新形成的路径束缚可以概括为以下几个方面。

首先,与制度的学习效应有关。新制度主义理论者普遍认为,一旦某一制度形成,在对其进行不断重复使用之后,会使个体学习到如何在该制度下更为恰当有效地开展活动,并且其活动经验将促使在已有的制度框架下引发创新,形成对制度回报的预期[①]。1988年深圳市建立现代教育评价

[①] 秦惠民,王名扬.我国高等教育评估制度演变的社会基础与制度逻辑——基于历史制度主义的分析[J].中国高教研究,2015(10):1-6.

制度至今，在长达三十多年的发展过程中，已经逐渐形成了一套固定的评价模式。评价人员、评价方式、评价方案和评价指标等要素都已经制度化、体系化，并产生规模效应和报酬递增。在现行的教育评价机制之中，教育评价活动的管理者、执行者和参与者在长时间的评价活动中也已经习得当前的评价方式和规律，这使得评估参与者不愿放弃业已熟悉的评价方式，而去探索另一种新的评价方式安排。

其次，制度成本—效益的束缚。制度成本—效益对教育评价方式改革创新的阻碍主要表现为两个方面。一是，现有评价方式所耗费的成本与效益比对。自高考恢复，我国开始关注现代教育评价机制的构建以来，三十多年的发展耗费了巨大的制度成本。随着制度的一步步推行，产生的效益报酬逐渐递增，机制运转也渐渐顺畅，逐步形成规模效应与飞轮效应，涉及当前这种教育评价方式的组织和单位大多愿意继续延续这种评价路径。二是，构建新的教育评价方式所耗费的成本。新的评价方式的构建必然要打破原有的安排，投入更多更大的制度成本。而成本的投入者（即政府）对新机制的效益和适应性预期的不确定性，则导致对教育评价方式改革创新的规避。这就成为单一的评价方式、注重考试、管理功能主义等负面影响仍然得不到根治的原因之一。

最后，受制度变迁特点所致。新制度主义理论认为，渐进式的改革思路是当前制度变迁一个至关重要的属性。在我国及深圳市高中教育评价机制变化发展的历史过程中，其渐进式的改革思路最大的特点就是教育评价机制的"边际性"调整。所谓"边际性"调整指的是在不改变现有教育评价利益格局之下的修整与调试，如督导室从隶属教育行政部门，提升到挂靠教育行政部门，就是政府主导评价格局下的"边际性"调整。这种变迁特点能够尽可能地将损失最小化，从而寻求教育评价机制改革创新的平稳过渡。"管办评"分离政策推行，使教育评价的主体、方式及结果等各个方面都受到冲击，可以算是比较大的突破。此调整方式突破了传统的制度变迁特点，必将受到不确定适应性预期的规避，影响教育评价方式改革创新的进度。

(四）评价结果反馈运行的体制依赖

按照新制度主义理论的观点，制度一旦选择进入某种路径之后，便会对其产生很强的依赖性。而制度总是处于一定的政治、经济和文化环境之中，制度的合法性危机除了来自制度本身内部结构的威胁，必然还受其所处环境的影响和制约。我国自古以来就是一个中央集权制国家，实行自上而下的教育管理模式，这种模式虽然能够系统有效地进行教育评价活动，但其发展的管理功能主义倾向与功利主义倾向也成了教育评价结果反馈运行的壁垒，评价中形成了全能型政府、无为型学校和失语型社会。两种行为倾向分别以管理者需求、利益为中心，共同影响教育评价结果的运行，具体表现如下。

其一，政府行政权力过大。教育行政管理体制实行集权式的管理模式，将权力集中于上层。一般来讲，政府主体（制度制定的代理人）对信息、时局的把握及其特殊的权力身份，以其为主导而推行的教育制度变迁效率高，能有效推进教育发展[①]。但是，自上而下的强制性集权化管理路径，容易出现对权力管理"度"的把握不准确。政府依据对预期的收益和成本的对比，使用天然的行政权力介入教育评价活动当中，延续了政府行政管理的惯性，评价指标犹如行政命令，评价结果也就顺理成章成为教育管理绩效的关键体现。政府在高中教育评价机制变迁活动的过程中始终占据绝对的主体优势，也决定了评价完全沦为政府管理教育的手段，学校在评价活动之中的被动、从属地位，评价结果也就局限于教育系统内部。

其二，行政化的管理方式。纵览我国教育评价的变迁历史，现行的高中教育评价机制自建立以来就遵循自上而下、行政主导的发展逻辑，政府部门对高中教育评价天然具有行政与社会双重合法属性。在政府与学校的结构关系上，两者为"线性管理"模式，政府对学校的管理都比较直接和

[①] 贺武华，高金岭. 高等教育发展的制度变迁理论解释[J]. 江苏高教，2004（6）：24-27.

微观，评价成为教育管理的完全衍生品。使得作为教育评价机制运行的微观场域的学校过度依赖政府，为获取有限的教育资源，求得自身的生存与发展，便会服膺那些已获得合法性认可的结构或者行为，满足评价的各个项目与指标要求。而政府作为评价主体，具有具体固定的偏好，因此他们的行为都是偏向工具性的，以便极大化地满足他们的偏好，即需要用满意的评价结果来展示政策成果与管理绩效。所以，评价结果作为最直观的展示形式受其关注则不足为奇。

其三，社会参与缺失。公共性是教育的本质特征与内在属性，那么对教育进行价值判断理应有社会的全面参与。当前在"大政府、小社会"的畸形格局之下，政府将管理、办学与评价集于一身，评价成为教育管理的衍生品，一定程度上排斥了社会公众在教育评价中的话语权。社会在评价活动中的地位丧失，监督行使不利，使得评价结果使用不当问题加剧，从而阻碍教育评价机制发挥其良好的激励、导向及调节等功能。

第四节　深圳市高中教育评价机制改革创新对策

深圳市高中教育想要推出"深圳标准"，树立"深圳品牌"，提升"深圳质量"，做"有使命感的领跑者"，就必须对深圳市的高中教育评价机制进行深化改革。基于上述对深圳市高中教育评价机制历史变迁与发展现状的深入分析，以及对国外教育评价机制改革经验借鉴的基础上，立足深圳市情提出完善高中教育评价机制发展的创新对策和建议。

一方面，需要从主体行动层面进行制度环境的培育。积极推行"管办评"分离政策，重构政府、学校和社会的关系，将办学自主权交归学校，教育评价权让渡于代表社会利益相关者的第三方机构，由单边治理走向多边参与，形成"政府适度管教育，学校规范办教育，社会科学评教育"的现代教育治理体系。

另一方面，需要内部结构层面进行评价机制的改革。政府作为公共行政机构,虽然是利益博弈的参与者,但更是各方利益的协调者,是高中教育评价机制这一公共产品的生产者和提供者,在改革中有明显优于其他两方的成本优势。因此,打破高中教育评价机制"路径锁定"的僵局必须先从政府着手,在推进政府职能转变,优化评价机制主体结构的同时健全评价制度保障机制,创新高中教育评价方式,完善评价结果反馈机制。

一、优化评价机制主体结构

诺斯指出"只要是有意识地对制度变迁施加影响或者推动制度变迁的单位,无论是政府、阶级还是组织、团体,甚至是个人,都是制度变迁的主体"①。同理,教育评价机制改革亦离不开政府、学校和社会第三方机构或团体的努力。政府作为初级行动团体,是改革的策划者,在改革中必须发挥主要作用。但由于政府在改革中的矛盾性,学校和社会作为次级行动团体,基于自身利益诉求,应"帮助"初级行动团体(政府)推动评价机制改革。因此,要重点培养教育评价机制的创新力量,推进高中教育评价机制改革。

(一)重新厘定政府管理职能

一直以来政府在教育活动当中集"运动员"与"裁判员"双重角色于一身饱受诟病,明确政府的管理范围,重新定位政府角色是政府转变职能的第一步。

首先,转化政府权力。要求政府实现举办者、管理者和评价者的角色分离。从全能型政府转变为有限责任政府,由直接参与向间接调控转变,实现由"划桨者"向"掌舵者"的角色转型;同时,转变传统的"大政府,小社会"的管理模式,弱化政府直接参与教育评价的权力,强化其宏观管理权和立法权,为高中教育评价机制发展创造良好的制度环境。

---

① [美]道格拉斯·C.诺斯.制度、制度变迁与经济绩效[M].杭行,译.上海:格致出版社,2008:47.

其次,正确划分与学校和社会的权力。合理划分与学校、社会的权力关系,走向教育善治成为政府转变职能,改革教育评价机制的核心关键。一是,要赋予学校更大的办学自主权,促使政校关系逐步走向法治与行政并存。使学校成为独立的法人实体,与政府形成互相监督、双向制约的权力机制。二是,处理好政府与社会的关系,实现放权下放,引导建立社会第三方评价机制。一方面,能以最佳的形式和最大的功效为目标,成为高中教育发展的推动力;另一方面,作为政府评价权力的让步与补充,第三方机构能够发挥自身的优点,结合社会利益诉求,提升高中教育质量。

最后,落实政府责任,强化服务意识。转换政府权力,重新界定政府角色并不意味着政府就可以只当"甩手掌柜",它要求政府要加强市场监管,提升教育服务意识。此外,政府要加大购买教育评价服务的力度,积极引导学校建立自我评价机制,培育第三方教育评价专业机构,构筑现代教育管理体系,完善高中教育评价机制改革。

(二)创建学校自我评价机制

将学校自我认知、自我诊断、自我改进的能力作为评价学校自主办学能力的重要内容,建立学校自我评价机制。一方面,构建现代学校自我评价机制有利于促进学校改进、提高管理效率和教育质量;有利于科学评价意识的培养,完善高中教育评价机制,促进学校与政府、社会之间的沟通合作;另一方面,自我评价机制的建立也是学校维护自身权益,表达自我利益诉求的重要渠道。自我评价机制的建立与学校办学自主权紧密相连,但并不意味着,当前学校完全不能建立起自我评价机制。常言道,绝处亦能逢生,学校可利用现有条件和资源,尝试建立自我评价专门组织、制度、方式及结果运用等内容。自我评价机制一定程度上能够形成倒逼机制,加速服务型政府的构建,帮助学校获得更多的自主办学权。此外,由于中介性机构的"隔离作用",降低了政府行使权力时的刚性[①]。第三方评价机制的建立亦能明晰政府和学校之间的权责关系,助学校获得办学自主权一臂之力。总之,学校自我评价对于激发学校发展动力,提高学校管理效能,促进学校内涵发展、持续发展,具有重要意义。

(三)培育第三方教育评价机构

教育评价机制的改革创新需要一定的背景积淀,更需要创新获利主体的有利推动,独立、公正、专业的第三方教育评价机构,能为推进高中教育评价机制的改革发展,实现"社会科学评教育"共同愿景奠定坚实的基础。因此,需要"放水养鱼",坚持增量革命与存量革命相结合原则,重点加大对第三方教育评价机构的培育工作,为评价机制改革创造条件。

首先,壮大第三方评价力量。增量方面,积极扶持民间评价机构的快速成长和发展,引导其参与高中教育评价活动的积极性;存量方面,促进官方或半官方性质的教育评价机构转制,全面推向市场,实现自主运营,形成活跃繁荣的第三方市场。其次,第三方评价机构要明确自身的责任性质,加强自身业务水平建设。教育评价是技术含量比较高的教育活动,具有专业性、综合性和复杂性等特征。为保证高中教育评价的可靠性与有效性,第三方评价机构一定要具备扎实的专业知识、严谨的责任态度和丰富的实践经验。最后,完善政府评价服务购买机制与合同机制,加强对第三方评价市场的监管和管理。设立相应的市场准入机制和专业资质认证制度,建立第三方评价市场规制规范,保障第三方评价机构的权力和法律地位,促进评价市场的良性竞争。

(四)构筑三方协调联动机制

在评价活动中三方主体都各具优势:政府拥有天然的权力优势,学校

---

① 葛新斌,胡劲松.政府与学校关系的现状与变革——以珠江三角洲地区公立中小学为例[J].华南师范大学学报(社会科学版),2001(6):86-92.

和第三方评价机构在信息对称与知识平衡方面，具有优于政府评价的信息优势和专业优势。此外，政府希望通过改革提升高中教育评价活动的效率，全面了解教育的发展状况，制定教育政策；学校希望通过评价获取更多的办学自主权和教育资源，从而促进学校教育教学的发展；社会希望通过评价监督教育的发展，以获取更多的优质教育。概言之，提高教育质量的愿景是三方的共同价值取向，他们的利益不是对抗性的，这是合作的基础。有鉴于此，假设三方合作的成本和收益都是 a（a>0），不合作收益和成本则为 0，那么只有三方共同合作才能达到均衡（如表 3-6 所示）。故而，教育评价机制主体的改革就是要求政府、学校、第三方专业机构之间有各自的权责和分工，相互之间密切配合、联动发展形成协同效应，即 "1+1>2" 效应。

表 3-6　三方博弈矩阵模型（a>0）

博弈主体与选择		第三方			
		合作		不合作	
		学校			
		合作	不合作	合作	不合作
政府	放权	a, a, a	a, 0, a	a, a, 0	a, 0, 0
	不放权	0, a, a	0, 0, a	0, a, 0	0, 0, 0

随着"管办评"分离政策的逐步推行，社会参与高中教育评价活动的诉求日益凸显，政府、学校和第三方评价机构合作的条件越来越成熟。如何处理好政府、学校和代表相关者利益的第三方评价机构的合作权责与利益关系，引发了公众的思考。美国当今最具影响的教育家伯顿·克拉克运用教育系统的运行规律和动力学机制给出了完美的解答——三角协调模型：只有行政权力、市场"权力"和自治权力等三种评价权力相互制衡，才能平衡各方利益关系[①]，建立起以政府为主导、学校为主体、第三方机构共同参与的联动制衡评价格局。具体而言，就是要求实现职能的联动制衡，政府需要把部分权力让渡给第三方评价机构和学校，实现"政府宏观

---

① 闫飞龙.高等教育评价制度的权利及其分配[J].教育研究，2012（4）：122-127.

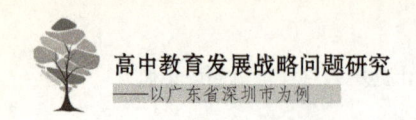

管理，学校自主办学，社会专业评价"的良好态势；还要形成绩效问责的联动制衡，即政府与学校和社会分别建立绩效管理合约、委托评价服务合约的同时构筑相应的问责机制。（如图3-3所示）

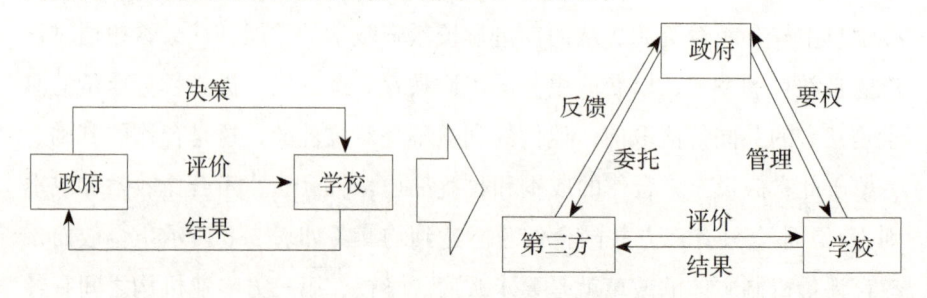

图 3-3　高中教育评价机制变迁模型

二、健全评价制度保障机制

教育评价机制改革一定程度上可以说是制度供给满足制度需求的过程，改革教育评价机制实质上就是要形成新的利益规则。因而，可以从评价制度的建立入手，协调利益相关者的诉求，制定新的评价规则，创造良好的制度环境。在改革的实践中，教育评价制度的完善可以通过两个方面来展开：一是用正式的程序规范过程，使评价过程民主化、程序化；二是用非正式的文化规范行为，使评价意识更加科学化、理性化。深圳作为市场经济活跃区，有责任在教育评价的建设和改革方面有所贡献，在相关的规则细化与配套规范制度落实方面加大力度，营造积极的评价文化，发挥经济特区"教育领跑者"的作用。

（一）加强教育评价法律法规建设

从各国经验来看，不难发现无论是英国还是美国，法制化是当今时代教育评价发展的共同趋势，也是政府职能转变的必然要求，更是深圳市高中教育评价机制改革的有力保障。深圳作为拥有立法权的副省级市，可以从两个方面加强教育评价的法制化进程。一是，修订和完善现有的教育评价法律法规——《深圳经济特区教育督导条例》，该条例自 1995 年颁布以来已历经二十多个春秋，部分内容已经无法适应当前的评价需求；二是，制定《政府购买基础教育评价服务合同法》《教育行政法》《深圳市教育评价管理办法》等相关法律并完善其相关的配套性法规，满足高中教育评价供给侧与需求侧的合理配置。以保障各方评价主体的权益，明确各方的权责，赋予社会关系以秩序，减少行为中的机动性和可变性，并限制片面追求私利或欲望的可能性①，避免教育评价的市场"失灵"和政府"失灵"现象。建立法律法规层面自上而下的教育评价制度供给和机制创新，促进建立公平竞争的制度环境，使其具有普遍的法律约束和强制执行的效力，才能保障新的教育评价机制运行的合法性地位。只有改革的内容逐渐被公众所接受并视其为"理所当然"，高中教育评价机制的改革才能有序进行。

（二）落实教育评价专业规范制定

众所周知，评价制度与教育评价活动之间的关系并不是单向制约关系，而是一种双向互构关系，是教育评价主体之间的均衡契约。逐步引入高中教育评价机制的制度增量，创造与评价法律法规、评价机制改革相配套的专业规范。教育督导室和教育行政等相关政府部门，应与时俱进，根据教育评价机制改革发展的趋势和需要制定完善的评价专业规范，推动高中教育评价制度走向规范化、系统化与科学化。当前，深圳市高中教育落实评价专业规范重点可以从以下三个方面进行。

其一，加强对中等职业学校的关注，制定符合深圳实际情况的体系化评价专业规范。深圳市中等职业学校占整个高中阶段学校数量的十分之三，虽然落后于普通高中学校数量，但也是深圳高中教育不可忽视的一部分。中等职业学校评价规范与评价机制的建立关乎 26 所学校能否为七万三千多名学生人数提供优质的教育，能否为深圳经济的长期发展输送优秀的技

---

① ［美］詹姆斯·马奇，约翰·奥尔森.制度主义详述［J］.国外理论动态，2010（7）：41-49.

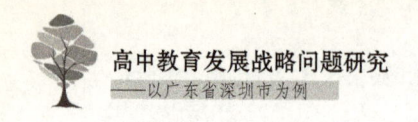

术人才。

其二,制定引导学校自我评价的专业指导规范。为确保学校自我评价的有序开展,依据教育及管理规律,制定学校自我评价活动的专业规范体系。一方面,对学校自我评价的目标、内容、行为等方面进行规范;另一方面,要求政府为学校自我评价专业化程度的提升提供指导、咨询、培训等公共服务,解决好在学校评价当中的"越位"与"缺位"问题。

其三,制定第三方教育评价市场规范,保障第三方评价机构的公正性与公益性。这一点深圳市倒是可以结合本市的教育实际情况,学习山东省的优秀经验。2016年,山东省率先印发了《山东省第三方教育评价办法(试行)》,着力规范第三方评价的范围、内容、程序,建立健全第三方评价的政策体系和体制机制。

(三)形成科学的教育评价意识形态

按照新制度主义理论的观点,价值观念、文化思想等意识形态对制度的变革和安排影响极大,无论是在个人相互关系的微观层面上,还是在有组织的意识形态的宏观层面上,它提供了对过去和现在的整体性解释[①]。同时,意识形态能要求人们通过自觉的行为表现减少制度变迁的费用。因此,深圳高中教育评价机制改革想要取得理想的效果,就不应漠视评价文化意识形态作为教育评价活动"软约束"的作用。

第一,转变对评价的歪曲认识,树立"以评促建、以评促改"的思想意识。高中教育评价不应只是凸显政府政策成功和管理绩效的形象工程,也不是各个学校之间争夺有限教育资源的战场。高中教育评价的目的是改进教育管理方式,促进高中教育质量提升。因而,必须引导相关主体认识到高中教育评价机制改革对于高中教育质量发展的积极作用,正确运用评价工具。

---

① [美]道格拉斯·C.诺斯.制度、制度变迁与经济绩效[M].杭行,译.上海:格致出版社,2014:36.

第二，抵制传统思想的不良影响，培育科学的评价文化。一方面，可以借助弘扬优秀的文化传统抵制不良传统文化影响。如"民贵君轻"的政府服务观、"因材施教"的教育观及"天生我材必有用"的学生观等优秀的文化思想；另一方面，学习借鉴西方国家先进的教育评价思想观念，构建符合中国特色、深圳特色的评价文化。

第三，正确认识评价活动，养成科学的高中教育评价观。无论是教育教学活动，还是教育评价活动，都应遵循教育发展的本质和规律，重点扼制结果本位主义取向的评价观。教育是培养人的活动，学生是教育的根本，教育评价活动也理应遵循"以生为本"的理念：一切为了学生，一切为了学生的发展。另外，从经济学的角度来看教育评价活动，其评价值取向应该是消费者本位取向而非政府本位。

三、创新高中教育评价方式

进行高中教育评价的目的是为了全面提升高中教育教学质量，向社会提供优质的教育资源。评价不是目的，而是手段。当前深圳市高中教育评价亦面临我国教育评价的共同困境：往往形式大于内容，结果重于过程，造成教育评价本末倒置。有鉴于此，教育评价回归本质，促进教育评价方式多元化，实现教育质量综合评价是当前高中教育评价机制改革的重点之一。

（一）创设分层分类评价体系

德国哲学家莱布尼茨曾说过"世界上没有两片完全相同的叶子"，任何事物的发展都有其独特的个性。这是世界万事万物的规律，亦是教育的本质和规律。作为评价教育教学质量的重要手段，教育评价更应该强调的是用不同的尺子、不同的刻度去衡量不同学校的发展和不同学生的成长。因此，就深圳市而言，应当充分考虑学校的不同发展历史、性质、类型和层次，采取个性化、多样化的评价标准，改变过去一把尺子量到底的评价方法。

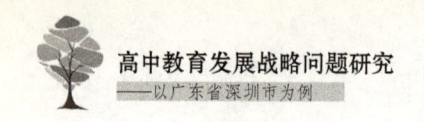

针对普通高中、职业高中、中等专业学校、技工学校的不同性质，学术高中、国际高中、特色高中、综合高中的不同类型，第一梯度、第二梯度、第三梯度学校的不同层次，建立差异化的高中分类评价标准。第一，可以在现有高中评价指标体系中，通过细化指标和增加指标权重来反映学校的独特性和多样性，助推高中学校多样化、特色化发展；第二，向评价客体提供菜单式评价指标供其选择。政府、教育专家、评价专家以及以家长为主要代表的社会利益相关者共同协商制订出指标清单，清单列表分为必选与自选两类指标。必选为被评价对象必须到达的标准，自选为评价对象根据自身特点与发展情况而选择的指标。两种类型指标组成具体的评价体系对评价客体进行评价。第三，通过设立基础性、发展性和特色性评价指标体系，可以建立分类分层的高中学校多元评价标准。这一方法难度较大，投入成本也较多，但是能对不同类型的高中学校进行不同的评价，既能保障不同性质高中的基本职能，又可以关注不同类型高中的丰富性与多样性。

（二）实现教育评价综合调整

评价项目过多影响正常的教育教学秩序，指标间相互"撞车"，重复的评价更是让评价对象身心俱疲。因此，应当调整评价项目，落实渐进性的评价方式创新，实施综合性的评价方式。首先，不同评价项目的相互融通。政府、学校共同建立教育教学基本状态数据库，采集相关的基本数据，并及时更新。同时，依托深圳市教育科学研究院研制的中小学生综合素养成长电子档案系统建设项目，建立适应全市高中学生的电子成长档案。通过构建阳光评价、学生成长档案，体育与艺术课堂教学评价、教学基本状态数据库等评价信息的网络交流平台，充分利用日常数据开展教育质量的监测评价，促使教育评价信息资料常态化，破除评价看重成绩和升学率的魔咒。

其次，整合现有庞杂的评价项目与评价指标体系。主要可以从两个方面入手：一是，重点删除不必要的评价项目和指标；二是，全面整合相同类型的评价项目及指标。精简教育评价项目与指标，形成更加科学合理的教育评价方式，从而减少评价客体的迎评负担。另外，教育评价的方式也应从过于强调量化取向、"唯科学"主义倾向转向定量分析与定性分析相结合取向。定量分析能够准确地得到数据和更易做出判断和比较,但定性评价对评价客体改进教育教学来说更具有参考价值。

四、完善评价结果反馈机制

教育评价反馈是教育评价的最后环节,也是重要环节。教育评价要发挥正确的导向作用,必须先规范评估结果使用范围、方式及边界。针对深圳市高中教育评价机制反馈过程中存在的问题,改进措施将从两个方面进行:一是,加强社会监督,建立教育评价结果公告与问责制度;二是,基于深圳高中教育评价实际情况建立高中教育元评价。

(一)建立结果公告与问责制度

教育治理模式下,高中教育作为社会公共产品,其评价的实质就是教育质量要接受社会评价,教育成果要接受社会检验,教育决策要接受社会监督[①]。因此,必须建立起教育评价结果公告与问责制度。

首先,必须全面加强社会对教育的监督,建立常态化教育评价结果公告制度,逐步实现教育评价结果由教育系统内部反馈向社会系统发布的形式过渡。评价结果公示可以分为两个层次进行:一个是宏观层面,即政府层面的评价结果公告。政府通过网络及大众媒体,定期发布《深圳市高中教育评价蓝皮书》等形式的出版物向社会公众公示教育评价结果及相关情况。另一个是微观层面,即学校层面的评价结果公告。学校通过家长群、学校官方网络等形式向社区、家长公布教育评价结果。同时,必须建立评价结果公告反馈系统,收集社会公众对教育评价结果提出的问题、意见,并根据问题的实际情况及时做出相关回复,真正实现阳光评价。

其次,建立教育评价问责制度。从逻辑上讲,评价结果应用于政府管

---

① 袁贵仁.深化教育领域综合改革加快推进教育治理体系和治理能力现代化[J].中国高等教育,2014(5):4-11.

理部门和学校改善自身的管理行为、提高管理绩效。但在实践中，评价的结果却与学校的众多直接利益相联系，造成评价功利化。故而建立评价结果问责制度，把主体与客体关系作为前提，将教育问责进行分类化处理（如表3-7所示），减少评价结果与过多的教育利益直接挂钩。一方面，能够鞭策教育质量落后学校改进，实现评价结果使用合理化；另一方面，也避免评价走向机械管理主义对学校自主办学和创造性办学造成的伤害。

表3-7 教育评价问责类型

主体	客体	关系	类型
政府	学校	上级—下级	契约型
利益相关者	学校	消费—供给	市场型
学校	学校	自我	自律型

（二）构建教育元评价监督体系

由于高中教育评价机制当中委托—代理关系的存在，评价活动可能存在道德风险，主体会受"有限理性"等主观因素影响，对高中教育进行评价时难免会产生一些负面效果。按照新制度主义理论，需要设立激励约束机制来降低此类问题发展的概率。因此，需要对高中教育评价活动本身进行价值判断，即元评价。

构建高中教育元评价可以从元评价的主体系统、规则系统、执行系统与反馈系统四个方面进行。首先，做好元评价的体制设计。元评价主体可以是政府、专业机构或者评价主体自身。结合深圳高中教育评价实际，建立以政府为元评价主体的体制设计，对开展元评价的意义重大。我国现代评价活动建立的历史不长，专业评价机构与评价对象自我评价发展相对落后，元评价的研究与实施机构更是寥若晨星。因此，利用政府机构的"暴力潜能"，以强制性的行政手段推动教育元评价是非常必要的。其次，完善元评价制度资源，做好制度安排。在深圳乃至全国的教育评价领域引入元评价尚属新事物，理论研究亦处于肇始阶段，需要建立元评价制度进行引导。一方面，要结合深圳教育评价实际设计好元评价的规制规范"文本"；另一方面，营造元评价的理念文化环境。利用大众传媒、专题讲座、学术会议以及教育评价专业培训等形式宣传元评价活动的相关理念。再次，建立多样化的元评价执行标准。这一点我们可以向西方发达国家学习，1981年，美国教育评价标准联合会在诸多教育评价专家的研究基础上，制定了教育评价领域的第一套元评价专业标准，也是目前为止比较完整的教育元评价标准。该标准包含了效用性（utility）、可行性（feasibility）、适切性（propriety）和精确性（accuracy）四类属性，可以为深圳市教育元评价的建立提供一些思路。最后，建立完善的反馈系统。评价结果要准确及时地反馈，并监督其调整、改进评价思路和方法，提升教育评价活动科学性和专业性。

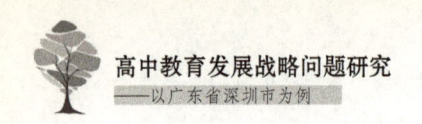

第四章 深圳市高中教育质量保障体系研究

第一节 历史演进与现实思考

一、深圳市高中教育质量保障体系的演变与问题

自1979年建市以来,深圳经历了乡村小镇→经济特区→国际化大都市的急速蜕变。与此同时,深圳教育也实现了从农村教育向城市教育,从传统教育向现代化教育的历史性跨越。全面回顾深圳高中教育的发展历程,总结经验与不足,是实现深圳高中教育质量进一步提升的根本保障。总览深圳市高中教育的发展历程,我们可以将其划分为"基本普及高中教育阶段(1979—1994年)""全面普及高中教育阶段(1995—2004年)"和"优质发展高中教育阶段(2005—2017年)"三个阶段。下面本节将对不同发展时期,深圳市高中教育质量保障各系统的建设状况做一简要梳理。

(一)基本普及高中教育阶段(1979—1994年)

在宝安教育的基础上,深圳开始了自身的教育探索。宝安教育原是典型的农村教育，各级各类学校发展都比较落后。建市之初，深圳教育就面临着"读书难，设备差，教师缺"的问题。1980年，深圳市创办经济特区，这给深圳教育带来历史性机遇的同时，也给深圳教育的转型带来了巨大挑战。首先，如何适应市场经济和外向型经济特区的发展，建立起现代教育体系，成为这一时期深圳教育发展面临的首要问题。其次，随着市场经济的发展，深圳城市基础设施建设全面展开，人流像潮水般涌进来。城市人口的急剧增加，致使学位供给严重不足，也给深圳高中教育发展带来了不小的压力。围绕这两大问题的解决，在质量保障的标准系统、评估系统和改进系统三方面，深圳均采取了一系列行动。

1. 教育质量保障标准系统

这一时期，深圳教育处于探索阶段，教育各方面的标准规定还在建设完善之中。首先，在管理体制方面，深圳高中教育管理框架逐步发展成型。深圳建市当月，宝安县教育局改为深圳市教育局，负责管理全市的教育工作。1985年《中共中央关于教育体制改革的决定》中提出，"基础教育由地方负责、分级管理的原则"①，在此影响下，深圳陆续将大部分高中学校下放到各区管理，基本形成了市、区分级管理的高中教育管理体制。其次，在经费投入上，随着教育管理体制的变革，高中教育逐步转变为市、区两级办学的格局。在1986年之前，公办高中学校的办学经费由市财政局直接"戴帽"下拨到市教育局，再由市教育局统一分配。1986年之后，市属高中的教育经费仍由市财政局下拨，但区属高中的教育经费筹措责任则转移到区一级的财政部门。除政府投入外，社会力量在教育投入中所占比重开始逐步增加，1994年深圳还专门成立了教育基金委员会，承担教育发展基金和中小学、幼儿教育奖励基金的筹集及管理工作。另外，这一时期提出的教育经费"三个增长"原则，为我国政府财政性教育经费投入确立了

---

① 教育部门户网站.中共中央关于教育体制改革的决定[EB/OL].http://www.moe.edu.cn/publicfiles/business/htmlfiles/moe/moe_177/200407/2482.html，1985-05-27.

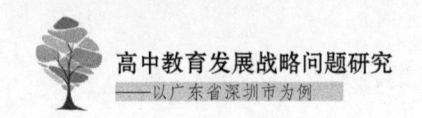

基本标准。最后,在人力投入方面,教师短缺问题得到有效缓解。深圳冲破计划经济体制束缚,率先采用招聘方式面向全国引进教师。除引进应届毕业生外,1989—1993年深圳又从全国各省、市重点中小学商调、招聘教师500多名。在引进和稳定教师队伍的同时,深圳也十分重视教师专业化水平的提升。1982年,深圳成立了教师进修学院,承担全市中小学教师的继续教育与培训任务。1993年《中华人民共和国教师法》的颁布,为深圳高中教育教师队伍的任教资格提供了法律依据。

1994年,深圳初中升学率高达95%,基本实现普及高中阶段教育。与此同时,伴随着国家教育事业的复苏,与市场经济发展相适应的深圳现代教育体系也逐步建立,深圳教育质量保障的标准系统正式进入开发奠基阶段。但这一时期的标准系统还比较单薄,各方面的规定也不够细化,基于深圳自身发展现实的标准规定还比较缺乏。

2. 教育质量保障评估系统

深圳市高中教育评估系统是随着我国教育事业的恢复和发展逐步建立起来的。根据《中共中央关于教育体制改革的决定》的有关精神,1985年之后,以中小学学校评估为主要内容的基础教育评价活动在全国各地普遍开展起来。1991年5月,国家教委印发了《普通中小学校督导评估工作指导纲要》,要求各地建立针对中小学的督导评估制度,这一要求直接推动了深圳市教育监测评估工作的发展。1993年《中国教育改革和发展纲要》中又强调,"各地教育部门要把评估学校教育质量作为一项经常性的任务"。次年,国务院在《关于〈中国教育改革和发展纲要〉的实施意见》中要求,要"积极普及高中阶段教育",同时还提出"全国重点建设1000所左右实验性、示范性的高中"的发展任务。根据《中国教育改革和发展纲要》的有关精神,广东省于1993年启动了中小学等级评估工作,并于次年颁布《广东省中小学等级评估管理办法(试行)》。其中规定,等级学校主要从办学条件和学校管理水平两大方面综合评定;省一级学校由省教育厅组织评估小组评定,县(市、区)一级学校由市、县(市、区)教委、教育局分别组织评定小组评定，报省教育厅备案；各类等级学校的标准、评估方案和申报书由省教育厅统一制定和印制。①据此，深圳市开始了市、区一级等级学校的评估工作，高中学校等级评估工作主要由市人民政府督导室和各区教育督导室负责组织实施。

这一时期，深圳市高中教育评估工作开始逐步展开，有关高中教育质量评估的机构正式成立，这为深圳市高中教育质量的保障奠定了良好基础。与此同时，有关高中教育质量评价的各项规定也日渐丰富，深圳高中教育质量评估系统开始走向规范化。但是我们也可以发现，这一阶段深圳高中教育质量评估系统的建设主要依赖于国家的政策牵引，基于自身发展需要的评估工作还没有起步。

3. 教育质量保障改进系统

就高中教育质量改进系统而言，深圳市教育督导事业的发展与全国教育督导制度的演进密切相关。1983年全国普通教育工作会议上，教育部颁布《建立普通教育督导制度的意见》，提出县以上教育行政部门都要设立督导机构。次年，国务院批准教育部设视导室，负责巡视、检查和指导保障全国各地的普教工作。1986年10月，视导室更名为国家教委督导司，这标志着我国教育督导制度正式恢复和重新建立。在此背景下，深圳市于1988年在市教育委员会内设立教育督导室，主要负责对市属学校和区重点学校的教育工作进行监督、检查和指导。同年，各区教育督导室也纷纷成立，市、区两级教育督导网络基本形成。1991年，国家教育委员会颁布《教育督导暂行规定》，对督导机构的职责以及督学人员的任职资格作了统一规定。教育督导在我国教育发展中的重要地位日益凸显。1993年《中国教育改革和发展纲要》中也提出"要加强督导队伍，完善督导制度，加强对中小学校工作和教育质量的检查和指导"。同年，中央编制委员会批准建立

---

① 深圳罗湖电子政务网.广东省中小学等级评估管理办法（试行）[EB/OL].http://www.szlh.gov.cn/icatalog/99/ggfw/flfg/156907.shtml，1994-07-23.

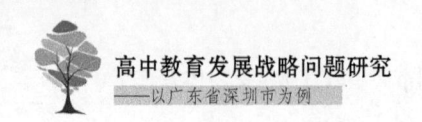

国家教委教育督导团，督导工作的地位进一步提升。按照国家教育委员会的文件规定，深圳市在1994年撤销原教育局督导室，同时成立人民政府教育督导室，各区教育督导室也改为政府教育督导室。督导的职能得到进一步扩大，由单一的督学发展到督学、督政、督教并重。

在国家有关政策的引导下，深圳市教育督导体系开始逐步建立，并形成了市、区两级教育督导网络。同时，随着国家对教育督导工作重视程度的不断提高，深圳市教育督导室的行政等级逐步提升，督导职权不断扩大。但由于这一时期深圳高中教育体系发展还不尽完善，因此教育质量改进系统的建设速度比较缓慢，具体的教育督导任务还没有正式展开，教育督导工作有待进一步优化。

（二）全面普及高中教育阶段（1995—2004年）

随着经济、社会发展和高中阶段教育的基本普及，市民对优质高中教育的需求越来越旺盛。经过上一阶段的发展，深圳市高中学位供给不足的状况得到有效缓解，但优质高中学位仍然非常紧缺。由此引发的生源大战和应试教育愈演愈烈，这与《中国教育改革和发展纲要》中提出的素质教育要求格格不入。优化高中教育结构，扩大优质高中学位规模，成为这一时期高中教育发展面临的重要任务。

1. 高中教育质量保障标准系统

这一时期，深圳高中教育质量保障标准系统逐渐发展完善，有关深圳教育自身的各项标准性规定开始出现。首先，在管理体制上，2001年国务院《关于基础教育改革与发展的决定》的颁布实施，对本阶段的教育体制改革产生了深远影响。2002年，《深圳市人民政府贯彻国务院关于基础教育改革与发展决定的若干意见》中提出，基础教育实行"分级办学，以区镇管理为主"的规定，深圳高中教育的管理格局由此确立。其次，在经费投入上，有关经费投入的标准不断细化。1995年《中华人民共和国教育法》中，赋予了教育经费"三个增长"原则以法律效应。深圳随即在《关于加快深圳教育改革和发展的若干意见》中强调了这一规定的落实。2002年《深圳市人民政府贯彻国务院关于基础教育改革与发展决定的若干意见》中进一步提出，"确保2002—2005年期间财政教育投入每年增长15%以上"的具体要求。另外，这一时期社会和个人捐资、投资办学在深圳教育经费总额中所占比例也逐渐固定下来，大体占1/3。最后，在人力投入上，适应深圳教育发展需要的教师引进和培训标准规定不断出台。为切实提高教育队伍素质，1997年，深圳市人大会议通过《深圳经济特区实施〈中华人民共和国教师法〉若干规定》，对教师的聘任制度、培训制度及各项权利做出了明确说明。2002年，《深圳市人民政府贯彻国务院关于基础教育改革与发展决定的若干意见》中进一步提出，"建立教师'准入'机制……逐步做到中学教师具有研究生学历"[1]的要求。在教师继续教育方面，1997年，深圳市教育局制订了《深圳市"名师工程"培养计划》，开始加大中小学校长和中青年教师的培养力度。其后又先后颁布了《深圳市中小学教师进修暂行规定》《中小学教师继续教育规定》和《深圳市教育局关于中小学教师继续教育工作的若干意见》的文件，教师继续教育工作日益形成体系化。

2004年，深圳公办高中优质学位供给率达100%，基本实现高中教育优质普及。伴随着高中教育的进一步发展，深圳高中教育质量保障的标准系统由开发奠基阶段逐步走向发展完善阶段，基于深圳教育自身发展实际的各项标准规定陆续出台，各方面规定也日益细化。

2. 高中教育质量保障评估系统

1994年11月，广东省委、省政府出台《关于教育改革和发展的决定》，提出"实现教育现代化，使广东成为教育强省"的战略目标。围绕教育强县（市、区）评估和高中学校等级评估两大任务，深圳市高中教育质量保

---

[1] 深圳市人民政府门户网站. 深圳市人民政府贯彻国务院关于基础教育改革与发展决定的若干意见［EB/OL］. http://www.sz.gov.cn/zfwj/zfwj/szfwj/201510/t20151016_3276250.htm，2002-02-20.

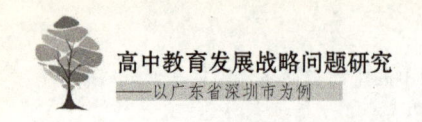

障评估系统日渐丰富起来。首先，在教育强县（市、区）评估方面，为实现打造教育强省的发展目标，1999年广东省教育厅颁布《广东省普通高中学校办学基本标准（试行）》，确立了全省普通高中学校办学的基本要求。2000年，又出台了《广东省教育强县（市、区）督导评估指标体系（试行）》。有关学校等级评估方面，在1994年《广东省中小学校等级评估管理办法（试行）》颁行之后，为保证评估工作的顺利开展，广东省于1999年又颁布了《广东省中小学校等级评估管理办法（试行）实施细则》，在评估指标、评估程序和评估方法等方面做了细致说明。2004年，《广东省普通高中等级评估方案》正式出台，规定了普通高中学校等级评估的主要指标。

除上述省级统一的教育评估之外，深圳还自主开展了一些教育评估。1997年，市教育局出台《深圳市中小学办学效益评估试行方案》，并率先建立和实施基础教育办学效益评估机制。2003年，市教育局和市总工会联合制定《深圳市中小学校务公开实施细则（试行）》和《深圳市中小学校务公开检查评估暂行办法（征求意见稿）》，针对中小学校务公开的检查评估全面展开。

2004年8月，深圳顺利通过省教育厅教育强市试点验收，成为广东省第一个教育强市。随着各项评估工作的展开，教育评估已然成为保障深圳高中教育质量提升的重要力量。教育评估系统在这一时期获得了长足进步，有关高中教育的各项评估方案、指标体系和评估活动不断丰富。同时也可以看出，各项评估的侧重点均在于促进高中学校的规范化建设，针对学校内部质量控制的评估项目还比较缺乏。

3. 高中教育质量保障改进系统

在前期教育督导机构建立完善的基础上，本阶段各项教育督导工作次第展开，教育督导制度逐步完善。1995年3月，市二届人大一次会议提出《关于进一步改善我市中小学校办学条件的议案》，并于4月进行了全市中小学办学条件大普查，着力开展"三差"学校和薄弱学校的改造工作，建立起督学人员与薄弱学校的挂钩联系制度。为贯彻落实《中华人民共和国教育法》中"国家实行教育督导制度"的规定，1996年深圳市率先颁行了地方性教育督导条例——《深圳经济特区教育督导条例》，明确规定了教育督导的职责、职权、范围和工作内容等，进一步确立了教育督导的法律地位和督政、督教、督学的职能。1997年，国家教委颁布《普通中小学督导评估工作指导纲要（修订稿）》，将中小学督导评估的内容要点规定为：办学方向、管理体制和领导班子、教师管理与提高、教育教学工作、行政工作的常规管理、办学条件和教育质量7个方面。在此基础上，2002年广东省人民政府制定出台《广东省教育督导规定》，对全省、市、县政府教育督导机构的主要职责、督导范围及督学任职资格等作了规定和说明。另外，随着高中教育改革和发展的推进，针对国家级示范性高中建设工作的督导检查也日渐规范化。2004年，广东省教育厅发布《广东省国家级示范性普通高级中学督导验收管理办法（试行）》，进一步强化了国家级示范性高中的督导工作。随后，《广东省国家级示范性普通高级中学督导验收方案（试行）》出台，其中规定验收组成员由教育行政人员、省督学和专家组成；验收程序包含校长演讲→校长答辩→主管教育行政部门作推荐意见→验收组考察学校，收集信息→提出整改意见→过程性督导6个步骤。同时，该方案中还包含了督导验收的指标体系。除教育督导之外，自1996开始，深圳每4年会召开一次全市教育工作会议，研究部署全市教育发展问题。这也对深圳市高中教育质量的改进起到了积极的推动作用。

通过上述梳理可以发现，这一时期的督导工作不断走向体系化。国家、省级及市级教育督导条例相继出台，为教育督导工作的开展指明了方向。以国家级示范性普通高级中学的督导为重点，各项督导管理办法、验收方案和督导指标体系等日渐完善，为教育督导工作的有序展开奠定了良好基础。

（三）优质发展高中教育阶段（2005—2017年）

通过省政府"教育强市"的评估验收标志着深圳教育由此进入到一个

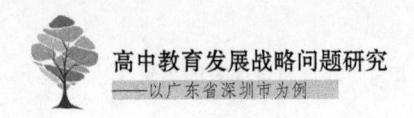

新的发展阶段。这一时期，深圳教育长期快速发展积累的各种矛盾逐步显现出来，在高中教育领域主要表现为教育规模与品质脱节、教育目标与手段分离等问题。面对这一状况，《深圳市教育发展"十一五"规划暨2020年远景目标》中适时提出"普及优质高中教育"的发展目标，将实现高中教育的优质发展确定为21世纪以来深圳教育的主要发展任务。

1. 高中教育质量保障标准系统

为实现深圳高中教育的优质发展，有关教育质量的各项标准性规定不断细化。首先，在学校管理方面，各项规定日益规范。2005年4月起，深圳市正式施行《深圳市学校安全管理条例》，这是全市第一部学校安全法规，其中对学校安全教育、安全防范、安全管理、安全责任等方面做了明确的法律规定。同年，深圳市教育局颁布《深圳市中等职业教育深化改革方案》，确立了深化教学制度、职业教育证书制度、招生制度和办学体制等4项改革任务，并制定了具体办法。另外，这一时期深圳市对教育发展的规划力度也逐步加强。自2009年起，先后制定实施了《深圳市国家教育综合改革示范方案》《深圳市中长期教育改革与发展规划纲要》和《深圳市教育发展"十二五"规划》等相关文件。在经费投入上，高中教育投入标准基本固定。在国家大力扶持职业教育发展的背景下，2006年10月，深圳市人民政府出台《关于贯彻落实国务院关于加大发展职业教育的决定的意见》，规定了教育费附加的30%用于发展职业教育，为职业教育发展提供了充足的经费支持。在普通高中教育经费投入方面，延续前期提出的"确保财政教育投入每年增长15%以上"的要求，《深圳市教育发展"十一五"规划暨2020年远景目标》中又增加了"安排预算内生均基本公用经费每年增长15%左右"的规定。在人力投入上，除高学历外，深圳市教师培训工作的要求也不断提高。2006年，市教育局印发《深圳市基础教育系统"名师工程"实施方案》进一步明确了"名师"的资格条件、评审程序、享受待遇和责任，并据此开展了名师评审工作。《深圳中长期教育改革与发展规划纲要》中补充，要"建立名校长工作室、名师工作室、教育研究专家工作室和名班主任工作室"。①2014年，根据教育发展的实际，又对"名师工程"的实施方案做出了进一步修订。

在前一阶段教育质量保障系统各项规定基本成型的基础上，本阶段标准系统的建设任务开始转向规定的完善和细化上来。这一时期政府的宏观规划力度不断加强，教育系统的结构不断优化。但与义务教育相比，有关高中教育的各项专门性规定还相对比较缺乏，政府对高中教育的关注程度仍比较低。

2. 高中教育质量保障评估系统

与上一阶段相比，本阶段的教育评估工作在关注学校规范化建设的同时，也开始关注学生的发展评价。除教育强市、区评估和高中学校等级评估之外，2004年省政府与教育部共同签署《关于共同推进广东教育现代化试验的决定》，教育现代化评估也由此成为评估系统的一项重要任务。为推进教育现代化发展，同年8月，广东省教育厅印发《广东省教育现代化建设纲要（2004—2020年）》，并于2008年颁发《广东省县域教育现代化指标体系及评估方案（试行）》。该方案主要从教育现代化保障、教育现代化实践和教育现代化成就三个方面，考察了区域教育现代化建设的实施情况。此外，在高中学校等级评估方面，2008年广东省教育督导室决定将《广东省普通高中等级评估方案》（2004年版）修订为《广东省普通高中督导评估方案》。与之前的评估方案相比，增加了"学校自评报告"和"督导评估组意见"两部分内容，评估操作办法也更加量化、可行。

在市一级评估方面，自1997年深圳市开展基础教育办学效益评估以来，此项评估活动一直延续至今。2008年制定实施新的《深圳市中小学办学效益评估（试行）》，从师生比、教师职称、教育经费等5个投入因素对比学习管理、教育教学管理、教育成绩进步率等产出因素，敦促科学评判学

---

① 深圳市教育科学研究院.深圳教育蓝皮书（2011—2012年卷）[M].深圳：海天出版社，2015：384.

校发展水平。随着素质教育的推进,对学生综合素质进行科学评价的诉求也日益强烈。2011年,《深圳市教育发展"十二五"规划》中提出,要"实行招生考试体制改革……实施'阳光评价',评价结果作为高中毕业生升学的重要依据"。①2014年深圳市教育局印发《关于进一步提升中小学生综合素养的指导意见》,在提出"八大素养"提升工程的同时,要求建立综合素养"阳光评价"体系,实施"学生阳光评价""学校阳光评价"和"区域阳光评价"。

目前,随着教育评价制度的不断深化,深圳市教育评价的关注重点开始从学校的规范化建设转向学生的全面发展。与此同时,"管、办、评分离"政策的提出,促使教育领域第三方评价方式开始出现。评价主体多元化、评价方式多样化、评价内容全面化成为教育评价改革的基本方向。

3. 高中教育质量保障改进系统

在各类教育规划中,教育督导作为一种保障教育健康发展的有效手段为各级政府所重视。在《广东省教育督导规定》和《深圳经济特区教育督导暂行规定》的指导下,深圳市教育督导工作有序展开。这一时期的教育督导多以义务教育均衡发展为重点任务,更加强调督导机构及人员的专业化。《国家中长期教育规划纲要》中要求,"制定教育督导条例,进一步健全教育督导制度。探索建立相对独立的教育督导机构,独立行使督导职能。健全国家督学制度,建设专职督导队伍。坚持督学与督政并重……建立督导检查结果公告制度和限期整改制度"。②在这一政策指引下,国务院于2012年发布《教育部关于加强督学责任区建设的意见》,对督学责任区的设立与管理、责任区督学的工作任务和要求做出了说明。同年还颁布了《教育督导条例》,从国家层面上对教育督导的原则、人员及实施等

---

① 广东省政务公开.深圳市教育发展"十二五"规划[EB/OL].http://zwgk.gd.gov.cn/007543382/201210/t20121008_347915.html,2012-09-10.

② 中央人民政府门户网站.国家中长期教育改革和发展规划纲要(2010—2020年)[EB/OL].http://www.gov.cn/jrzg/2010-07/29/content_1667143.htm,2010-07-29.

进行了规定。为加强对中小学校的监督指导，进一步推进督学责任区建设，次年9月，国务院教育督导室发布《中小学责任督学挂牌督导办法》。同时制定实施《中小学校责任督学挂牌督导规程》和《中小学校责任督学工作守则》，进一步规范了中小学责任督学挂牌督导工作。2015年，国务院教育督导委员会办公室制定《中小学责任督学挂牌督导创新县（市、区）工作方案》，开始开展责任督学挂牌督导工作的评估认定工作。在国家教育政策的引领下，深圳市于2013年发布《深圳市人民政府教育督导室关于建立和实施督导责任区制度的意见》，对全市督导责任区制度的建设和实施做出了相关指导。当前，深圳市责任督学挂牌督导制度落实已取得显著成效，教育督导的"南山模式"得到全国范围内的推广和借鉴。随着督学作用的日益增大，对督学的管理也日益走向规范化。2016年7月教育部颁布《督学管理暂行办法》，从聘任、培训、考核等方面对督学提出了要求。

在前一阶段教育督导制度体系化发展的基础上，本阶段深圳教育督导制度开始关注自身的规范化建设。督导范围不断扩大，督导人员专业化加强是这一时期深圳市高中教育质量保障改进系统发展的突出特点。但通过上述梳理也可以发现，针对高中阶段的教育督导活动发展还比较滞后，教育督导制度仍需不断改革。

二、深圳市高中教育质量保障体系建设的问题思考

深圳，因改革而生，因改革而兴，改革创新是深圳最鲜明的城市特质。自特区成立以来，深圳市在推进高中阶段教育发展方面做出了许多创新性的尝试，也取得了辉煌的成绩，为新时期深圳市高中阶段教育质量的稳步提高奠定了坚实的基础。然而，面对民众日益多元的教育价值需求与持续攀升的教育质量需要，深圳市高中教育质量保障体系建设还很难有效发挥其质量保障功能，各系统建设仍存在一系列问题有待解决。现将各组成系统的主要问题分述如下。

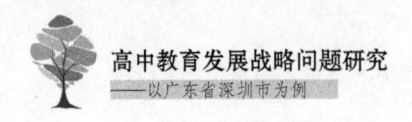

（一）标准系统

经过近 40 年的发展，深圳市有关高中阶段教育的各项标准性规定不断细化、完善，普通高中教育与中等职业教育都取得了长足进步。但是，从社会发展对高中阶段教育的要求来看，深圳市高中教育的标准体系建设仍存在诸多问题与不足。主要表现在以下两个方面。

第一，高中教育质量观念偏狭。与我国其他地区相同，深圳市高中阶段教育的基本格局主要是：通过"高利害"的外部考评，对所有学生进行强制性社会分流，成绩高者进入普通高中，成绩次者进入职业高中。[①] 对两种不同类型高中教育的性质与价值定位直接影响着人们的高中教育质量观念。通过文献阅读与实地访谈可以发现，虽然"素质教育""普职融合"等理念推行已久，但在实际教育中，普通高中与职业高中之间泾渭分明的分工关系远胜于优势互补的合作关系。普通高中的根本职能是大学预备教育，学生毕业后主要升入各类大学；职业高中的根本职能是职业预备教育，学生毕业后以直接进入劳动力市场为主。在这种二元对立格局之下，深圳市高中教育质量观念偏狭明显，重数量标准，轻质量标准的问题大量存在。首先，在深圳市普通高中教育中，"唯升学率至上"的教育质量观念盛行。目前，深圳市普通高中的发展模式还处于升学预备导向的自然分层发展阶段。根据 2010—2016 年文、理科一本录取情况，全市各高中学校自然形成了三大梯队。同时，深圳市教育系统内部目前还设有"高考工作卓越奖""高考工作先进奖"和"高考工作先进个人"等表彰项目。"升学率"在深圳市教育系统中的地位由此可见一斑。此外，在与深圳市部分高中学校领导的访谈中我们也了解到，虽然一些学校在社团建设、课程开发及教师培训等方面形成了一定特色。但总体来说，学校的内部质量保障仍是以学生学业成绩的提升为主要任务，对学生、教师的评价也都侧重于从学业成绩角度做出。其次，在深圳市中等职业教育中，以"就业率"为主要质量评判

---

① 张华. 我国高中教育发展方向：走向综合化［J］. 全球教育展望，2014（3）：3-12.

依据。目前，在社会教育质量观念的影响下，一方面，深圳市中等职业教育的发展与社会产业发展需要脱节严重。深圳市中职学校和普通高中在校生比例约为3∶7，与国家关于中等职业教育与普通高中教育学生比例大体相当的要求相去甚远。① 另一方面，出于招生和就业需要，深圳市中等职业学校在专业设置上还存在比较严重的趋同化倾向。再次，从内容上看，现有关于深圳市高中学校的建设标准和评价标准都比较单一，均侧重于强调高中学校的规范化管理。这在一定程度上也加剧了高中学校的"同质化"现象。

第二，政府对高中教育的关注不够。首先，从教育规划上来说，高中阶段教育始终处于深圳市教育发展战略的"边缘"位置。纵观深圳市高中教育的发展历史可以发现，有关高中阶段教育的专门性规定文件直至20世纪末才开始陆续出现。在此之前，高中教育多是作为基础教育的"附属部分"，在相关教育政策中被"一带而过"，高中阶段教育的发展未能得到政府的足够重视。另外，在深圳市已有的数部教育事业发展规划中，针对高中阶段教育的独立阐释直到2010年9月出台的《深圳市教育发展"十一五"规划暨2020年远景目标》中才出现。时至今日，在义务教育均衡发展和高等教育跨越式发展的双重政策挤压之下，高中阶段教育仍处于政府管控的"盲区"，有关普通高中教育的统筹措施缺失明显。其次，在经费投入上，政府对高中阶段教育的投入总量不足，普通高中教育经费投入相对滞后。教育部、国家统计局与财政部2016年联合发布的《关于2015年全国教育经费执行情况统计公告》②中显示，在2015年各级教育生均公共财政预算教育事业费支出方面，普通高中为10 820.96元，比上年增长19.90%；全国中等职业学校为10 961.07元，比上年增长20.07%。两

---

① 深圳市教育科学研究院.深圳教育蓝皮书（2007年—2008年卷）[M].深圳：海天出版社，2009：30.

② 中央人民政府门户网站.教育部、国家统计局、财政部关于2015年全国教育经费执行情况统计公告[EB/OL].http：//moe.gov.cn/srcsite/A05/s3040/201611/t20161110_288422.html，2016-10-30.

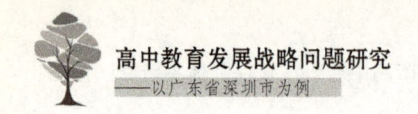

级学校生均公共财政预算教育事业费支出增长率在各级教育中排名靠前，但与普通初中 12 105.08 元和普通高等学校 18 143.57 元的支出总额相比，高中阶段教育的生均公共财政预算教育事业费支出仍处于偏低水平。在各级教育生均公共财政预算公用经费支出方面，全国普通高中为 2 923.09 元，较上年增长 8.28%；全国中等职业学校为 4 346.94 元，较上年增长 18.10%。增长率也领先于其他各级教育，但支出总额仅高于普通小学，高中阶段教育生均公共财政预算公用经费投入在各级教育中处于劣势地位。另外，与中等职业学校经费增长迅猛的情形相比，普通高中教育的处境更为不利。然而，深圳市高中阶段教育不仅存在同样的投入偏向问题，还存在教育经费投入与经济社会地位不相匹配的总量问题。根据《深圳统计年鉴（2016年）》所提供的数据，2015 年深圳市公共财政预算教育经费占公共财政预算支出的比例仅为 8.19%，与上年相比不增反降，这与其不断加速的经济发展水平严重不符。

质量观念偏狭和政府关注不足是当前深圳市高中教育质量保障标准系统建设面临的两大难题。其中，质量观念纠偏对于深圳市高中阶段教育的健康、持续发展具有重大意义。

（二）评估系统

目前，围绕高中学校等级评估、中小学办学效益评估和教育强县（市、区）等评估活动，深圳市已建立起较为完备的高中教育评价网络。但随着社会多元化和民主化进程的推进，深圳市教育质量保障评估系统也显露出诸多不适应性，突出表现为系统建设的"管理主义"色彩浓厚和评估活动的专业化水平不高两点。

第一，评价的"管理主义"色彩浓厚。高中教育作为我国基础教育的组成部分之一，政府在其管理中占有绝对的权威地位。评估作为政府对高中教育实施集中管理、统筹规划的一种重要管理工具，不可避免地带有"行政化"的烙印。具体到深圳市高中教育质量保障评估系统的建设上，则显示为以下两点：其一，评价标准价值单一，利益相关主体多元价值旁落。

通过梳理深圳市高中教育质量评估系统的发展历程可以发现，深圳市高中教育的评价工作大多都与带有外部等级认定性质的活动相关联，面向高中教育内部质量控制的评估项目极为缺乏。政府作为这些评估活动的组织者和实施者，在评估标准的制定中处于强势地位，各项标准指标的选取与说明都直接由政府决定，各利益相关者很少有机会表达自己的利益诉求。"教育价值单一与确定是到目前为止多数教育评价活动'不证自明的前提'。"[①]在上述历程梳理中还可以看出，深圳市政府对高中教育评价标准体系的改进也仅仅体现在指标的细化与要求的提高两方面，而在这一过程中又衍生出评估内容繁杂、评估条目过细、量化标准不够科学等诸多问题。在政府一元价值控制之下，深圳市高中教育评估活动很难满足利益主体的多元价值需求。其二，评估机构独立性缺失。目前，深圳市高中阶段教育评估指标体系的制定和评估活动的组织、实施都是由市、区教育督导室具体负责，教育评估工作还没有自身独立的专业实施机构，社会力量更是基本被排除在外。作为评估工作的实施方，市、区教育督导室依然挂靠在教育行政部门内部，受到同级人民政府、同级教育行政部门和上级教育督导机构的多重管辖，官方色彩浓厚。《深圳经济特区教育督导条例》中明确规定："教育督导室设置在教育行政部门内。各级教育督导室工作上受同级人民政府及其教育行政部门领导，并对同级人民政府负责；业务上受上级教育督导机构指导。"[②] 社会力量的缺失与评估机构的官方性质无不彰显着政府在教育评估系统中的优势主体地位，这与当前教育价值多元化的发展趋向产生了激烈冲突。

第二，评价活动的专业化水平不高。我国学者李雁冰认为，教育评价的专业化至少具有专业性、科学性和公正性三个特点[③]，以此为依据来审

---

① 戚业国，杜瑛. 教育价值的多元与教育评价范式的转变［J］. 华东师范大学学报（教育科学版），2011（2）：11-18.

② 深圳市人民政府门户网站. 深圳经济特区教育督导条例［EB/OL］. http://www.sz.gov.cn/jyj/home/xxgk/flzy/zcfgjd/jydd2/201501/t20150115_2797194.htm，1996-01-08.

③ 李雁冰. 论教育评价专业化［J］. 教育研究，2013（10）：121-126.

视当前的深圳市高中教育评价活动可以发现,其专业化水平还亟待提升。首先,在专业性上,正如前文所述,深圳市当前还没有建立专门的评估机构,作为评估活动主要组织者和实施者的市、区教育督导室内设于教育局内部,带有明显的官方性质。行政人员同时也是评价人员,人员专业化程度不高,水平有限。深圳市于 2014 年 5 月成立英蓉教育服务中心,该机构是全省首家教育评估第三方社会公益组织,但截至目前其在深圳市教育评估工作中所发挥的作用还极为有限,所承接的评审项目影响力并不大。其次,在科学性方面,现有评估项目大多遵循"学校自评—评估组现场评估—评估报告反馈—结果公示"的基本程序,以查阅档案资料、访谈、座谈、现场考察等为主要评估方法,评估方式科学性不足。广东省教育研究院教育评估室有关《广东省教育评估开展情况调查报告》反映,在当前教育评估模式下,学校评估资料造假现象比较普遍且比较严重。① 政府一元价值主导的评估标准与非专业人员的现实操作也使得教育评估活动很难客观地反映深圳市高中学校教育发展的现实状况。再次,在公正性方面,深圳市现有高中教育相关评估活动多为具有高利害关系的外部评估,在评估过程中学校和业务部门过分重视评估结果,对学校改革发展和建设管理各方面的全过程关注不够,致使评估活动的公正性不强。另外,对评估过程中所提出问题的整改和落实也缺少必要的监督和指导。鉴于评估结果与资源分配之间的密切联系,问题改进指导这一评估环节的缺失对深圳市高中学校来说有失公平。

教育评估的"管理主义"倾向与评估活动专业化发展滞后严重制约着深圳市高中教育质量的提升。在深圳市高中教育质量保障评估系统的改革中,教育价值的多元化是一个不可忽略的现实问题。

(三)改进系统

实现教育活动质量的持续改进与提高是质量管理的根本目的。对教育

---

① 广东省教育研究院.广东教育改革发展研究报告:理论战略政策研究卷[M].广州:广东高等教育出版社,2015:387.

工作进行监督是保证教育法律、法规、规章和国家教育方针、政策的贯彻落实，提高教育质量，促进教育公平，推动教育事业科学发展的重要手段。但由于督导机构权力来源和隶属关系的不明确，深圳市教育督导系统在实际运行中产生了理论和实践上的诸多问题。

第一，教育督导职能定位偏差严重。在深圳市教育督导系统的运作过程中，教育督导的职能定位存在明显偏差。首先，2012年国务院发布的《教育督导条例》将教育督导的内容明确规定为：县级以上人民政府对下级人民政府落实教育法律、法规、规章和国家教育方针、政策的督导；县级以上地方人民政府对本行政区域内的学校和其他教育机构教育教学工作的督导。[①] 由此可以看出，我国教育督导活动兼具督政和督学两种职能。但从深圳市现行的教育督导制度来看，与督政的职能相比，督学职能没能得到充分行使，有的甚至陷在"官本位"的监督检查之中，致使教育教学、学校发展等诸多现实问题不能及时改进。以广东省人民政府教育督导室制定的《广东省普通高中督导评估指标体系》为例，其一级指标"办学条件"下所包含的"经费""场地""教学仪器、设施设备"等7项二级指标均是对人民政府履责情况的监督，对高中学校教育教学质量提升的指导意义不大。其次，在这种"督政"思想的影响下，督学人员行政属性不断增强，专业权威日趋式微。当前，深圳市采取由上至下的推荐方式任命督学，这种推荐方式使得督学的遴选缺少专业性和严肃性，督学被视为没有实权的"荣誉象征"。深圳市教育科学研究院提供的《深圳市教育督导现状调查与专业化发展研究报告》显示，深圳市当前的督学结构中，有行政职务的督学占74.2%，科研人员占12.5%，无职务占13.3%。[②] 从数据上可以看出，督学队伍主要由有行政职务的人员构成，且所占比例过大。督学是受教育督导机构的指派，实施教育督导工作的专门人员，督学的行政化倾向必将

---

① 教育部门户网站.教育督导条例［EB/OL］.http://www.moe.edu.cn/publicfiles/business/htmlfiles/moe/moe_1778/201209/142317.html, 2012-09-09.

② 深圳市教育科学研究院编.深圳市教育蓝皮书（2013-2014年卷）［M］.深圳：海天出版社，2016：294.

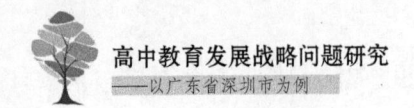

对深圳市教育督导的科学性及督导人员的专业权威产生不良影响。

  第二，教育督导体系建设不尽完善。随着基础教育改革的不断推进，深圳市教育督导系统在不断丰富和完善的同时，其自身体系建设的问题与不足也不断显露出来。首先，在机构和人员配置上，自1994年深圳市人民政府教育督导室成立以来，其人、财、物及运行管理等就挂靠在市教育局下，各项事务均由市教育局代管。我国教育督导机构虽然在法律上是一个独立的政府机构，但从隶属关系上来看，它实际上只是教育行政机构的一个组成部分，自身独立性严重缺失。另外，根据深圳市第四届督学名单，现有督学中专职督学占比仅为10.6%；兼职督学占比则高达89.4%。[①] 由此可以看出，深圳市督学队伍主要由兼职人员组成。教育督导机构独立性缺失和兼职督学比重过大，致使深圳市教育督导活动的有效性锐减。其次，在工具和方法上，目前深圳市教育督导的主要方式有实地调研、教师访谈、调查问卷、座谈会等，督导结果主要根据督学自己的经验和认识进行评判，主观性较强。再加上兼职督学比重大，且大多都是带有行政职务正副处长、主任、校长、园长等，很难再分出时间和精力参与教育督导，致使督导工作的专业化水平不高，督导结果很难被高中学校认可。在实地访谈中，高中学校校长也反映，教育督导对学校发展的实际指导作用十分有限。最后，在督导结果的运用上，通过实地访谈我们了解到，依据《深圳经济特区教育督导条例》第二十二条的规定，督导组在结束对一所学校的督导后，会向市督导室提供一份督导报告，但这份报告一般不会向社会公开。同时也会要求学校根据督导报告内容制订整改计划，然而由于后续跟进督导落实不力，学校在提交一份报告后，实际整改情况难以掌控，使得督导成效大打折扣。另外，由于深圳市目前的教育督导工作主要以综合督导为主，缺少日常督导，所以督导结果对改善学校办学、提高学校教育质量方面的作用并不大。

---

  ① 深圳市教育科学研究院编.深圳市教育蓝皮书（2013-2014年卷）[M].深圳：海天出版社，2016：293.

职能定位的偏差与体系建设的不完善使深圳市教育督导系统在保障高中教育质量提升方面的功能很难得到真正发挥，各利益相关主体合理分工、严格履责、相互监督是深圳市教育督导系统走向专业化、科学化的必然要求。

第二节　利益相关者网络分析与质量观构建

高中教育质量保障是关涉政府、学校、家长等众多利益相关主体的复杂系统，利益相关者理论为各利益主体的识别提供了良好的理论基础。高中教育作为准公共产品，是典型的利益相关者组织，这也就导致了其质量保障活动必然充斥着不同主体之间的价值博弈。识别深圳高中教育的核心利益相关主体，了解不同主体的利益诉求，是建构深圳市高中教育质量保障体系的基本前提。

一、高中教育核心利益相关者识别

如前文所述，米切尔从合法性、影响力和紧急性3个属性来划分利益相关者的类型，并依据上述3种属性的拥有程度，将利益相关者细分为确定型利益相关者、预期型利益相关者和潜在型利益相关者3大类。在这一分类方法的指导下，本研究以实证研究的方式，对参与保障深圳高中教育质量的核心利益相关者进行识别分析。该部分共包含3道题目，由被试分别从合法性、影响力和紧急性3个维度对8类主体进行评分。为了解各主体在不同维度的得分情况，在此采用均值（M）、标准差（SD）及配对样本T检验（paired-samples T tests）对变量进行描述性统计。各维度分析结果详述如下。

（一）合法性分析

通过问卷调查，获得被试对8类高中教育质量保障主体在合法性维度的评分资料（得分越高，合法性越强），继而通过 SPSS 软件进行描述统计分析。具体分析结果如下表 4-1 所示。

表 4-1　高中教育利益相关者合法性维度的描述统计量

利益相关主体	N	极小值	极大值	均值	标准差
学生	1256	1	5	4.23	0.844
教师	1256	1	5	4.34	0.740
学校管理人员	1256	1	5	4.03	0.839
政府部门	1256	1	5	3.89	0.933
学生家长	1256	1	5	4.01	0.884
用人单位	1256	1	5	3.66	0.968
高校	1256	1	5	3.89	0.906
社区民众	1256	1	5	3.49	1.004

从表 4-1 中可以看出，教师群体在合法性维度的均值 M=4.34，较其他主体的得分较高，表示教师群体在高中教育质量保障中具有较强合法性。标准差 SD=0.740，与其他主体相比得分较低，表示对于教师群体在教育质量保障中的合法性地位，个体间的认识差异不大。除教师之外，学生、学校管理人员和学生家长在合法性维度上的得分也高于 4 分，说明这些群体在高中教育质量保障中也具有一定合法性地位。

为更加清晰地辨明深圳高中教育质量保障的核心利益相关者，则需要利用"配对样本 T 检验"来判断两个变量均值之差与 0 之间是否具有显著性差异，统计结果如表 4-2 所示。表中的数据含义分别为：未加括号的数据表示两变量均值之差；括号内的数据为 T 检验值，如果 p 值小于 0.05，则在均值之差上加注 * 号。

表 4-2　合法性维度评分均值差异的配对样本 T 检验结果

利益相关主体	学生	教师	学校管理人员	政府部门	学生家长	用人单位	高校
学生							
教师	−0.10* （−4.55）						
学校管理人员	0.20* （7.41）	0.31* （14.72）					
政府部门	0.34* （11.35）	0.44* （16.61）	0.14* （6.01）				
学生家长	0.23* （9.10）	0.33* （13.31）	0.03 （1.00）	−0.11* （−4.40）			

续表

利益相关主体	学生	教师	学校管理人员	政府部门	学生家长	用人单位	高校
用人单位	0.58* （17.23）	0.68* （23.00）	0.38* （13.21）	0.24* （8.50）	0.35* （12.25）		
高校	0.35* （11.56）	0.45* （17.61）	0.14* （5.61）	0.01 （0.18）	0.12* （4.55）	−0.23* （−9.75）	
社区民众	0.74* （22.44）	0.85* （27.03）	0.54* （18.25）	0.40* （14.00）	0.51* （19.02）	0.17* （6.83）	0.40* （14.82）

注：* 表示 $p < 0.05$。

从表 4-2 中可以看出，学校管理人员与学生家长、政府部门与高校虽然评分的均值不同，但是这种差异与 0 之间不存在显著性差异，其他配对样本之间均存在较为显著的统计学差异。在合法性维度上，可对各主体做如下排序：教师＞学生＞学校管理人员≈学生家长＞政府部门≈高校＞用人单位＞社区民众。

（二）影响力分析

通过问卷调查，获得被试对 8 类高中教育质量保障主体在影响力维度的评分资料（得分越高，影响力越强），继而通过 SPSS 软件进行描述统计分析。具体分析结果如下表 4-3 所示。

表 4-3　高中教育利益相关者影响力维度的描述统计量

利益相关主体	N	极小值	极大值	均值	标准差
学生	1256	1	5	4.37	0.881
教师	1256	1	5	4.52	0.773
学校管理人员	1256	1	5	4.08	0.898
政府部门	1256	1	5	3.86	0.961
学生家长	1256	1	5	3.90	0.967
用人单位	1256	1	5	3.49	1.031
高校	1256	1	5	3.78	0.991
社区民众	1256	1	5	3.17	1.070

通过表 4-3 可知，在影响力维度的评分中，教师群体的均值达 $M=4.52$，标准差 $SD=0.773$。由此可以看出，绝大多数人都认为教师在高中教育质量保障中具有极强影响力。同时也可以发现，学生与学校管理人员

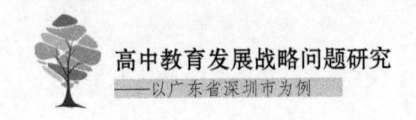

的评分均值都在 4 分以上,这说明在高中教育质量保障中,这两者也具有较强影响力。

同样地,在此也需要通过"配对样本 T 检验"来说明不同变量评分均值在影响力维度的差异情况。具体分析结果可见表 4-4。

表 4-4 影响力维度评分均值差异的配对样本 T 检验结果

利益相关主体	学生	教师	学校管理人员	政府部门	学生家长	用人单位	高校
学生							
教师	-0.15* (-6.70)						
学校管理人员	0.29* (9.49)	0.44* (19.29)					
政府部门	0.51* (15.24)	0.66* (23.31)	0.22* (8.77)				
学生家长	0.47* (16.15)	0.62* (22.47)	0.18* (5.78)	-0.05 (-1.53)			
用人单位	0.88* (24.62)	1.03* (31.60)	0.60* (18.34)	0.37* (13.05)	0.42* (14.23)		
高校	0.59* (17.59)	0.74* (25.07)	0.30* (9.84)	0.08* (2.77)	0.13* (4.38)	-0.29* (-11.31)	
社区民众	1.20* (33.19)	1.35* (38.10)	0.92* (26.38)	0.69* (22.14)	0.74* (24.45)	0.32* (12.51)	0.61* (21.50)

注:* 表示 $p < 0.05$。

由表 4-4 可知,学生家长和政府部门虽然在评分均值上有所不同,但是这种差异与 0 之间不存在显著差异,其他变量之间则存在较为明显的统计学差异。在影响力这一维度上,各变量的得分情况可做如下排序:教师>学生>学校管理人员>学生家长≈政府部门>高校>用人单位>社区民众。

(三)紧急性分析

通过问卷调查,获得被试对 8 类高中教育质量保障主体在紧急性维度的评分数据(得分越高,紧急性越强),继而通过 SPSS 软件进行描述统计分析。具体分析结果如下表 4-5 所示。

表 4-5　高中教育利益相关者紧急性维度的描述统计量

利益相关主体	N	极小值	极大值	均值	标准差
学生	1256	1	5	4.56	0.715
教师	1256	1	5	4.37	0.791
学校管理人员	1256	1	5	3.80	0.888
政府部门	1256	1	5	3.66	0.958
学生家长	1256	1	5	3.81	0.929
用人单位	1256	1	5	3.52	0.987
高校	1256	1	5	3.72	0.943
社区民众	1256	1	5	3.22	1.049

从表 4-5 可以看出，在紧急性维度，学生群体的评分均值 M=4.56，教师群体的评分均值 M=4.37，明显高于其他相关利益主体。说明在高中教育质量保障中，学生和教师的需求应优先得到满足。另外，这两个群体的标准差也明显小于其他主体，说明对于学生和教师需求的紧急程度，不同个体间的认识差异不大。

通过"配对样本 T 检验"可以直观地看出各变量在紧急性维度上评分均值的差异情况，分析结果详见表 4-6。

通过表 4-6 可以看出，学校管理人员与学生家长在评分均值上差异不显著。同时，两者之间的均值之差与 0 之间的差异也不明显，其他变量之间则存在较为明显的统计学差异。在紧急性维度上，依据各变量的得分情况，可进行如下排序：学生＞教师＞学生家长≈学校管理人员＞高校＞政府部门＞用人单位＞社区民众。

表 4-6　紧急性维度评分均值差异的配对样本 T 检验结果

利益相关主体	学生	教师	学校管理人员	政府部门	学生家长	用人单位	高校
学生							
教师	0.20* (8.54)						
学校管理人员	0.77* (26.28)	0.57* (24.81)					
政府部门	0.91* (28.12)	0.71* (25.13)	0.14* (6.44)				
学生家长	0.76* (26.18)	0.56* (20.14)	−0.01 (−0.50)	−0.15* (−5.93)			
用人单位	1.05* (31.44)	0.85* (27.54)	0.28* (9.46)	0.14* (5.19)	0.29* (10.50)		

续表

利益相关主体	学生	教师	学校管理人员	政府部门	学生家长	用人单位	高校
高校	0.84* (27.04)	0.65* (22.87)	0.07* (2.59)	-0.07* (-2.45)	0.09* (3.11)	-0.21* (-9.06)	
社区民众	1.35* (38.96)	1.15* (34.70)	0.58* (19.34)	0.44* (16.00)	0.59* (21.59)	0.30* (12.29)	0.51* (18.88)

注：* 表示 $p < 0.05$。

（四）三维分析结果

在问卷编制中，选项的最大分值为5，最小分值为1。鉴于各维度平均得分均较高，为更加清楚地区别利益相关者的类型，故本研究以4分为界，将评分划分为（1，3）、（3，4）和（4，5）三段。根据8类利益相关者在3个维度的得分情况，分别填入相应的分数段，由此形成表4-7。

表4-7 利益相关者三维分析结果

评分维度	（4，5）	（3，4）	（1，3）
合法性	教师、学生、学校管理人员、学生家长	政府部门、高校、用人单位、社区民众	
影响力	教师、学生、学校管理人员	学生家长、政府部门、高校、用人单位、社区民众	
紧急性	学生、教师	学生家长、学校管理人员、高校、政府部门、用人单位、社区民众	

根据表4-7各利益相关主体的分布位置，可以对8类高中学校的利益相关者进行分类，结果如下。

确定型利益相关者：至少在两个维度上得分在4分以上，他们是高中学校发展过程中不可或缺的群体，直接受到高中学校教育发展的影响，或直接影响着高中学校教育发展。统计结果显示，学生、教师和学校管理人员是高中教育质量保障的确定型利益相关者。

预期型利益相关者：至少在两个维度上得分在3分以上、4分以下，他们与高中学校有着较为密切的联系，间接地受到高中教育发展的影响，或间接影响着高中教育的发展。在高中教育正常发展的情况下，他们仅表现为高中学校的显性契约人；但当其利益需求没有得到很好的满足或遭受损害时，他们则会从预期状态跃升为确定状态。在统计结果中，学生家长、政府部门、用人单位、高校和社区民众都属于预期型利益相关者。

其中，预期型利益相关者还可以细分为以下3类：（1）支配型利益相关者：他们同时拥有合法性和影响力，他们希望对高中教育施加影响，同时也能够通过各种手段达到目的，有时会直接对高中教育发展进行干预。从表中可以看出，在预期型利益相关者中，政府部门在这两个维度的得分较其他主体高。因此，政府部门是高中教育发展的支配型利益相关者。（2）依赖型利益相关者：拥有合法性和紧急性，他们对高中教育发展有自身的需求，但却没有权力来实施这些要求，往往需要依赖学校管理者的自觉关注。从上表可知，高校和用人单位属于依赖型利益相关者。（3）危险型利益相关者：拥有紧急性和影响力，但没有合法性的群体，他们对高中教育发展有一定影响，而且他们的需求能够为学校管理者所关注，但其要求的合法性存在一定缺失。在表中，学生家长和社区民众属于危险型利益相关者。

潜在型利益相关者：他们至少在两个维度上得分在3分以下，这类群体往往被动地接受着高中学校教育质量的影响，而其自身对高中学校教育质量的影响却十分有限，容易被高中学校认为重要性不高。根据表的统计结果可以得知，这8类利益相关主体中没有符合这一条件的群体类型，即所列出的利益相关主体中，没有潜在型利益相关者。

二、利益相关者视角下高中教育质量观的构建

教育质量观是人们对教育本身及教育的目的、功能等认识的集中反映[①]，是教育质量保障的起点与归宿。本研究认为高中教育应坚持整体、动态的教育质量观，因此全面地了解利益主体的质量诉求，把握不同主

---

① 刘丽梅.论教育质量[D].太原：山西大学，2010：32.

体对高中学校质量特性的重视情况就十分有必要了。基于上述考虑，本研究以实证研究的方式，制定了"利益相关者与高中学校双向利益需求调查问卷"，并辅之以实地访谈，以期在此基础上建立多维的高中教育质量观。本部分调查为问卷的第二部分，共包含2道题目，由被试从所列出的利益需求中选出最符合自身想法的3～4个选项。下面将研究结果分析如下。

（一）利益相关者与高中学校双向利益需求的概况

1. 利益相关者对高中学校的利益需求概况

在学生问卷中，该题项共设置了学校声誉、师资队伍、学校环境、管理制度、人才培养质量、互动沟通能力、特色发展和其他8个选项。出于鉴别能力和备选项数量的考虑，要求学生依据自身认识从中筛选出最为看重的3种高中学校特性。教师和家长问卷中，增加了"经济服务能力"这一选项，并要求从所列选项中选出最为关注的4种高中学校品质。通过问卷调查，将所得数据汇总在表4-8中，各高中学校特性分别对应两组数据，上组为学生问卷所得数据，下组为教师和家长问卷所得数据。

表4-8 利益相关者对高中学校利益需求的描述统计量

选项	N	样本状态	频率	百分比
学校声誉	556	未选中	439	79.0
		选中	117	21.0
	700	未选中	484	69.1
		选中	216	30.9
师资队伍	556	未选中	152	27.3
		选中	404	72.7
	700	未选中	48	6.9
		选中	652	93.1
学校环境	556	未选中	140	25.2
		选中	416	74.8
	700	未选中	282	40.3
		选中	418	59.7
管理制度	556	未选中	324	58.3
		选中	232	41.7
	700	未选中	204	29.1
		选中	496	70.9

续表

选项	N	样本状态	频率	百分比
人才培养质量	556	未选中	283	50.9
		选中	273	49.1
	700	未选中	231	33.0
		选中	469	67.0
经济服务能力	—	—	—	—
	700	未选中	597	85.3
		选中	103	14.7
互动沟通能力	556	未选中	506	91.0
		选中	50	9.0
	700	未选中	470	67.1
		选中	230	32.9
特色发展	556	未选中	396	71.2
		选中	160	28.8
	700	未选中	487	69.6
		选中	213	30.4
其他	556	未选中	540	97.1
		选中	16	2.9
	700	未选中	697	99.6
		选中	3	0.4

通过表4-8可以看出，在学生问卷中，学校环境的选中概率达74.8%，说明学生较为关注学校的环境建设；师资队伍的选中率达72.7%，表示学生对学校的师资情况也十分重视。在教师和家长问卷中，师资队伍、管理制度、人才培养质量和学校环境的选中率依次占据前四位，且均超过50%，说明教师和家长对高中学校的师资队伍、管理制度、人才培养质量和学校环境有较高要求。

在学校声誉方面，学生问卷与教师和家长问卷的选中率分别为21%和30.9%，均未超过样本总量的半数水平。说明相比较学校的内部条件建设，学校的外部声誉并不是利益相关主体的关注重点。

在师资队伍方面，学生问卷与教师和家长问卷的选中率分别高达72.7%和93.1%，在所列出的学校特性中排名靠前。由此可以看出，各利益相关主体都比较看重高中学校的师资力量建设，这一特性是高中教育质量的核心因素之一。

就学校环境而言，学生问卷与教师和家长问卷的选中率分别为74.8%

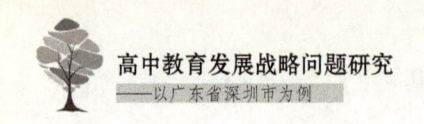

和 59.7%，均超过了样本总量的半数水平，说明高中学校的物理环境与文化环境也是利益相关主体较为关心的因素。

在学校管理制度上，学生问卷与教师和家长问卷的选中率有较大差异，分别为 41.7% 和 70.9%。与学生相比，教师和家长对高中学校的管理制度有更高要求，更加重视学校的管理水平。

在人才培养质量方面，学生问卷与教师和家长问卷的选中率分别达 49.1% 和 67%，均占有较高的样本水平。这显示出，无论是学生还是教师和家长都对高中学校的加工水平和产出水平有较高期待。

就学校的经济服务能力而言，教师和家长问卷的选中率仅为 14.7%，表明利益相关主体并不特别重视高中学校教育的社会经济促进作用。与社会功能相比较，高中学校教育的个体功能才是利益相关主体的关注重点。

在互动沟通能力方面，学生问卷与教师和家长问卷的选中率仅为 9% 和 32.9%，不占有样本总量的多数水平。这显示出，高中学校的外部沟通能力并不为利益相关主体所关注。

在学校特色发展方面，学生问卷与教师和家长问卷的选中率分别为 28.8% 和 30.4%，在样本总量中所占比率相对较低，说明利益相关主体对高中学校社团建设、校本课程开发及学校特色发展等项目没有较高要求。

在其他选项中，被试还对学校环境中的操场、校风等提出了具体要求。

2. 高中学校对利益相关者的利益需求概况

高中学校的发展离不开利益相关者的支持与帮助。本研究中，学生问卷设置了维护和宣传学校形象、遵守学校各项规章制度、积极配合的态度、关心学校发展和其他 5 个选项。教师和家长问卷增添了为学校提供支持（政策/资金等）、及时有效的信息交流（学生学习/招生/就业等）和提供更多合作机会（家校合作/政校合作/校企合作等）3 个选项。要求被试从自身实际出发，选出 3~4 项高中学校对自身可能的利益需求。通过问卷调查，将所得数据汇总如表 4-9 所示。表 4-9 中的数据含义为：未加括号的数据表示不同主体在该选项上选中率的均值，括号内数据为该选项选中率的标准差。

表 4-9 高中学校对利益相关者利益需求的描述统计量

选项	学生	中小学教师	政府部门工作人员	企业工作人员	高校工作人员	其他
N	556	303	22	176	2	197
维护、宣传学校形象	0.64 (0.48)	0.56 (0.50)	0.50 (0.51)	0.44 (0.50)	0.50 (0.71)	0.46 (0.50)
遵守学校各项规章制度	0.88 (0.32)	0.73 (0.45)	0.77 (0.43)	0.76 (0.43)	0.50 (0.71)	0.78 (0.41)
积极、配合的态度（学习/工作等）	0.54 (0.50)	0.75 (0.43)	0.82 (0.40)	0.88 (0.33)	1.00 (0.00)	0.83 (0.37)
关注学校发展	0.88 (0.32)	0.73 (0.45)	0.77 (0.43)	0.76 (0.43)	0.50 (0.71)	0.82 (0.39)
为学校发展提供支持（政策/资金等）	—	0.40 (0.49)	0.14 (0.35)	0.22 (0.42)	0.50 (0.71)	0.23 (0.42)
及时、有效的信息交流（学习/招生/就业等）	—	0.50 (0.50)	0.64 (0.49)	0.69 (0.46)	0.50 (0.71)	0.58 (0.50)
提供更多合作机会（家校/校企/政校等）	—	0.32 (0.47)	0.32 (0.48)	0.23 (0.42)	0.50 (0.71)	0.30 (0.46)
其他	0.04 (0.21)	0.01 (0.11)	0.05 (0.21)	0.01 (0.11)	0.00 (0.00)	0.01 (0.07)

从表 4-9 中可以看出，不同利益相关主体在"遵守学校各项规章制度""积极、配合的工作态度""关注学校发展"和"及时、有效的信息交流"4 个选项上的选中率均高于 50%。这表明，各利益相关者一致认为，高中学校比较希望其利益相关者能够遵守学校的各项规章制度，积极配合学校的教育教学工作，主动关心学校的发展情况，并能够与自身保持良好信息交流。这在一定程度上也能够反映出，高中学校的发展需要与其内外部利益相关者保持良好的沟通和联系。同时，从表 4-9 中也可以看出，不同利益相关者的选择存在一定程度上的差异。说明高中学校对不同利益相关者有着不同的利益需求，高中学校的发展有赖于各主体的分工和协作。

（二）学生对高中学校的利益需求分析

根据上文分析可知，学生是高中学校质量保障的确定型利益相关者，其对高中学校的利益需求是确定高中学校质量目标的重要依据之一。为厘清学生对高中学校各利益需求的重视程度,在此运用配对样本 T 检验来判断变量间的差异情况。具体结果如表 4-10 所示。

表 4-10 学生对高中学校利益需求均值差异的配对样本 T 检验结果

选项	学校声誉	师资队伍	学校环境	管理制度	人才培养质量	互动沟通能力	特色发展
学校声誉							
师资队伍	−0.52* (−18.33)						
学校环境	−0.54* (−20.80)	−0.02 (−0.76)					
管理制度	−0.21* (−7.11)	0.31* (9.88)	0.33* (10.49)				
人才培养质量	−0.28* (−9.31)	0.24* (8.02)	0.26* (8.14)	−0.07* (−2.78)			
互动沟通能力	0.12* (5.45)	0.64* (26.17)	0.66* (28.81)	0.33* (13.32)	0.40* (15.77)		
特色发展	−0.08* (−2.79)	0.44* (15.03)	0.46* (16.37)	0.13* (4.19)	0.20* (6.23)	−0.20* (−8.28)	
其他	0.18* (9.43)	0.70* (33.58)	0.72* (36.45)	0.39* (16.95)	0.46* (20.16)	0.06* (4.25)	0.26* (12.88)

注:* 表示 $p < 0.05$。

表 4-10 的数据可以反映出,除师资队伍与学校环境的均值之差与 0 之间不存在显著性差异外,其他的排序都具有显著的统计意义上的差别。根据各选项间的均值差异,可对其做如下排序:学校环境≈师资队伍>人才培养质量>管理制度>特色发展>学校声誉>互动沟通能力>其他。据此可以推断出,学生最为看重的 3 种高中学校特性分别是学校环境、师资队伍和人才培养质量。

(三)教师对高中学校的利益需求分析

为研究教师对高中学校利益需求的排序情况,在此,同样运用配对样本 T 检验比较各选项间的均值差异。

从表 4-11 可知,学校声誉与互动沟通能力和特色发展、学校环境与人才培养质量、经济服务能力与互动沟通能力、互动沟通能力与特色发展之间均不存在显著性差异（$p > 0.05$），其他选项的均值之间则存在较为明显的差异。由此，可以将教师群体的利益需求排序如下：师资队伍＞管理制度＞人才培养质量≈学校环境＞特色发展≈学校声誉≈互动沟通能力≈经济服务能力＞其他。这说明，对于教师群体而言，高中学校的师资队伍、管理制度、人才培养质量和学校环境是最为关键的学校特性，是决定高中教育质量的核心影响因素。

表 4-11 教师对高中学校利益需求均值差异的配对样本 T 检验结果

选项	学校声誉	师资队伍	学校环境	管理制度	人才培养质量	经济服务能力	互动沟通能力	特色发展
学校声誉								
师资队伍	−0.67* （−23.24）							
学校环境	−0.25* （−6.11）	0.42* （13.38）						
管理制度	−0.42* （−11.05）	0.25* （8.92）	−0.17* （−4.31）					
人才培养质量	−0.32* （−7.61）	0.35* （11.26）	−0.07 （−1.58）	0.10* （2.33）				
经济服务能力	0.09* （2.30）	0.75* （28.36）	0.33* （8.67）	0.51* （13.62）	0.41* （10.27）			
互动沟通能力	0.01 （0.31）	0.68* （24.25）	0.26* （5.94）	0.43* （11.37）	0.33* （8.31）	−0.07 （−1.92）		
特色发展	−0.04 （−0.87）	0.63* （21.24）	0.21* （4.89）	0.38* （8.64）	0.28* （7.43）	−0.12* （−3.07）	−0.05 （−1.29）	
其他	0.29* （10.87）	0.96* （85.58）	0.54* （18.63）	0.71* （26.95）	0.61* （21.61）	0.21* （8.73）	0.28* （10.51）	0.33* （11.85）

注：*表示 $p < 0.05$。

（四）家长对高中学校的利益需求分析

同样地，为了解家长群体对高中学校特性的认识差异，现将家长问卷所得数据的均值（M）和标准差（SD）统计如表 4-12 所示。表 4-12 中，未加括号的数据是不同身份人员评分的均值，括号内的数据是各类身份人员评分的标准差。

通过表 4-12 可以看出：（1）中小学教师、企业工作人员和其他职业人员对高中学校的利益需求较为相似，都比较关注高中学校的师资队伍、管理制度、人才培养质量和学校环境。（2）政府部门工作人员更为关注高中学校的师资队伍、人才培养质量、学校声誉和学校环境。其中，其在学校声誉选项中的均值 M=0.59，远高于其他职业身份人员。（3）与其他职业身份人员相比较，高校工作人员对高中学校的特色发展表现出特别关注。虽然样本容量有限，但这一需求差异仍值得我们关注。（4）总体来说，家长对高中学校的师资队伍、管理制度、人才培养质量和学校环境有较高要求。尤其是师资队伍方面，各职业身份人员评分的标准差均为各选项中的最低水平，说明家长对高中学校的师资水平尤为关心。

表4-12 家长对高中学校利益需求的描述统计量

选项	中小学教师	政府部门工作人员	企业工作人员	高校工作人员	其他	总计
N	303	22	176	2	197	700
学校声誉	0.30（0.46）	0.59（0.50）	0.24（0.43）	0.00（0.00）	0.35（0.48）	0.31（0.46）
师资队伍	0.97（0.18）	0.91（0.29）	0.92（0.27）	1.00（0.00）	0.89（0.32）	0.93（0.25）
学校环境	0.55（0.50）	0.59（0.50）	0.61（0.49）	1.00（0.00）	0.66（0.48）	0.60（0.49）
管理制度	0.72（0.45）	0.50（0.51）	0.70（0.46）	0.00（0.00）	0.73（0.45）	0.71（0.46）
人才培养质量	0.62（0.49）	0.73（0.46）	0.70（0.46）	1.00（0.00）	0.71（0.46）	0.67（0.47）
经济服务能力	0.21（0.41）	0.14（0.35）	0.09（0.29）	0.00（0.00）	0.10（0.30）	0.15（0.36）
互动沟通能力	0.29（0.45）	0.27（0.46）	0.44（0.50）	0.00（0.00）	0.30（0.46）	0.33（0.47）
特色发展	0.34（0.47）	0.27（0.46）	0.29（0.46）	1.00（0.00）	0.26（0.44）	0.30（0.46）
其他	0.01（0.08）	0.00（0.00）	0.01（0.08）	0.00（0.00）	0.00（0.00）	0.00（0.07）

（五）利益相关者视角下的高中教育质量观构建

根据上述分析，选取学生群体利益需求的前3项和教师与家长群体利益需求的前4项，可以得到相关主体对高中学校的利益需求体系（见表

4-13）。在此，有 3 点情况需要说明：第一，教师、学生和学校管理人员都是高中学校的确定型利益相关者，但在高中学校中，学校管理人员并不是一类独立的群体，其与教师群体相互包含。所以在利益需求统计中，本研究对学校管理人员做划归教师群体处理，不再做单独分析。第二，学生家长作为一个总括性概念，囊括了中小学教师、政府部门工作人员、企业工作人员、高校工作人员和其他职业身份人员。因此，上述人员的总体利益需求即可代表学生家长的利益需求。第三，出于鉴别能力和题项备选项数量的考虑，此处选取学生群体的前 3 项利益需求和其他利益群体的前 4 项利益需求进行汇总。

表 4-13 利益相关者对高中学校的利益需求一览表

利益相关主体		利益需求
确定型利益相关者	教师	师资队伍、管理制度、人才培养质量、学校环境
	学生	学校环境、师资队伍、人才培养质量
预期型利益相关者	学生家长	师资队伍、管理制度、人才培养质量、学校环境
	政府部门	师资队伍、人才培养质量、学校环境、学校声誉
	用人单位	师资队伍、管理制度、人才培养质量、学校环境
	高校	师资队伍、人才培养质量、学校环境、特色发展
	社区民众	师资队伍、管理制度、人才培养质量、学校环境

从表 4-13 可以看出，不同利益相关者对高中学校有不同的利益需求，并且对各种利益需求的重视程度存在一定差异。另外，表中还反映出，确定型利益相关者与预期型利益相关者对高中学校的利益需求总体差异不大，他们都比较关注高中学校的师资队伍、管理制度、人才培养质量和学校环境。因此，在利益相关者视角下，高中学校的教育质量主要由学校的师资队伍、管理制度、人才培养质量和学校环境的优劣程度决定。

第三节 高中教育质量保障体系建构

高中教育质量保障体系的建构是一项复杂的系统工程，涉及高中教育活动的方方面面。理顺总体设计思路，辨明体系各组成要素，是科学设计质量保障体系的基础。本部分将在前文分析的基础上，以 PDCA 循环为基

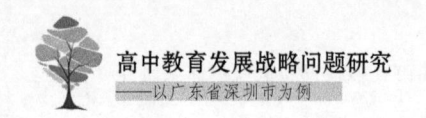

本框架，结合深圳市高中教育质量保障体系建设的现存问题，探究利益相关者多元参与的高中教育质量保障体系建构。

一、高中教育质量保障体系建构总体思路

（一）设计原则

基于深圳市高中教育质量保障体系的实际发展状况，从现实性、必要性、可行性等方面考虑，深圳市高中教育质量保障体系的设计应当遵循质量文化引领、多元参与、系统推进、过程全面和立足实际等基本原则。

1. 质量文化引领原则

"与传统的质量管理相比，质量保障特别强调质量文化及质量意识的建立。"① 质量文化是对质量价值观念的认同和追求，是决定高中教育质量保障活动效能的重要因素。有学者曾强调，"在开展高等教育质量保障活动的过程中，学校应该把关注的焦点放在'评价文化'的培育上"。② 这虽然是对高等教育内部质量保障体系的要求，但同样适用于高中教育质量保障体系的构建。所谓质量文化引领，主要包含两层含义：一是高中教育质量保障体系的设计要建立在科学的质量观念之上。教育质量观不仅制约和推动着保障体系各环节作用的发挥，还对质量保障体系的整体架构具有统领作用。因此，形成对高中教育质量的正确认识是开展质量保障活动的基本前提。二是高中教育质量保障体系的构建要以形塑高中教育质量文化为基本目的。质量文化发展滞后和对质量认识的偏差是造成当前高中教育"同质化"现象的主要原因，所以，要通过质量保障体系的建设，带动和促进高中学校内、外部质量文化的形成与积淀。

---

① 王战军等编著.中国研究生教育质量保障体系理论与实践［M］.北京：高等教育出版社，2012：79.

② 陈玉琨等编著.高等教育质量保障体系概论［M］.北京：北京师范大学出版社，2004：110.

2. 多元参与原则

利益相关者理论认为，在企业管理中，"如果个人或群体能够影响到公司（或被公司影响，或者相互影响），那么经理人就应该关注这些群体"。[①] 作为一项质量管理活动，质量保障体系的建构同样也需要关注那些与质量保障活动密切相关的利益群体。有效的高中教育质量保障应当更多地倚重多元主体的协作，通过多元主体的共同参与和相互配合，实现质量保障的聚合效应。在本研究中，多元参与原则主要体现在两个方面：首先，参与主体类型的多元化。高中教育质量保障要吸纳更多代表不同价值趋向、不同质量观念、不同利益需求的相关主体，在多元主体价值冲突与耦合的基础上，开展高中教育质量保障活动。其次，参与主体功能的多元化。不同的利益相关者占有不同的社会资源，具有不同的社会功能。因此，其在高中教育质量保障中所扮演的角色也各不相同。高中教育质量保障体系的构建不仅要吸纳多元主体的参与，更要调动各利益主体的积极性，发挥不同主体的不同功能，从而提升质量保障体系的针对性和有效性。

3. 系统推进原则

以 PDCA 循环为基本框架的高中教育质量保障体系实际上是一个由计划、执行、评估和改进环节集成的系统，是通过上述各质量保障环节的连贯性形成的一个质量保障回路。系统推进原则即是质量保障各环节的连贯性在横向和纵向两个维度上的表征与实践。首先，纵向连贯是指围绕高中教育过程，各质量保障环节前后衔接、首尾相扣，形成一个持续改进的闭合回路。在 PDCA 循环理论的指导下，高中教育质量保障系统的标准系统、执行系统、评估系统和改进系统构成了一个连续的保障过程。另外，由于保障体系的设计是建立在整体、动态的质量观之上的，因此，其保障水平不可能停留在某一固定节点上，而是通过循环往复的闭环控制，实现递进

---

① ［美］弗里曼（Freeman, R. E.）等著. 利益相关者理论：现状与展望［M］. 盛亚等，译. 北京：知识产权出版社，2013：47.

式的正反馈。其次，横向连贯对应的是针对高中教育过程的某个质量保障环节内部结构和组合问题。PDCA循环方法不仅适用于保障系统的整体改进，同样也适用于每一个质量保障过程的持续改进。各质量保障环节均包含了诸多具体质量保障活动，而每一个质量保障活动的指向却不尽相同，要通过PDCA小循环实现各个质量保障活动的内部改进，促使各保障活动之间形成合力，共同作用于该环节保障效果的发挥。

4. 过程全面原则

在高中教育质量保障体系设计中，过程全面原则包含了两方面的含义：其一，高中教育质量保障体系的构建要关注高中教育的全面发展。目前，深圳市高中阶段学校教育中还存在比较明显的以"升学率"为准绳的倾向，素质教育的实施环境并不容乐观。从上文利益相关者的利益需求分析中可以看出，在利益相关者视角下，高中教育质量不仅包含学校的人才培养质量，还包括学校的师资力量、管理制度和学校环境等因素。因此，高中教育质量保障体系的设计要全面关注上述各方面因素，带动社会高中教育质量观念的转变。其二，高中教育质量保障涉及高中教育的全过程。人才培养的过程如同生产产品的过程，其中任何一个环节都是全过程管理的要素，前道工序的质量会影响后道工序的质量。[①] 忽视高中教育任何一个环节的质量管理，都会直接影响到高中教育的整体质量。高中教育质量保障应将着眼点放在高中教育质量管理的过程上，依据预定目标，不断纠正高中教育活动中出现的偏差，实质性地改进人才培养的过程，保证高中教育过程各环节有计划、有目标地顺利实施。

5. 立足实际原则

高中教育质量保障体系的总体方案设计必须符合深圳市社会发展现实需要，立基于深圳市高中教育发展现实条件。具体表现在两个方面：一是构建深圳市高中教育质量保障体系必须建基于深圳市高中教育发展的现实

---

① 王兴良. 关于我国研究生教育质量保障的研究 [D]. 上海：上海交通大学，2008：36.

状况。区域社会的发展要求是教育发展的主要动力,而教育的发展又受制于区域的社会经济发展水平。因此,对深圳市高中教育进行质量保障,首要原则就是要立足于深圳市高中教育和社会发展的现实,从深圳市高中教育质量保障体系建设的实际状况出发,结合深圳市教育发展的可利用资源和有效经验,保障高中教育质量的稳步提升。二是构建深圳市高中教育质量保障体系必须立足于基础教育管理和高中教育发展的改革趋势。质量保障的最终目的就是要满足社会发展需要,一个能够顺应社会发展趋势的质量保障体系才是真正科学合理的质量保障体系。在符合深圳市高中教育发展现实状况的同时,质量保障体系的设计理念和做法必须是先进的,是具有推广价值的创新性研究。由此,才能保证质量保障体系的适应性和活力。

(二)设计目的

质量保障体系设计强调的是从整体上对高中教育管理全过程进行计划和安排,体系设计目的即是整个设计活动赖以运行的出发点和中心轴。结合基础教育管理体制的改革趋势与深圳市高中教育发展的实际需要,本研究将深圳市高中教育质量保障体系设计的主要目的确定为以下3点。

1. 促进教育管理体制变革并实现公共治理

《国家中长期教育规划纲要》提出,以转变政府职能和简政放权为重点,深化教育管理体制改革,提高公共教育服务水平。[①] 教育行政体制改革作为我国教育改革的"龙头",是教育管理体制改革的中心和关键。深圳市现行的高中教育管理模式仍是以政府的行政控制为主要手段,政府集办学者、管理者和评价者等角色于一身。在政府的强势主导下,高中学校的办学积极性受到极大抑制,社会力量参与管理的路径也遭遇封锁,高中教育质量保障成效不甚理想。高中教育质量保障体系的设计期望通过多元利益相关主体的广泛参与,打破政府一元控制下的高中教育发展僵局,从

---

① 中央人民政府门户网站.国家中长期教育改革与发展规划纲要(2010—2020年)[EB/OL].http://www.gov.cn/jrzg/2010-07/29/content_1667143.htm,2010-07-29.

而形成各利益主体合理分工、全面合作、相互监督的高中教育管理新格局。建立和完善政府宏观管理体制是教育行政体制改革的主要任务，其核心是政府职能转变和治理模式的变革。① 具体地说，在政府职能上，通过政府部门向高中学校和社会机构等利益主体合理分权、适度放权，改变传统行政思想与实践中，政府无所不包、无所不管的"全能政府"职能定位，实现了政府、高中学校和社会之间的关系重构，着力促进"管办评分离"。在治理方式上，通过政府职能定位的转变和多元利益主体的参与，不断强化政府统筹规划、政策引导、监督管理和提供公共服务的职能，完善民主科学的决策制度，保障教育治理模式的有效性。

2. 弥补深圳市高中教育质量保障体系现有的不足

通过上文分析可知，深圳市高中教育质量保障体系建设存在质量观念偏狭、政府关注不够、"管理主义"色彩浓厚等各方面问题。面对市民群众日益多样化的高质量教育需求，现行教育质量保障体系显得有些力不从心，改革势在必行。弥补现行质量保障体系的不足，实现深圳市高中教育质量的进一步提升，是高中教育质量保障体系设计的又一主要目的。《国家教育事业发展"十三五"规划》中提出"巩固提高中等职业教育发展水平"和"促进普通高中多样化发展"② 的阶段性发展任务，高中阶段教育在国家教育事业发展规划中的重要地位愈发凸显。合理建构教育质量保障体系，是深圳市高质量普及高中阶段教育的有力保障。随着深圳市社会主义市场经济的繁荣发展，市民群众对高中教育的价值需求日益多元化，政府强势主导下形成的行政化的高中教育质量保障体系，已经越来越不能满足民众的需要。教育价值的多元化与质量保障活动的多元参与是深圳市高中教育质量保障体系改革的必然选择。针对现存问题，首先，要重构深圳市高中

---

① 谈松华. 深化教育行政改革的整体框架和推进策略 [J]. 国家行政学院学报, 2012 (5): 12-17.

② 中央人民政府门户网站. 国家教育事业发展"十三五"规划 [EB/OL]. http://www.gov.cn/zhengce/content/2017-01/19/content_5161341.htm, 2017-01-19.

教育质量观念。在现代化快速发展的今天，升学率和就业率已不再是社会发展的真实需要，高中教育价值日益走向多元化。其次，要明确深圳市高中教育发展的核心利益相关者。现代教育已经成为社会利益的汇集点，高中教育的发展受到各种利益主体的影响。当前政府的单边管理非但不能很好地保障高中教育质量的持续提升，还可能引发一系列质量问题。因此，要切实转变政府职能，吸纳高中教育的核心利益者进行共同治理。

3. 实现深圳市高中教育质量的持续改进

高中教育质量保障体系的设计目的自然是实现教育质量的提升，这同时也是高中教育质量保障体系构建的最终目的。本研究主要是从高中学校系统外部出发，对高中教育满足利益相关者需求的能力的保障，因而属于高中教育质量外部保障体系。从世界范围来看，在教育质量保障中各国共同的做法是建立内外结合的一套运作机制。这套机制相信，内部动力比外部压力更为有用，因而在整个过程中，它坚持"内外结合，以外促内"的原则，通过外部活动的运作，帮助学校内部不断改善。[①] 作为外部保障机制的高中教育质量保障体系设计同样遵循这一实践规律，体系设计的最终目的是唤起高中学校自身的质量保障意识，提升深圳市高中学校满足利益相关者需求的能力。要促进高中学校自身的质量保障体系建设，实现深圳市高中教育高质量普及，首先，要做的就是改变弥漫在深圳市高中教育系统内部的"唯升学率"质量观念。教育价值的多元化是当今不可逆转的发展趋向，高中教育质量的提升有赖于整体、动态的质量文化的引领。其次，要确保利益相关主体的广泛参与。社会民主化进程的稳步推进与政府职能的顺利转变无一不呼唤着利益主体的多元参与，同时多元主体的民主参与不仅可以为高中教育发展提供多样化的支持，还可以从多个角度监督高中教育的发展。

---

① 陈玉琨等编著.高等教育质量保障体系概论[M].北京：北京师范大学出版社，2004：135.

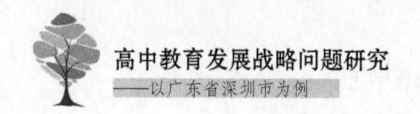

二、高中教育质量保障体系架构与要素分析

在现有相关研究中，有关质量保障体系所包含的基本要素，尚未形成一致的认识。李亚东围绕为何保？谁来保？保什么？怎么保？这4个核心问题，对中国特色高等教育外部质量保障体系的构成要素做出了权宜抉择。[①] 借鉴这一思路，本研究将深圳市高中教育质量保障体系的基本要素确定为保障目标、保障主体、保障内容和保障方法4个方面。

（一）保障目标

保障目标即高中教育质量保障的目的，也即"为何保"的问题。要清晰界定高中教育质量保障的最终目的，我们首先要明确"高中教育"是什么，即高中教育在整个教育体系中的性质定位；其次要了解"高中教育"能做什么，即高中教育的功能定位。只有将这两个问题解释清楚，才能真正回答"为何保"这一问题。

高中教育的性质定位：有关高中教育的性质定位问题，一直是学者们争论的焦点。正如绪论中所述，在高中教育性质定位上，清华大学学者谢维和从社会经济的发展水平和高等教育的发展规模与水平两维度分析，认为高中教育的性质定位应从基础教育转变为大学预科教育；华东师范大学学者霍益萍则从培养人的角度，将高中教育的性质概括为"基础+选择"；杭州师范大学学者张华在系统分析了上述两位学者观点的优缺点之后，从社会需要和个人需要调和的角度，将高中教育定位为基础教育的高级阶段、最后阶段。高中阶段教育作为连通义务教育与高等教育、校园生活与社会生活的"立交桥"，其性质定位异常复杂。《国家中长期教育规划纲要》指出，"高中阶段教育是学生个性形成、自主发展的关键时期，对提高国民素质和培养创新人才具有特殊意义"。因此，从相关主体利益调和的角

[①] 李亚东.我国高等教育外部质量保障体系顶层设计[D].上海：华东师范大学，2013：220.

度出发，本研究将现阶段高中教育的性质定位为基础教育的完成阶段。

高中教育的功能定位：从根源上看，上述有关高中教育性质定位的争论实则是对高中教育功能不同认识的反映。"大学预科说"强调了我国高中教育的工具价值——为高等学校培养和输送具备进一步接受高等教育的基础条件的生源；"基础+选择说"则侧重于强调其内在价值，认为高中教育的基本功能是促进人自身发展，满足个体有尊严地生活和工作需要；"复杂性质说"认为高中教育的内在价值与工具价值是融合统一的，它强调高中教育的主要功能是帮助学生完成大学准备、职业准备和社会生活准备。本研究认为，在"普及高中阶段教育"的发展任务下，高中教育作为基础教育的重要组成部分，"育人"仍是其根本功能。同时，作为基础教育的完成阶段，与义务教育相区别的是，它还兼有"升学"和"就业"两大任务。

由此，我们可以将高中教育质量保障的目的确定为：通过一系列检验、诊断和改进活动，使深圳市高中教育的服务和结果能够真正实现"育人"功能，同时完成"升学"和"就业"两大任务。

（二）保障主体

这主要是回答"谁来保"的问题。随着普及步伐的加快，高中阶段教育的公共物品性质愈发凸显。高中教育作为一个复杂的系统，其质量保障是多因素、多主体共同参与作用的结果。在各国的外部质量保障组织体系中，质量保障的多元主体相互配合、协调共进、形成合力，致力于质量保障共同体的建设，这已成为各国外部质量保障的共同特征。[①] 根据高中教育利益相关者识别的分析结果可知，深圳市高中教育质量保障的参与主体主要包括学生、教师、学校管理人员、学生家长、政府部门、用人单位、高校、社区民众8种类型。按照利益相关者分类结果，又可以进一步将他

---

① 李亚东.我国高等教育外部质量保障体系顶层设计［D］.上海：华东师范大学，2013：219.

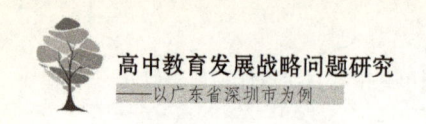

们概括为高中学校（学生、教师、学校管理人员）、政府部门、学生家长与社区民众、用人单位与高校4大类。

1. 高中学校

高中教育利益相关者识别的结果显示，学生、教师和学校管理人员是高中教育的核心利益相关者。高中学校作为高中教育的实施主体，对高中教育质量有着最直接的影响。同时，保障和改进教育质量也是高中学校发展的永恒主题。因此，高中学校在高中教育质量保障中的主体地位毋庸置疑。作为高中教育质量保障的主体，高中学校要根据政府部门制定的高中教育质量标准，结合区域社会经济发展需要与本校发展实际，自主制定学校内部质量保障体系，积极营造具有自身特色的质量文化；同时，高中学校还要接受政府部门、学生家长、高校等利益相关主体的评估与监督，自觉改进学校内部活动质量，不断提升自身质量保障能力。

2. 政府部门

当前，我国基础教育办学体制基本呈现出"一主多元"的特点，在今后相当长的一段时间里，政府在高中教育中的办学主体地位不会轻易发生改变。因此，高中教育质量保障要始终坚持政府的主导地位。政府及其教育行政部门作为"以强制力为后盾"、以公共财政为依托的组织，在高中教育质量保障活动中扮演着其他主体不可替代的角色。为更好地实现高中教育质量的保障，一方面，政府要转变管理方式。"改变直接管理学校的单一方式，综合应用立法、拨款、规划、信息服务、政策指导和必要的行政措施，减少不必要的行政干预。"[①] 另一方面，要鼓励高中教育各利益相关主体参与管理。在质量保障过程中与各相关主体合理分工，形成"多元治理"的高中教育质量保障共同体。

---

① 中央人民政府门户网站. 国家中长期教育改革与发展规划纲要（2010—2020年）[EB/OL].http: //www.gov.cn/jrzg/2010-07/29/content_1667143.htm，2010-07-29.

3. 学生家长与社区民众

学生家长和社区民众作为高中教育的预期型利益相关者，是高中教育质量保障中社会力量的代表。如前所述，高中教育的发展是多种因素多种力量共同作用的结果。作为社会系统的一个子系统，高中教育质量的提高离不开各种社会力量的支持，同时高中教育质量对社会的发展也具有积极的反作用。学生家长和社区民众等预期型高中教育利益相关主体，是高中教育发展良好社会氛围的营造者，同时对高中教育质量也拥有一定的"过问权"。因此，高中教育质量保障活动应吸纳他们共同参与。在高中教育质量保障活动中，要充分发挥学生家长和社区民众等预期型相关者的监督作用。另外，在"管办评分离"的背景下，社会中介评估机构参与高中教育评价，也是实现高中教育公共治理和质量保障的有效策略。

4. 用人单位与高校

用人单位和高校是高中教育最后的接纳者和质量检验者。除"育人"这一基本功能外，高中教育还具有"升学"和"就业"两大任务。随着高中阶段教育的普及，用人单位与高校在高中教育质量提升中的作用将得到不断强化。"加强高中－高校协同创新，二者共同研究和面对相关问题，是打破办学体制和评价体制束缚，提升高中教育质量的途径之一。"[①]在高中教育质量保障活动中，高校通过开展针对高中教育的深入研究，一方面可以为政府高中教育发展规划提供决策咨询，另一方面也可以督促高中学校进行教育改革。用人单位与中等职业学校合作的加强，不仅可以促进高中学生专业技能的提升，还可以帮助高中学校教育更好地适应社会发展需要。

（三）保障内容

保障内容是指高中教育质量保障活动的指向对象，是回答"保什么"

---

① 许丽艳.高中－高校协同创新：助力高中教育质量提升[J].中小学管理，2013（60：27-29.

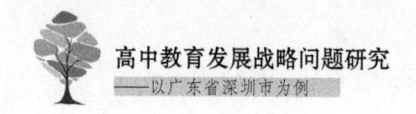

的问题。高中教育质量是一个很复杂的概念，具有丰富的内涵，包括学校、课程、教学活动、教师、学生等各方面要素。但由于各相关主体对高中教育的利益需求不同，人们对高中教育质量各组成要素的重视程度各不相同。在我国，高中学校是高中教育的主要实施机构，人们对高中教育多样化的质量认识直接反映在对高中学校差异化的利益需求之上。要真正实现高中教育质量的保障，就要协调和平衡各相关者的利益要求。利益相关者共同参与下的高中教育质量保障，实际上就是一个多元主体利益调整与价值博弈的过程。上文中，利益相关者对高中学校的利益需求分析结果显示，确定型利益相关者和预期型利益相关者对高中学校的要求集中反映在师资队伍、管理制度、人才培养质量和学校环境4个方面。因此，高中教育质量保障的内容即为高中学校的师资队伍、管理制度、人才培养质量和学校环境。依据本文对高中教育质量的理解，在具体保障过程中，应从服务和结果两个方面对这4项内容分别加以管理。

具体地说，在服务上，要健全教师管理制度，提高教师业务水平，加强师德建设；改革政府管理方式，完善高中学校校长负责制，落实和扩大学校办学自主权；更新人才培养观念，创新人才培养模式，改革教育质量评价和人才评价制度；加大高中教育经费投入，保障教育用地，完善学校收费管理办法。在结果上，努力造就一支师德高尚、业务精湛、结构合理、充满活力的高素质专业化教师队伍；建设依法办学、自主管理、民主监督、社会参与的现代学校制度；提高人才培养水平，努力造就德智体美全面发展的高素质人才；优化学校基础设施建设，促进学生全面而有个性地发展。

（四）保障方法

保障方法是指高中教育质量保障主体为实现质量保障目标而采取的手段和方法，即解决"怎么保"的问题。本研究认为，高中教育质量保障是根据利益相关者的需求，检验、诊断和改进高中教育结果与服务的过程，这一过程的形成以 PDCA 循环为理论基础。其中，PDCA 循环是"计划→

执行→查核→改进"动态循环的简称,它既是对质量管理流程的说明,也是对质量管理方法的描述。

计划是所有质量保障活动的起点。"计划"即部署、设计或安排。科学的计划是活动成功开展的重要保障。首先,在高中教育质量标准系统的计划环节,需要结合社会和利益相关主体的需求,对深圳市现有的高中教育质量标准进行审视,找出其中与相关需求不相适应的部分,依据实际情况,提出改进计划。其次,在高中教育质量评估系统的计划环节,同样需要对现行评估活动的指标体系、实施主体、评估方法等进行反思,依据问题提出进一步改进的安排。最后,在高中教育质量保障的改进系统中,计划环节是指依据发展需要,分析深圳市评估系统现状存在的问题与影响因素,制订改革方案。

执行即实施。在高中教育质量保障中,执行是指高中教育质量保障各相关主体依据上一环节所制订的计划,协同开展质量保障活动的过程。这是高中教育质量保障活动的核心环节,也是最复杂的环节。在这过程中,需要依据各质量保障主体的不同功能,对其进行合理分工,切实提高教育质量保障效果。

查核环节指的是根据计划环节的相关要求,评估各保障活动的实际执行效果,看是否达到预期效果。评估环节的科学性和有效性,对高中教育质量保障的整体效果有着十分深刻的影响。这其中包含了两个方面的评估:一是对实施计划可行性的诊断;二是对执行过程科学性的检验。同时,在这一过程中,还需要根据评估结果,总结成功的经验和失败的教训,巩固已有经验,防止重蹈覆辙。

改进环节即对相关问题的纠正。这一环节同样包含两方面内容:一是对高中教育质量保障体系各组成系统实施计划的改进;二是对各系统执行过程的改进。前者是对目标设计和过程设计的纠正,其主要目的是提出更加科学的、切合实际的改进计划;后者是对质量保障活动实施过程的纠正,目的是提高质量保障活动的实施效果。

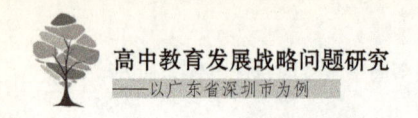

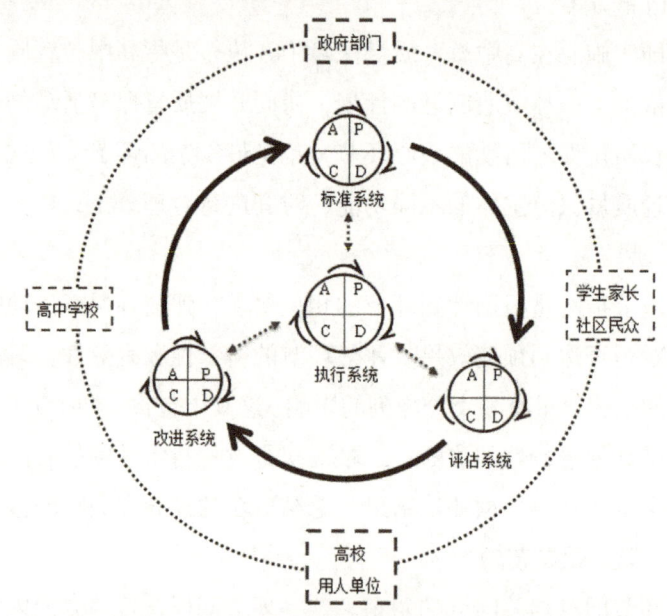

三、高中教育质量保障体系模式建构

遵循上述设计思路，高中教育质量保障体系应是利益相关主体多元参与，由标准系统、评估系统和改进系统组成的质量循环改进体系。

（一）结构形态

在上文中，我们已经对高中教育质量保障体系设计的总体思路和基本要素进行了分别讨论。那么，按照上述设计思路，深圳市高中教育质量保障体系的总体结构形态应该是怎样的？以 PDCA 循环为基本体系架构和质量保障方法，各利益相关主体共同参与，是本研究所设计的高中教育质量保障体系的主要特征。其结构形态如图 4-1 所示。

图 4-1　高中教育质量保障体系模型图

（二）核心内容

深圳市高中教育质量保障体系的核心内容包括标准系统、执行系统、评估系统和改进系统。其中，执行系统即高中学校内部质量保障系统，因本研究主要是从高中学校外部探讨质量保障问题，故在此不对执行系统做具体阐释。根据 PDCA 循环质量管理的基本思想，高中教育质量保障，是结合深圳市各利益相关者的高中教育需求，统筹相关主体所拥有的教育资源，制定符合深圳市高中教育发展现实的质量目标和质量标准。然后，高中学校执行质量标准，开展具体教育教学活动，并建立学校内部质量保障体系，实现自我质量保证。继而，外部以评估为主要手段，依据质量目标和质量标准，结合社会与多元主体动态的教育需求，对深圳市高中教育系统中的各项活动进行诊断和检验，总结各项活动的经验与不足。最后，针对评估结果，对各项活动实施修正，并依据教育需求的变化，相应地调整质量目标和质量标准，从而实现深圳市高中教育的持续改进与发展。

1. 高中教育质量标准系统

质量标准系统是高中教育质量保障的基本依据。"教育质量标准是一定时期内为实现既定教育目标而制定的教育质量规范。"[①]从这一概念中可以看出，教育质量标准对高中教育发展具有规范、导向和促进的重要作用。然而，高中教育质量标准的确立受到高中教育质量内涵的直接影响。教育质量是一个多维度、多层次的概念，各利益相关者对高中教育目的有着不同的期许，因此对高中教育质量的理解和侧重点也存在着明显差异。菲利普·库姆斯曾深刻地指出"事实上，质量和水平是相对的，是相对于特定时间、地点以及特定的学习者和他们的环境而言的"。[②]因此，为提高高中教育质量标准的适应性，在标准体系建构过程中，应吸纳各利益相关者的共同参与。

学校作为高中教育发展的确定型利益相关者，是高中教育质量标准系统的执行者和监督者。高中学校是高中教育的具体实施者，同时是各类质

---

① 中国教科院教育质量标准研究课题组.教育质量国家标准及其制定[J].教育研究，2013（6）：4-16.

② [美]菲利普·库姆斯著.世界教育危机[M].赵宝恒等，译.北京：人民教育出版社，2001：9.

量标准的最终指向。在标准制定过程中，高中学校（学生、教师、学校管理人员）要通过多种方式表达自身及其所代表群体的利益需求，监督、指导标准的形成；在标准执行过程中，要根据学校发展现实情况，建立学校内部质量保障体系，自主监督、评估标准的实施过程，反馈标准的实施成效。

政府在高中教育质量标准系统中扮演着牵头人和协调者的角色。高中教育是由国家拨给经费，服务于社会的公益事业。"作为国家主权行使者，政府代表着国家对自己主权范围内的一切事物享有管辖权。"[①] 因此，政府在高中教育质量标准系统建构中要真正落实"牵头人"的责任。同时，在政府职能转变的管理体制改革背景下，更要充分发挥"协调者"的重要作用。本着提供公共服务的原则，政府部门首先要从深圳市社会和民众发展需要的角度，对现阶段的高中教育进行合理定位，从宏观上提出各类质量标准的适用性要求；其次，建立标准制定的协调机制，组织高中教育各利益相关主体共同参与，合理分工，为标准制定工作提供各种资源和服务；最后，以利益相关方的身份参与标准的制定与审核工作，确保质量标准的方向性和合理性。

学生家长和社区民众作为社会力量的代表，是高中教育质量标准系统的主要监督者。学生家长和社区民众的高中教育质量需求是高中教育质量标准制定的重要依据。同时，作为独立于政府和学校的第三方力量，学生家长和社区民众的参与有助于保证标准体系的公平性。具体来说，在标准制定过程中，学生家长和社区民众要表达自身所代表群体的教育诉求，为标准要素的抉择提供依据；监督质量标准的实施过程，为质量目标的达成提供舆论支持；反馈、评估标准的实施成效。其中，社会中自发形成的专业学会、研究机构和中介组织等的参与，对于提高质量标准的透明度和公信力有着重要的保障意义。

高校和用人单位是标准系统构建的重要支持力量。作为高中教育结果

---

① 转引自：胡劲松，葛新斌.关于我国学校"法人地位"的法理分析[J].教育理论与实践，2001（6）：21-24.

的最终检验者，他们对高中教育质量标准有着举足轻重的影响。在高中教育质量保障体系中，高校和用人单位不应只是一个单向的输入者，而应是一个主动的参与者和建构者。除了提出自身的质量诉求外，高校作为一个学术型组织，在标准系统建构中还扮演着指导者的角色。"在质量标准的各个环节，不同领域的专家需要就质量标准涉及的理论和实践问题，进行系统深入的研究，做好决策咨询。"①

2. 高中教育质量评估系统

质量评估是保障高中教育质量的关键性措施，其根本目的在于改进和提高高中学校的教育服务能力。随着高中教育价值多元化的发展，政府一元价值主导的教育质量评估在实践中的矛盾和冲突越来越突出。古巴（E.G.Guba）和林肯（Y.S.Lincoln）提出的"第四代评价"，采用"多元主义"价值观，强调尊重评价中每一方的价值。他们"将评价的本质理解为评价者和被评价者通过协商、对话而达成相互理解和合作建构意义的过程"。②这一理论，对高中教育质量评估系统的构建具有启发意义。因此，在多元价值观统领下的高中教育质量评估，其实是各利益相关主体协同参与的过程。

高中学校是质量评估系统的参与者和受益者。高中教育质量评估系统建构的最终目的是引导和推动高中学校的自主质量保障行为，高中学校在质量评估系统中居于主体地位。首先，高中学校作为承载高中教育的主要机构和实施主体，应在自主治理权力范围内，主动开展自我评估，不断提高办学水平和教育质量的社会适应性。其次，高中学校作为国家投资的公益性事业，是区域人才输出的重要载体，在完善自身评估机制的同时，高中学校还要积极参与外部组织的各项教育评估活动，以此敦促自身质量保障能力的提升。再次，作为高中教育发展的确定型利益相关者，高中学校也要参与到针对政府部门的评估活动之中。

---

① 中国教科院教育质量标准研究课题组.教育质量国家标准及其制定［J］.教育研究，2013（6）：4-16.

② 李雁冰.论教育评价专业化［J］.教育研究，2013（10）：121-126.

政府部门不仅是质量评估系统的主导者、监督者和协调者，也是被评估对象之一。在质量评估系统中，政府一方面要继续发挥其对高中学校办学水平和教育质量的监督作用，另一方面要转变参与方式，"变行政管理为政策调控，变'主持'为'主导'，变'评定与裁判'为'保障和监督'，加强服务咨询功能"。① 在多元利益相关主体共同参与下，政府部门还要承担起质量评估过程监督的责任，建立相关协调机制和反馈机制，理顺各利益相关主体在质量评估系统中的关系。此外，政府也要主动接受其他相关主体的监督与评估。

学生家长和社区民众是高中教育质量评估系统的参与者和监督者。学生家长和社区民众的参与，是对一元评估主体的评估体制的改革。在高中教育质量评估系统中，学生家长和社区民众担负着对政府、学校和评估机构的评估责任。在这一过程中，学生家长和社区民众展开对政府制定评估政策、高中学校培养过程和评估机构评估行为等的监督与评估，保证了评估流程的完整性和科学性。

社会实践是检验高中教育质量的主要标志。作为高中教育结果的最终检验者，在质量评估系统中，高校和用人单位发挥着评估者和监督者的重要作用。与学生家长和社区民众所代表的社会力量不同，高校和用人单位的评估具有更强的专业性和功利性。高中教育对自身诉求的满足程度决定了高校和用人单位参与质量保障的力度，同时，高校和用人单位对高中教育质量的评估对高中教育质量也有着积极的驱动作用和定向作用。其中，由高校、用人单位和社区民众等组成的第三方评估力量，是高中教育质量评估系统的专业性保障。

3. 高中教育质量改进系统

质量改进系统是高中教育质量保障体系的建构性和规范性力量。同时，

---

① 谢安邦，刘莉莉. 我国学位与研究生教育评估中政府职能的转换 [A]. 王战军. 学位与研究生教育评估研究 [C]. 上海：高等教育出版社，2002：42-51.

实现质量的持续改进也是高中教育质量保障体系建构的最终目的。"从质量保证的定义和连续线（continuum）来说，质量管理就是从内部到外部的一个持续的质量保证过程。"①作为质量管理循环的最后一环，高中教育质量保障的改进系统有两方面指向：一是及时纠正高中教育质量保障过程中出现的各种问题；一是完善高中教育质量保障体系。前者是高中教育质量保障中消极的规范性力量；后者是高中教育质量的建构性力量。在高中教育质量保障中，质量改进系统主要依靠多元参与的教育督导活动发挥作用。

高中学校是质量改进系统的主体。在多元教育价值观指导下，教育督导的本质是"实现主体间的指导服务与辅导提高"。②因此，在质量改进中，高中学校一方面要通过自我评估，实现自身质量保障活动的改进；另一方面，也要根据教育督导的相关标准要求，主动向教育督导机关报告自身的质量保障活动实施现状，接受外部利益相关主体的质量改进指导与监督。同时，高中学校对质量保障体系和政府部门的改进行为起着重要的监督作用。

政府部门是质量改进系统的参与者、协调者和服务者。首先，作为教育督导活动的主导者，政府部门一方面要转变参与方式，加强对质量督导的宏观管理，做好督导政策制定、督导规划和督学人员选、聘等工作；另一方面，要通过设置独立或相对独立的教育评估机构和鼓励、支持第三方部门参与教育督导等方式，提高教育督导的专业权威。其次，作为质量改进的主体，政府部门也要依据其他主体的评估意见，对自身教育服务过程进行改进。

学生家长和社区民众在质量改进系统中扮演着参与者和监督者的角色。首先，作为高中教育发展的预期型利益相关者，学生家长和社区民众

---

① 范文曜，马陆亭. 高等教育发展的治理政策——OECD 与中国[M]. 北京：教育科学出版社，2010：121.

② 李德龙. 主体性教育督导研究[D]. 济南：山东师范大学，2009：21.

可以通过接受政府聘任、组织专业协会或建立中介机构等方式,直接参与高中教育督导活动。其次,作为独立于政府和高中学校的社会力量,学生家长和社区民众对两者的质量改进行为具有监督作用。

高校和用人单位是高中教育质量改进系统的参与者和监督者。"教育督导必须基于专业进行,不仅要进行专业性监督、检查,还要进行专业性评价和指导,为督导的政府和学校提供有效的改进建议。"[①]作为研究型机构,高校的参与可以为高中教育督导提供专业性支持。同时,高校、用人单位和社区民众等多元主体参与督导问责,也可以在一定程度上起到教育督导职能纠偏的作用。

当然,我们亦深知:实现对高中教育质量保障各利益主体的绝对分工是不现实的,也是不合理的,各主体之间应该构筑一种既有分工又有合作的适宜关系。正如王战军所言:"研究生教育质量保障体系的构建是一个责任、义务边界重新界定的过程,是一个权利调整和博弈的过程。"[②]同样地,高中教育质量保障体系建构也是各质量保障主体争夺话语权的过程。充分调动各利益主体的积极性,全方位激发其在质量保障活动中的功能效应,是构建利益相关者多元参与的高中教育质量保障体系的宗旨所在。

第四节 深圳市高中教育质量保障体系优化策略

联合国国际教育规划研究所(IIEP)指出,"新的质量保障体系通常是对现有质量保障手段的一种补充。在打造外部质量保障体系之前,首先应该对现行质量保障机制的优缺点做出诊断。新体系应当填补现存空白,克服现有的缺陷。新的外部质量保障体系常常应对的是现有质量保障体系

---

① 黄崴.我国教育督导体制现状、问题与改革路径[J].教育发展研究,2009(12):16-20.

② 王战军等编著.中国研究生教育质量保障体系理论与实践[M].北京:高等教育出版社,2012:148.

中的某些不足和问题。"[①]通过上文分析可知，"政府的一元控制"是深圳市现行高中教育质量保障体系效率低下的症结所在，而利益相关主体的多元参与则是破解这一难题的有力手段。但由于各相关主体对高中教育的利益需求各不相同，他们之间不可避免地会产生利益冲突。因此，要实现深圳市高中教育质量保障体系的进一步优化，除吸纳利益相关主体的多元参与外，更重要的是实现各主体间的利益协调。有鉴于此，在上文对高中教育质量保障体系研究的基础上，从利益协调的角度，对深圳市高中教育质量保障体系提出如下3点优化建议。

一、利益相关者参与下的理念创新

所谓利益协调，"主要就是指人们为了达到某种协调目的而对人们的利益观念、行为和相互关系进行的自觉的、有意识的调整过程"。[②]其中，观念的调整是深圳市高中教育质量保障体系变革的首要任务。作为实现优化的必要前提，深圳市高中教育质量保障体系必须创新高中教育质量保障观念。具体来说，当前深圳市高中教育质量保障体系首先应转变偏狭的质量观念，破除质量保障活动中政府的一元控制桎梏。

（一）质量保障目标：回归"育人"本位

首先，坚守深圳市高中教育性质的基础性。继《国家中长期教育规划纲要》中提出"加快普及高中阶段教育"的发展任务后，《国家教育事业发展"十三五"规划》中再次明确了"普及高中阶段教育"的高中教育发展目标。"普及"的发展导向，充分彰显了高中阶段教育"基础性"的基本属性。在与深圳市教育局有关人员的访谈中我们了解到：2015年，深圳

---

① 联合国教科文组织国际教育规划研究所（IIEP - UNESCO）.外部质量保障：高等教育管理者的选择[EB/OL].http://unesdoc.unesco.org/images/0018/001824/182478c.pdf, 2017-03-06.

② 张玉堂.利益论——关于利益冲突与协调问题的研究[M].武汉：武汉大学出版社，2001：239.

市高中教育毛入学率已达到99%。由此，深圳市高中教育更应该明确其"基础教育"的性质定位。所谓基础教育，"就是普遍提供一种适合于所有人的教育，它既能使人们为今后的学习打下坚实的基础，也能使人们获得积极参加社会生活的基本能力"。①

其次，强化深圳市高中教育职能的全面性。《国家中长期教育规划纲要》中，"鼓励有条件的普通高中根据需要适当增加职业教育的教学内容"和"完善职业学校毕业生直接升学制度"的相关规定也表明，普通高中教育和中等职业教育之间并非是泾渭分明的分工关系，而应是优势互补的合作关系，两者共同致力于满足学生多样化的发展需要。然而，当前深圳市高中教育发展中，仍存在着比较明显的唯"升学率"和"就业率"是从的发展导向。这背后暗含着的，其实是"普通高中——大学预备教育""职业高中——职业预备教育"的职能定位。高中教育偏狭的职能定位遮蔽了其"育人"的本位功能，严重阻碍着深圳市高中教育的质量提升。深圳市高中教育质量保障体系的优化，亟须重新厘定高中教育的职能定位。

总之，要实现深圳市高中教育的优质发展，必须坚守其基础教育的性质定位，回归其"育人"的本位职能，统合其"升学"和"就业"两大任务。唯有如此，才能为深圳市高中教育质量保障树立科学的质量标杆。

（二）质量保障内容：满足多元需求

首先，确保高中教育价值的多元化。作为高中教育的举办者和行政管理者，政府凭借其在高中教育活动中的强势主体地位，已然成为高中教育价值的主导者，其他利益相关主体的价值需求受到忽视。在深圳市高中教育发展中，这一现象突出表现为对"升学率"和"就业率"的片面关注。高中教育属于非义务教育，家长和社会也是高中教育成本的承担者之一，理应具有一定的"消费者权利"，实现自身的教育价值需求。通过上文调

---

① 国际21世纪教育委员会.教育：财富蕴含其中[M].北京：教育科学出版社，1996：110.

查结果可知，对于深圳市高中教育的利益相关者而言，人才培养质量并不是唯一的利益需求，甚至不是最紧要的利益需求。与人才培养质量相比，利益相关者对高中学校的师资队伍、管理制度和学校环境等学校育人生态给予了更多关注。随着高中教育办学体制多样化的发展与社会民主化进程的推进，由政府强势主导的教育价值已无立身之处。要实现深圳市高中质量保障体系的优化，必须确保高中教育价值的多元化。

其次，增强高中教育质量标准的灵活性。在高中教育价值走向多元的发展趋向下，高中教育质量标准也面临着重大改革。高中教育价值的多元化呼唤着高中教育质量标准不断走向开放、灵活。以一元指向或严格量化的标准去规定、评价或保障区域内所有高中学校的做法都是不合时宜的，是与多元价值相悖的。但是，深圳市现行的高中教育质量标准中，价值单一、指标僵化和内容烦琐等问题仍然大量存在，这在很大程度上限制了高中学校的多样化发展。"质量标准基本的和首要的含义是满足特定对象的需要。"[①] 与高中教育价值多元化相适应，深圳市高中教育质量标准要在做出统一性规定的同时，不断增强质量标准的灵活性，为学校的多样化发展留出一定的弹性空间和自主空间，使其更好地满足利益相关者的利益诉求。

概而言之，唯有革除政府的一元价值主导，实现高中教育价值多元化，以灵活的质量标准推动深圳市高中学校的多样化发展，才能真正满足利益相关主体日益多元的质量需求，从而达成质量保障体系建设的本意。

（三）质量保障主体：实现多元参与

首先，强化政府部门的调控观念。深圳市现行的高中教育质量保障体系主要体现为以政府权力为中心的管理模式，高中教育质量保障的各项活动均受制于政府的严格把控。面对多样化的价值需求，深圳市高中教育质

[①] 中国教科院教育质量标准研究课题组. 教育质量国家标准及其制定［J］. 教育研究，2013（6）：4-16.

量保障亟待实现从"行政化"质量管理向"多元化"质量治理的转变。在质量治理中,政府仍居于主导地位,但其主导作用的发挥,则"突出表现在政府要成为提供有效公共教育服务的'责任政府'"。① 维持政府的主导地位,是为了避免因过分强调自我约束、自愿合作和自主参与而加剧高中教育质量保障责任体系的混乱。同时,受职能转变的影响,政府对高中教育质量的治理应逐步演变为一种宏观层面的质量调控性治理,主要扮演"元治理"的角色。具体而言,在深圳市高中教育质量保障体系中,政府部门应履行好协调多元主体利益分歧、规划高中教育发展定位、监督教育质量治理过程等职责,同时也要自觉接受其他利益主体对自身的监督与问责。

其次,激发高中学校的保障自觉。在长期集权化管理的保障模式下,深圳市高中学校中弥漫着以外部质量要求为准则的"遵从文化"。这一方面压制着学校的个性化、多样化发展,另一方面也使得学校的自主保障意识不断消解。高中学校作为深圳市高中教育发展的确定型利益相关者,应成为质量治理活动中自主、自为的保障主体。《国家中长期教育规划纲要》中提出,要"落实和扩大学校办学自主权","扩大普通高中和中等职业学校在办学模式、育人方式、资源配置、人事管理、合作办学、社区服务等方面的自主权"。作为自主权力构成部分的质量自主性治理权,是高中学校在质量治理上所享有的主要权力。② 在体系优化过程中,要依法保障高中学校充分行使质量自主治理权,实现高中学校从"他治"到"自治"、从依附到自主的发展转变。

最后,唤醒社会公众的监督意识。"在市场经济条件下,政府也是一个存在自利性倾向的组织。"③ 政府为实现自身公共职能,要求高中教育

---

① 褚宏启,贾继娥.教育治理中的多元主体及其作用互补[J].教育研究,2014(19):1-7.
② 朱德全,徐小容.高等教育质量治理主体的权责:明晰与协调[J].教育研究,2016(7):74-82.
③ 农卫东,廖文武.利益主体多元化与高等教育评估制度改革[J].清华大学教育研究,2003(4):98-103.

为区域政治、经济与文化发展服务。同时，作为教育资源的主要掌控者，政府往往倾向于以高中学校满足自身需求的程度为资源分配的标杆。鉴于高中教育发展的高资源依赖性，"为了在竞争经费和资源的过程中获胜，许多院校都会以让渡部分权力的方式向政府妥协，从而接受政府制定的相关的质量标准和目标。"[①]这种权力的外溢，必然会侵蚀其他相关主体的权益。因此，实现高中教育质量保障体系的优化，必须唤醒社会公众的监督意识，引导家长、社区民众、用人单位等社会力量主动参与。社会公众的民主参与，不仅可以制约高中学校的自主性质量治理权和政府部门的调控性治理权，也有助于解决各主体间质量信息不对称的问题，协助高中学校进行质量诊断和质量改进。

总而言之，在国家治理现代化的发展格局下，深圳市高中教育质量的稳步提升，有赖于政府部门调控观念的强化，高中学校自主质量保障意识的激发和社会公众监督意识的唤醒。多元主体的协同参与和作用互补，是深圳市高中教育质量保障体系优化改革的必然选择。

二、利益相关者参与下的制度保障

利益协调的目标"就是指人们对彼此之间原有的利益关系进行调整之后所要达到的秩序化状态"。[②]高中教育质量保障的理念创新仅能实现各利益相关者之间利益冲突的缓解，要真正实现各保障主体利益关系的秩序化，还需要合理的利益制度作为支撑。对于深圳市高中教育质量保障体系而言，各保障主体利益关系的秩序化，有赖于高中教育相关法规的建立健全，高中教育评估制度的修正完善和高中教育督导制度的调整改革。

---

① 张应强，苏勇建.高等教育质量保障：反思、批判和变革[J].教育研究，2014（5）：19-27.

② 张玉堂.利益论——关于利益冲突与协调问题的研究[M].武汉：武汉大学出版社，2001：239.

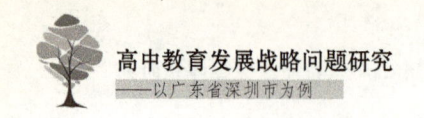

（一）建立健全高中教育相关法规

质量保障观念的创新如果没有与之相应的法规制度的支持，这种创新注定只能是空想。行政法规不仅具有规范和约束的功能，还具有引导和激励人的行为与思想的作用。作为同时拥有经济特区立法权和较大市立法权的城市，深圳市可通过"立法"和"建秩"两种途径，为高中教育质量保障的多元价值共存营造宽松的制度氛围。

首先，拟定深圳市《高中教育管理条例》。目前，我国还没有针对高中阶段教育的专门立法。长期以来，高中教育都处于国家法律法规的管控"盲区"。作为基础教育的出口，高中教育不仅连通着义务教育和高等教育，还是校园生活与社会生活的重要"分水岭"。如此特殊的地位使得高中教育逐渐成为了各种权力的"角逐场"。而相关法律法规的缺位，更为强势主体掌握高中教育发展的话语霸权提供了便利。拟定深圳市《高中教育管理条例》，明确高中教育的性质和功能定位，厘清各主体的管理权责，是保护各利益相关主体高中教育发展话语权的重要防线。特区立法具有"创新为主，试验为先"的基本特征，深圳市率先拟定《高中教育管理条例》，规范特区内高中阶段教育的发展秩序，可以为我国以法律手段管理普及发展任务下的高中教育积累宝贵的试验性经验。

其次，健全高中教育质量深圳标准体系。西方社会冲突论认为，社会资源的稀缺性及分配是引发社会冲突的最终根源。从这一意义上讲，深圳市高中教育各主体间产生利益冲突的最根本原因在于优质高中教育资源的供给不足与分配不均。而要实现深圳市优质高中教育资源的充分供给与均衡分配，则必须依赖于高中教育质量深圳标准体系的建立与健全。"从标准的核心组成以及目前国际基本共识来看，可以将教育质量标准分为内容标准、评价标准和保障标准三个维度。"[①] 根据现阶段各利益相关者对高中学校的利益需求，深圳市可以以制定行政法规的形式，对深圳市高中学

---

① 中国教科院教育质量标准研究课题组.教育质量国家标准及其制定[J].教育研究，2013（6）：4-16.

校的教师队伍建设标准、学校运行和管理标准、人才培养质量标准及学校建设标准等做出进一步规定和说明，敦促深圳市高中教育实现优质、均衡发展。

合理利用特区立法权和较大市立法权，拟定深圳市《高中教育管理条例》，健全高中教育质量深圳标准体系，是将质量保障创新理念转化为现实操作，切实实现高中教育质量保障各主体利益关系秩序化的有效途径。

（二）调整改革高中教育评估制度

在高中教育质量保障的众多方法中，质量评估可谓是最具关键性的一种措施。但是，当前深圳市高中教育评估系统建设中，"管理主义"色彩依旧浓厚，评估活动的专业化发展也仍然处于较低水平，这已然成为高中教育走向优质化发展过程中的根本性症结。实现深圳市高中教育各保障主体利益关系的秩序化，必须实施对高中教育评估制度的调整和改革。

首先，改革高中教育评估价值取向。目前，在深圳市高中教育质量保障活动中，教育评估被定位为政府对高中教育实施管控的一种手段，并已发展成为政府一元独享的"自留地"。这不仅阻断了其他利益相关主体参与高中教育管理的协商路径，更为重要的是，它还摧毁了政府、学校和社会之间的信任关系。调和各保障主体的利益冲突，必须改革深圳市高中教育评估的价值取向，促使高中教育评估从管控工具转变为改进工具，切实保证高中学校在教育质量保障活动中的主体地位。另外，深圳市现行的高中教育评估活动还带有比较明显的外部等级认定性质，这种功利性评价取向严重异化了其"基础性"的基本属性，并在一定程度上激化了各主体间的利益冲突。高中教育"育人"本位职能的回归，迫切要求高中教育评估从功利性评估转为合格性评估。

其次，细化教育评估主体职能分工。实现从管控手段向改进手段的价值转变，必须重新把握各保障主体在评估活动中的关系，明确各自的职能分工。对于深圳市高中教育质量评估来说，政府应成为评估活动的主导者、监督者和协调者，其下设的政府评估机构因其自身的行政化性质，应逐渐

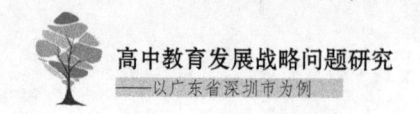

从具体的高中教育评估活动中抽离，转而承担起对各专业评估组织进行资质审核、监督和指导的职责。高中学校应成为质量评估活动中自主、自为的能动主体，主动肩负起自我评估、自我改进的职责。由社区民众、高校和用人单位等组成的第三方评估机构和行业企业组织应成为高中教育评估活动的实施主体，承担起为政府或高中学校提供评估中介服务，反馈和沟通高中教育需求信息、评估信息等责任。但是，目前深圳市独立的第三方评估机构发展还十分滞后，要发挥其在高中教育评估中的专业性作用，深圳市政府必须尽快建立健全第三方评估机构的扶持和激励机制。

最后，优化教育评估活动实施程序。高中教育评估价值取向的改革，只是落实到具体的评估活动实施程序之中才能实现其自身价值。在合格性评价和质量改进手段的定位下，深圳市现行的"学校自评—评估组现场评估—评估报告反馈—结果公示"基本评估程序也面临着进一步优化的发展任务。在质量改进性评估活动中，高中学校自省、自查式的主动评估应成为高中教育评估系统的"重头戏"。在学校自我评估的基础上，第三方评估机构作为外部辅助性力量，接受政府或学校委托之后，负责开展现场评估，并在评估活动结束之后向委托方和其他利益相关者反馈专业评估报告。政府作为高中教育质量评估的主要监督者，在这一过程中，应加强对第三方机构评估过程和学校问题改进的监督。

改革高中教育评估的价值取向，细化评估主体的职责分工和优化教育评估活动的实施程序是深圳市高中教育评估制度改革调整的重点任务，也是应对高中教育价值多元化发展的必然选择。但由于高中教育地位的特殊性，实现其质量评估制度的调整与改革，还必须依赖于相关政策法规的引导和约束。

（三）修正完善高中教育督导制度

教育督导是敦促教育质量持续改进和提高的重要手段。随着高中阶段教育的普及，教育督导在高中教育质量提升中的重要作用不断彰显。然而，当前深圳市高中教育督导系统建设中，教育督导的职能定位偏差还很严重，教育督导队伍的官员化现象也十分明显，教育督导在促进高中教育质量改进中所发挥的作用极其有限。面对日益多元化的高中教育发展需求，必须进行高中教育督导制度的修正和完善。

首先，修正高中教育督导职能定位。我国的教育督导具有督政和督学两项任务，但目前深圳市教育督导活动的工作重心仍旧是监督政府的教育工作，对于高中学校教育教学工作的监督和指导缺乏关注。这种职能定位的偏差，不利于各利益相关主体多元化价值需求的满足。而深圳市教育督导机构的行政性质，在一定程度上直接导致了这种职能偏差。目前，深圳市人民政府教育督导室的人、财、物及运行管理等都挂靠在深圳市教育局之下，各项事务也均由市教育局代管。现行的教育督导机构设置方式决定了教育督导的职能主要是督政。修正"重督政，轻督学"的职能偏差，首要的是对教育督导机构实施改革。独立或相对独立设置的教育督导机构，是实现教育督导职能充分发挥的有效措施。①

其次，规范教育督导队伍管理办法。督学是受教育督导机构指派实施教育督导工作的人员，包括专职督学和兼职督学。教育职能的充分发挥离不开对其工作人员的规范化管理。正如上文所言，目前深圳市教育督导队伍的建设中，专兼职督学比例失调和督学人员官员化的问题还比较突出，致使教育督导活动的有效性锐减。如何规范教育督导人员的管理办法，是深圳市完善教育督导制度过程中不可回避的议题。近日，教育部颁布了《督学管理暂行办法》，对督学人员的聘任、责权、监管、培训和考核等做出了相关规定。作为以改革创新闻名的城市，深圳市可利用自身的立法权力，在国家有关规定的基础上，根据深圳市教育发展实际，进一步细化督学人员管理办法，制定明确督学聘选、培训和考核的深圳标准。

最后，健全教育督导问责机制建设。除上述职能定位偏差和督学队伍管理不规范之外，教育督导问责机制的缺失也是深圳市教育督导实效

---

① 黄崴.我国教育督导体制现状、问题与改革路径［J］.教育发展研究，2009（12）：16-20.

不高的重要原因。目前，虽然国家《教育督导暂行规定》和《深圳经济特区教育督导条例》都对督学不按规履责和学校不及时整改等情况做出了相关规定，但是有关异体问责、问责程序和问责方式的具体规定却语焉不详。再加上现实中后续改进监督的落实不力，深圳市教育督导活动的实际效果不甚理想。"教育督导问责作为教育督导的一个重要组成部分，其要义在于为教育教学改革与发展服务。"[①]健全教育督导问责机制建设，首先应完善督导信息公开制度、督导工作监督举报制度等，提高教育督导和改进行为的透明度，拓宽民主监督的渠道。其次，鉴于《深圳经济特区教育督导条例》颁行已久，其中必然存在很多与当前教育发展现状不相适应的内容，可借条例更新之利，对教育督导问责的相关问题予以细化和具体化。

唯有修正教育督导职能，规范教育督导队伍管理办法和健全教育督导问责机制，才能真正确保教育督导职能得到充分发挥。也唯有如此，才能有效保障深圳市高中教育质量的持续改进，充分满足利益相关者主体多样化的高中教育需求。

三、利益相关者参与下的组织协调

如前所述，高中教育质量保障其实是一个利益调整和博弈的过程。围绕高中教育，各利益相关主体从自身需求出发，提出了不同的期望与要求。同时，自身利益需求的满足程度也在很大程度上激励或抑制着各主体参与高中教育质量保障的积极性和主动性。在利益相关者多元参与下，深圳市高中教育质量保障体系优化，不仅需要创新质量保障理念和制度保障，更需要实现质量保障体系的内部协调。具体地说，面对多元主体的利益冲突，深圳市高中教育质量保障体系建设可尝试从目标机制、协商机制和信任机制三方面实施协调管理。

---

① 王媛，陈恩伦.健全教育督导问责机制的路径探析[J].教育研究，2016（5）：34-39.

（一）统合高中教育质量的目标机制

当前，深圳市高中质量保障体系改革面对的最大挑战来自多元主体提出的多样化利益需求。"目标为所有的管理决策指明了方向，并且作为标准可用来衡量实际的绩效。"[①] 然而，在利益相关者共同参与下，如何协调各主体之间的质量需求，求得质量保障目标的"最大公约数"成了一道难题。在上文中，我们运用米切尔和伍德提出的利益相关者的三个属性（即合法性、影响力和紧急性），对高中教育发展的利益相关者进行了识别。同时，也对各利益相关者的质量需求做出了分析。据此，利益相关者的三种属性可以成为对彼此冲突的利益需求进行优先度排序的基本依据。

其中，同时具有合法性、影响力和紧急性的确定型利益相关者的利益需求应该优先得到满足，即深圳市高中教育质量目标协调过程中，应优先满足教师、学生和学校管理人员的利益需求。另外，当其他条件相同时，三种属性中任一属性相对突出都应成为质量目标优先考虑的对象。合法性是在法律上的、道义上的或特定的对于高中学校的索取权，通常是以国家强制力或社会舆论为后盾的，如果高中学校不优先满足这类群体的需求，将不可避免地受到惩罚或损害。影响力左右着高中学校决策，代表着权威的力量，满足权威更大的利益相关者的利益需求，学校所需支付的成本也会较小。紧急性是利益相关者的需求引起高中学校关注的程度，紧急性越高，其利益需求不被满足时所带来的社会损耗越大。

基于利益相关者属性的目标协调机制，其实是一种具有差序格局特征的管理模式。在这种管理模式下，与高中学校有着不同亲疏关系的利益相关者的利益需求将得到不同程度的满足。同时，与利益相关者类型的动态化相适应，这一目标机制也会随着利益相关者类型的变化相应地调整其利益排序。目标机制的统合不仅有利于保持高中教育质量目标和标准的灵活

[①] 温承革，王勇，杨晓燕.组织内部协调机制研究[J].山西财经大学学报，2004（6）：85-90.

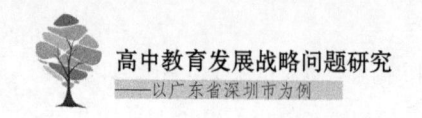

性，也有利于实现质量保障体系内部的整体协调。

（二）拓宽高中教育质量的协商机制

除进行目标系统的统合之外，实现高中教育质量保障体系内部协调的最有效途径应当是促进不同利益相关者的对话与协商。利益相关主体多元参与下的高中教育质量保障体系，实际上是一个以高中教育质量保障为中心，由各利益相关者之间的相互作用关系组成的关系网络。利益相关者参与高中教育质量保障的行为及高中教育质量保障的最终效果，受到各利益相关者之间的相互关系以及整个关系网络结构的影响。对话与协商是调和利益相关者之间的利益争端，协调各主体之间关系的有效手段。对于深圳市高中教育质量保障体系来说，建立良好的质量信息交换机制和设立有效的协商机制运行程序是实现体系优化的可行路径。

首先，建立良好的质量信息交换机制。维纳在《控制论》中指出："任何组织之所以能够保持自身的内稳定性，是由于它具有取得、使用、保持和传递信息的方法。"[①] 实现高中教育质量保障体系的内部协调，必须有一个良好的质量信息交换机制。这种信息交换机制的主要任务是实行质量保障各系统之间质量信息的开放和共享，建立各保障主体之间顺畅的信息沟通和交流渠道。在某种意义上，深圳市高中教育质量保障效率低下的根源就在于质量信息沟通不畅。评估系统与执行系统之间的信息阻滞，致使教育质量评价活动很难反映高中学校的真实质量情况，从而阻碍了深圳市高中教育质量评估系统专业化水平的提升。同样地，为翻越与学校之间的质量信息壁垒，政府不得不以"管理主义"的手段对高中学校实施严格管控。可以说，能否建立运行良好的质量信息交换机制是决定深圳市高中教育质量保障体系成败的关键。

其次，设立有效的协商机制运行程序。掘通了质量信息的沟通渠道之后，如何从质量信息各"拥有者"手中收集质量信息，实现利益相关者关

---

① 李亚东.区域教育质量保障体系研究［D］.上海：华东师范大学，2003：48.

系网络结构的优化,则依赖于有效的协商机制运行程序的设立。"了解公众的需求最有效的方式就是让其参与决策和管理过程。公众很清楚自己需要什么,他们参与了的决策才更有针对性,才能更好地解决问题。政府只有通过更多的渠道与公众进行更多的互动,政务公开,广泛听取民意,各种决策才会更加合理。这就要求公众参与政策过程的方式、方法的多元化、便捷性、公正性和公开性,这样才有可能真正做到公共政策制定时的各种利益的协调和综合。"① 因此,实现高中教育质量保障各主体的利益协调,一方面要为其搭建多样化的利益表达平台,促进各主体之间的对话、理解;另一方面也要拓宽其参与高中教育质量保障的途径,增强各主体之间的相互影响、相互制约。

质量信息交换机制的建立和协商机制运行程序的设立,是优化深圳市高中教育利益相关者关系网络的根本出路,也是实现深圳市高中教育质量保障体系内部协调的关键举措。

(三)重建高中教育质量的信任机制

在深圳现行的高中教育质量保障体系中,严苛的单向度外部控制取代了利益相关者之间的相互信任。然而,"没有基本的相互信任就不可能构建起可以付诸实践的质量保障体系"。② 重构高中教育质量保障的信任机制,是深圳市高中教育质量保障体系建设面临的现实选择。"基于信任关系的合作机制是成本低、效能好的一种协调机制。"③ 具体来说,深圳市高中教育质量保障信任机制的重建,可以从提高各保障主体行为的透明度入手,辅之以规范的质量保障奖惩机制,敦促形成"共识性"的高中教育质量文化。

---

① 施雪华,张琴.国外治理理论对中国国家治理体系和治理能力现代化的启示[J].学术研究,2014(6):31-36.

② 王战军等编著.中国研究生教育质量保障体系理论与实践[M].北京:高等教育出版社,2012:149.

③ 温承革,王勇,杨晓燕.组织内部协调机制研究[J].山西财经大学学报,2004(6):85-90.

首先，落实质量信息公开制度。对各利益相关方质量信息了解不足，是导致深圳市高中教育质量保障主体间信任缺失的直接原因。各主体间的信任缺损在深圳市高中教育评估系统中表现尤甚。正如前文所说，在深圳市当前的质量评估活动中，政府惯于以不断细化和持续量化的评估指标"绑架"高中学校发展，而且各项质量评估活动通常都带有明显的外部等级认定性质，在这种评估模式下，学校评估资料造假的行为又屡禁不止。这其中彰显的其实是政府、学校、社会三者之间脆弱的信任关系。政府无法获取高中学校的质量保障行为信息，便需要假借各种烦琐、量化的指标"窥探"学校的发展现状；社会无从知晓高中学校的质量保障能力，便需要委托政府以"定级"的方式对各个高中学校进行划定等；学校作为"弱势群体"，不得不以资料造假的手段维护自身利益。落实各主体间质量信息的公开制度，提高各保障主体行为的透明度，是瓦解这一"恶性循环"的有力举措。

其次，规范质量保障奖惩机制。除提高各主体质量保障行为的透明度外，建立一套阻止"机会主义行为"的规范机制也是重建信任的重要手段。在深圳市高中教育质量保障体系优化中，一方面要设置各主体间合作行为的奖励机制，另一方面要完善破坏信任关系行为的问责机制。具体来说，对于学生家长、社区民众、高校和用人单位等第三方力量参与高中教育质量保障活动的行为，如第三方评估机构参与高中教育质量评估、企业参与中等职业学校教育教学、高校参与高中教育质量标准制定等，应给予积极鼓励。同时，对于政府公共服务提供不足、学校欺瞒质量信息、第三方评估机构以权谋私等行为应加大问责力度。在这一过程中，政府作为高中教育质量保障的主导力量，应以身作则，完善针对自身行为的问责机制。

最后，形塑高中教育质量文化。高中教育质量文化即各保障主体"共识性"的高中教育质量观念。共同的文化能减少利益相关主体间的矛盾和冲突，强化各主体质量保障行为的连续性和一贯性，保证相互间的信任受到最小的干扰和破坏。[①]深圳市高中教育质量文化的形成，必须建立在明

---

① 王蔷.论战略联盟中的相互信任问题（下）[J].外国经济与管理，2000（5）：21-24.

确各主体身份定位的基础之上。高中学校是高中教育质量保障的能动主体，一方面要在全社会中形成尊重高中学校质量自治的文化共识；另一方面也要唤起高中学校持续改进质量的文化自觉。强调高中学校的质量保障主体地位并不等于排斥利益相关者的多元参与，与之相反，保障高中教育质量的持续改进应成为全社会的共享责任。当然，质量文化不会自动形成，深圳市高中教育质量文化的形成和塑造，还需要依靠政府高水平的管理和领导。

只有落实质量信息公开制度，规范质量保障奖惩机制，形塑高中教育质量文化，才能够重建深圳市高中教育保障的信任机制，从而使高中教育质量保障摆脱"管理工具"的标签，真正成为各抒己见的"公共空间"。

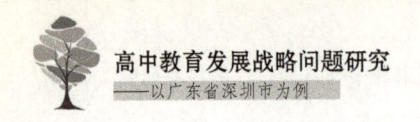

结　语

　　为高水平普及高中阶段教育，在国家和广东省中长期教育发展规划纲要的指导下，本研究根据《深圳市中长期教育改革和发展规划纲要（2011—2020年）》的具体要求，秉承十八届五中全会提出的以提高质量为核心的教育发展观，致力于探讨深圳市高中教育发展战略。在整个研究过程中，综合运用文献法、问卷法、访谈法和比较法等多种研究方法，遵循"聚焦问题→分析原因→研讨对策"的研究思路，分别剖析了"高中教育管理体制""高中教育结构""高中教育评价机制"和"高中教育质量保障体系"等四个方面的具体内容。

　　本研究历时一年有余，大致包括四个阶段。其中，阶段一为"文献研究与分析"，主要围绕研究内容搜集整理文献资料，全面把握高中教育发展的研究动态，利用已有相关成果奠定研究基础。阶段二为"调研工具设计与甄选"，其主要包括编制调查问卷和设计访谈提纲等系列活动。阶段三是"实地调查研究"，主要是通过教育行政部门工作人员专访、学校管理者座谈和问卷调查等研究活动，获取丰富的研究资料。阶段四是"研究成果生成"，立足深圳市高中教育发展实际，结合前期研究概况，重点完成了"高中教育管理体制改革研究""高中教育结构调整优化研究""高中教育评价机制创新研究"和"高中教育质量保障体系构建研究"四项核心任务。具体而言，现已取得以下系列研究成果。

结 语

其一，关于推进高中教育管理体制改革问题。整体上看，要进一步简政放权，优化教育行政管理体制，创新学校内部管理体制。对深圳特区而言，推进教育行政体制改革的长远目标，是旨在构建一个法治型、服务型、治理型和效能型的教育行政管理体系。要实现这一目标，需认真借鉴其他发达地区的改革经验，同时坚持从深圳市教育实际出发，科学合理地处理好教育行政体制中的基本结构关系。目前，围绕教育行政管理体制改革，不仅要强化政府服务意识，还要通过简政放权逐步扩大高中学校办学自主权。但是，千万不能一味地"为放权而放权"，而要根据不同的管理对象，围绕"放权"与"集权"进行灵活处理。例如，在充分落实具备成熟条件的高中学校的办学自主权的同时，针对办学实力薄弱的高中学校，尤其是民办高中，则要在一定程度上加强管理，减缓"放权步伐"。同时，针对职业教育，应本着"简政放权与放管结合"的基本原则，充分利用政府宏观调控职能，实现职业教育资源优化配置。在学校内部管理体制改革创新层面，一方面要继续深入落实校长负责制，强力推进现代学校制度建设；另一方面，可以尝试健全董事会制度，重点推动民办高中和中等职业学校也采取集团化发展模式，全面提升深圳市高中教育集团化管理实效。

其二，关于合理优化高中教育结构问题。自深圳经济特区成立以来，经过多次教育结构改革，现已逐步形成了相对完善的高中教育结构体系。但是，面对高水平普及高中阶段教育的现实挑战，现今高中教育结构仍存在一些突出问题。一方面，在教育发展规模呈"金字塔"形的基础教育体系中，高中教育位于顶部，其整体规模明显较小。同时，在与高等教育衔接方面，中等职业教育面临着巨大的发展瓶颈。另一方面，参照"职普结构"一般标准，深圳市中等职业教育在高中教育中所占比重偏低。在"职普"二元结构体系中，两者相对自成一体，缺乏必要的融合实践。同时，从办学形式来看，优质高中教育资源大多集中于公办学校，而民办高中教育发展则极为薄弱。有鉴于此，为准确把握深圳市高中教育发展态势，进一步科学调整高中教育结构，需要综合考虑不同因素对高中教育结构的影响。例如，"经济发展与产业结构的变化""基础教育学龄人口变动态势""居

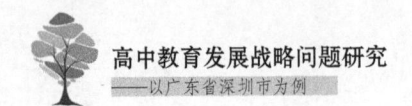

民高中教育需求状况"和"教育体系中其他阶段教育的发展变化"等。在此基础上,以促进高中教育功能发挥最大化为逻辑起点,遵循差异性原则、动态性原则和整体性原则,通过多种举措着力优化高中教育结构。具体而言,一要坚持市场调节与政府宏观调控相结合,科学优化高中教育结构。二要从横向和纵向教育结构出发,着力构建一个"上下贯通、左右融合"和"职普教育"协调发展的高中教育结构体系。在横向教育结构上,加强"职普教育"融会贯通,实现高中阶段"职普教育"等值发展;大力支持民办高中教育发展,激发民办高中教育活力,持续提升民办高中教育水平;不断探索新型办学模式,加快高中教育特色化建设,促进高中教育多样化发展。在纵向教育结构上,既要密切普通高中教育与高等教育之间的新型合作伙伴关系,又要灵活推进中职教育和高职教育有效衔接。三要建立高中教育发展结构评价问责制度和学生发展指导咨询制度,大力推进考试评价制度的配套改革,逐步完善高中教育结构优化保障体系。

其三,关于创新完善高中教育评价机制问题。结合"管办评"分离政策的价值诉求,基于对深圳市高中教育评价机制的全面审视,现可发现其正面临四个较为紧迫的合法性危机,即"现代教育体制尚欠健全""教育评价活动制度供给不足""教育评价方式与现实相脱离"和"结果使用不当阻碍功能发挥"。从新制度主义相关理论的视角分析,这些合法性危机的成因主要源于"评价主体利益掣肘与相互博弈""评价制度的传统文化弊端阻碍"和"教育评价方式创新的路径束缚",以及"评价结果反馈运行的体制依赖"。为有效化解深圳市高中教育评价机制面临的合法性危机,需要保障评价主体多元参与,构建系统完善的政府、学校与社会评价体系;创新评价方法,实现评价方式多样化;建立健全教育评价的综合运用与反馈机制,全面提升教育评价实效。具体而言,从评价主体来看,根据教育评价机制的内部结构,重新厘清政府管理职能,全面优化教育评价机制主体结构。要合理界定政府部门的教育行政职能,正确划分政府、学校、社会的权力范围,创建学校自我评价机制,积极培育第三方评价机构,着力构筑三方协调联动机制。从评价制度来看,要协调利益相关者的不同诉求,制定新的评价规则，创造良好的制度环境，不断建立健全教育评价保障机制。完善教育评价法律法规，制定教育评价专业规范，强化科学的教育评价意识形态建设。从评价方式来看，要促进教育评价方式多元化，推行教育质量综合评价。要充分考虑高中学校的性质、类型和办学层次等诸多不同因素，设置差异化、个性化和多样化的高中分类评价标准，构筑分层分类的高中教育评价体系。同时，应当整合现有庞杂的评价项目与评价指标体系，尽量减少纷繁复杂的各类评价活动，最大限度地避免重复性评价。从评价结果来看，要充分发挥教育评价的导向作用，必须明确规范教育评价结果应用的范围、方式及边界，进一步完善教育评价结果反馈机制。一方面要加强社会监督，建立常态化教育评价结果公告制度和教育评价问责制度；另一方面，以新制度主义理论为指导，从元评价的主体系统、规则系统、执行系统与反馈系统四个方面出发，构建教育元评价监督体系。

其四，关于构建高中教育质量保障体系问题。通过系统梳理深圳市高中教育质量保障体系的发展历程，重点揭示了其在"标准系统""评估系统"和"改进系统"方面存在的主要问题。其中，在"标准系统"方面，其主要存在两个问题，即"高中教育质量观念偏狭"和"政府对高中教育的关注不够"。在"评估系统"方面，随着社会多元化和民主化进程的推进，深圳市教育质量保障评估系统也显露出诸多不适应性，其突出表现为"系统建设的'管理主义'色彩浓厚"和"评估活动的专业化水平不高"。在"改进系统"方面，其存在的问题主要包括"教育督导职能定位偏差严重"和"教育督导体系建设不尽完善"。针对这些问题，现遵循质量文化引领、多元参与、系统推进、过程全面和立足实际等基本原则，从利益协调的角度，对深圳市高中教育质量保障体系建设提出这样几点建议：首先，加快利益相关者参与下的理念创新，切实转变偏狭的质量观念，破除质量保障活动中政府的一元化控制桎梏。要坚守高中教育性质的基础性，强化高中教育职能的全面性，将质量保障目标导向"育人"本位。要确保高中教育价值的多元化，增强高中教育质量标准的灵活性，促使质量保障内容有效满足多元需求。要强化政府部门的调控观念，激发高中学校的保障自觉，唤醒

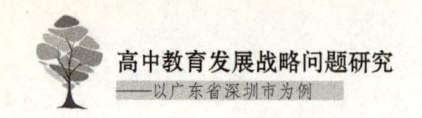

社会公众的监督意识,确保质量保障主体实现多元参与。其次,要坚持多措并举,完善利益相关者参与下的制度保障。一方面,要建立健全高中教育相关法规,合理利用特区立法权和较大市立法权,拟定《深圳市高中教育管理条例》,健全深圳市高中教育质量标准体系。另一方面,要转变高中教育评估价值取向,细化教育评估主体职能分工,优化教育评估活动实施程序,稳步推进高中教育评估制度改革。同时,面对日益多元化的高中教育发展需求,还必须明确高中教育督导职能定位,规范教育督导队伍管理办法,健全教育督导问责机制建设,不断修正完善高中教育督导制度。再者,要统合高中教育质量的目标机制,拓宽高中教育质量的协商机制,重建高中教育质量的信任机制,逐步强化利益相关者参与下的组织协调。

  除上述已取得的研究成果外,因受能力和时间等主客观因素限制,本研究还存在如下不足之处:第一,对深圳市高中教育发展历程的把握和发展现状的考察,也许不尽细致全面,可能存在一些疏漏之处。同时,由于本研究覆盖面较大,对于诸多问题的阐释,难以面面俱到,仍需进一步加大研究的深度和力度。第二,因上述研究问题的切入视角和理论基础不同,对于现已形成的一些结论与对策,或许仍存在一些值得商榷和讨论的空间。例如,源于经济学领域的新制度主义理论,涵盖政治学和社会学等诸多领域的知识,在以其审视分析高中教育评价机制改革问题时,难以全面考虑诸多复杂性因素带来的影响。第三,本研究运用的一系列调查问卷和访谈提纲,均为原创性研究工具。尽管经过反复检测和修正,但肯定仍有一些地方需要进一步调整和优化。同时,若要进一步增强论点说服力,也还需要扩大样本学校的覆盖面。有鉴于此,对于上述问题和不足之处,我们将继续予以关注,继续推进后续相关研究,以期不断提升人们对于高中教育的认识水平,从而为高中教育改革与发展再尽绵薄之力。

参考文献

一、学术专著

[1] 陈玉琨. 发展性教育质量保障的理论与操作[M]. 北京：商务印书馆，2006.

[2] 陈玉琨. 高等教育质量保障体系概论[M]. 北京：北京师范大学出版社，2004.

[3] 陈玉琨. 教育评价学[M]. 北京：人民教育出版社，1998.

[4] [美]道格拉斯·C.诺斯. 经济史中的结构与变迁[M]. 陈郁，罗华平，等译. 上海：上海人民出版社，1994.

[5] [美]道格拉斯·C.诺斯著. 制度、制度变迁与经济绩效[M]. 杭行，译. 上海：格致出版社，2014.

[6] 范文曜，马陆亭. 高等教育发展的治理政策——OECD与中国[M]. 北京：教育科学出版社，2010.

[7] [美]菲利普·库姆斯. 世界教育危机[M]. 赵宝恒，等译. 北京：人民教育出版社，2001.

[8] [美]弗里曼等. 利益相关者理论：现状与展望[M]. 盛亚，等译. 北京：知识产权出版社，2013.

[9] 龚益鸣. 现代质量管理学[M]. 北京：清华大学出版社，2007.

[10] 顾荣炎. 上海教育结构与上海经济社会发展 [M]. 上海：上海科学技术文献出版社，2007.

[11] 广东省教育研究院. 广东教育改革发展研究报告：理论战略政策研究卷 [M]. 广州：广东高等教育出版社，2015.

[12] 广东省教育研究院. 广东省教育评估发展报告（2000—2011年）[M]. 广州：广东高等教育出版社，2013.

[13] 广东省教育研究院. 广东省普通高中教学水平评估实践探索（2007—2013年）[M]. 广州：广东高等教育出版社，2014.

[14] 国际21世纪教育委员会. 教育：财富蕴含其中 [M]. 北京：教育科学出版社，1996.

[15] 郝克明. 当代中国教育结构体系研究 [M]. 广州：广东教育出版社，2001.

[16] 何东昌. 中华人民共和国教育史纲 [M]. 海口：海南出版社，2002.

[17] 何东昌. 中华人民共和国重要教育文献1949—1975 [M]. 海口：海南出版社，1997.

[18] 何东昌. 中华人民共和国重要教育文献1976—1990 [M]. 海口：海南出版社，1997.

[19] 何俊志等. 新制度主义政治学译文精选 [M]. 天津：天津人民出版社，2007.

[20] 胡中锋. 教育测量与评价 [M]. 广州：广东高等教育出版社，2006.

[21] 金铁宽. 中华人民共和国大事记 [M]. 济南：山东教育出版社，1995.

[22] 李子健，萧今，卢乃桂. 经济转型时期的高中教育——地区比较与学校类型比较 [M]. 北京：教育学科学出版社，2009.

[23] 刘本固. 教育评价的理论与实务 [M]. 杭州：浙江教育出版社，2000.

[24] 凌飞飞. 当代中国教育督导历史研究 [M]. 北京：中国社会科学出版社，2016.

［25］李建民.英国基础教育［M］.上海：同济大学出版社，2015.

［26］刘淑兰.教育评估和督导［M］.上海：华东师范大学出版社，2000.

［27］吕达，周满生.当代外国教育改革著名文献（法国、德国卷）［M］.北京：人民教育出版社，1998.

［28］聂锐，张燚等.高校与利益相关者互动发展的组织创新与行为调适研究［M］.北京：中国经济出版社，2011.

［29］瞿保奎.教育学文集——教育评价［M］.北京：人民教育出版社，1989.

［30］上海市教育评估院.中国教育评估史稿［M］.北京：高等教育出版社，2010.

［31］深圳市地方志编纂委员会.深圳市志·科教文卫卷［M］.北京：方志出版社，2004.

［32］深圳市教育局.教育的追求与跨越：深圳教育30年（1980—2010）［M］.深圳：海天出版社，2010.

［33］深圳市教育科学研究院.深圳教育蓝皮书（2006年）［M］.深圳：海天出版社，2006.

［34］深圳市教育科学研究院.深圳教育蓝皮书（2007—2008年）［M］.深圳：海天出版社，2009.

［35］深圳市教育科学研究院.深圳教育蓝皮书（2009—2010年）［M］.深圳：海天出版社，2015.

［36］深圳市教育科学研究院.深圳教育蓝皮书（2011—2012年）［M］.深圳：海天出版社，2015.

［37］深圳市教育科学研究院.深圳教育蓝皮书（2013—2014年）［M］.深圳：海天出版社，2016.

［38］深圳市教育科学研究院.深圳特区教育研究［M］.武汉：武汉大学出版社，1986.

［39］［美］W.理查德·斯科特.制度与组织——思想观念与物质利益［M］.姚伟，王黎芳，译.北京：中国人民大学出版社，2010.

［40］王景英．教育评价理论与实践［M］．长春：东北师范大学出版社，2011.

［41］王璐．英国教育督导与评价：制度、理念与发展［M］．北京：高等教育出版社，2010.

［42］王明贤．现代质量管理［M］．北京：清华大学出版社；北京交通大学出版社，2011.

［43］王晓宁，张梦琦．法国基础教育［M］．上海：同济大学出版社，2015.

［44］王战军等．中国研究生教育质量保障体系理论与实践［M］．北京：高等教育出版社，2012.

［45］熊贤君．深圳教育史［M］．北京：社会科学文献出版社，2010.

［46］［法］雅基·西蒙，热拉尔·勒萨热．法国国民教育的组织与管理［M］．安延，译．北京：教育科学出版社，2007.

［47］赵章靖．美国基础教育［M］．上海：同济大学出版社，2015.

［48］赵文华．高等教育系统论［M］．桂林：广西师范大学出版社，2001.

［49］张玉堂．利益论——关于利益冲突与协调问题的研究［M］．武汉：武汉大学出版社，2001.

二、期刊论文

［1］白丽云．高等教育评估制度现状探析［J］．考试周刊，2011（8）：194-196.

［2］曹建平．素质教育评价制度的特点及构建原则［J］．湖南师范大学教育科学学报，2002（2）：34-36.

［3］曹雁．近十年来教育行政体制研究综述［J］．中小学管理，2006（12）：35-38.

［4］曹晔．新中国教育结构五次大的调整及当前面临的形势［J］．河北师范大学学报（教育科学版），2013（11）：65-70.

［5］曹晔，张玉红.我国高中阶段职普教育数量与结构的演变［J］.河北师范大学学报（教育科学版），2007（3）：94-102.

［6］曹晔.新形势下我国中等职业教育功能定位与推进策略［J］.教育发展研究，2016（13）：106-112.

［7］曹志祥,高书国.全国高中阶段教育发展预测［J］.基础教育参考（上），2004（10）：8-10.

［8］陈丹，徐冬鸣.论普通高中教育发展方式的转变［J］.教育发展研究，2013（7）：13-14.

［9］陈国良，董秀华，毛鸿祥.高中阶段普职分流的全球视野［J］.教育发展研究，2009（23）：1-7.

［10］陈宏.国内外利益相关者理论研究进展［J］.经济研究导刊，2011（14）：5-6.

［11］陈汉臣.深圳市综合高中创建的探索［J］.广东教育（综合版），2014（4）：51-52.

［12］陈立鹏，罗娟.我国基础教育行政管理体制改革30年简评［J］.中国教育学刊，2009（7）：1-4.

［13］陈如.略论我国教育评价制度系统的构建［J］.教育探索，1999（6）：22-23.

［14］陈益林，陈巴特尔.我国区域性基础教育质量保障体系的构建［J］.基础教育研究，2008（10）：40-42.

［15］褚宏启.基于学校改进的学校自我评估［J］.教育发展研究，2009（24）：41-47.

［16］褚宏启.论教育发展方式的转变［J］.教育研究，2011（10）：3-4.

［17］褚宏启.教育治理：以共治求善治［J］.教育研究，2014（10）：4-11.

［18］褚宏启.政府与学校的关系重构［J］.教育科学研究，2005（1）：41-45.

［19］褚宏启，贾继娥.教育治理中的多元主体及其作用互补［J］.教育研究，2014（19）：1-7.

[20] 褚宏启.我国基础教育行政管理体制改革30年简评[J].中小学管理，2008（11）：4-8.

[21] 诸克军，吴丽花.湖南省高中阶段教育的效率分析与规模预测[J].教育与经济，2000（2）9-11.

[22] 程敬宝.教育评价机制与教育转轨[J].教育科学，1998（3）：8-9.

[23] 程斯辉.论高中教育的复杂性及其对高中教育改革的要求[J].教育学报，2011（2）：74-75.

[24] 崔允漷，周海涛.试论普通高中的独立价值：性质、任务和培养目标[J].全球教育展望，2002（3）：7-11.

[25] 戴莲康.建立义务教育评价制度——浙江义乌教育课程改革探索之二[J].课程·教材·教法，1992（6）：26-31.

[26] 戴前伦.基础教育评价机制的偏差及纠偏对策——兼谈高校招生录取"结构性成绩"模式[J].内江师范学院学报，2011（11）：124-127.

[27] 丁福兴.高校内部教育评价中的冲突归因及治理路径——以利益分析为解释框架[J].教育发展研究，2014（1）：37-41.

[28] 董俊燕，杜玲玲.高中阶段教育的普及趋势研究——基于省级面板数据的实证分析[J].教育科学研究，2014（8）：48-52.

[29] 范炜烽.试论转型期中国政府职能制度变迁的评估[J].经济与社会发展，2008（12）：114-116.

[30] 冯璧，桂幼林.变革中奋进——深圳中等职业教育30年发展历程[J].中国职业技术教育，2010（31）：60-64.

[31] 封安保.构建基于多样化发展的普通高中教育质量保障体系——以合肥一中为例[J].合肥师范学院学报，2015（2）：39-41.

[32] 盖雁，尹钟祥.普通高中教育质量自我监控指标和标准的思考[J].现代教育科学，2011（2）：41-44.

[33] 高焕喜.机制、机制形成和我国城乡统筹机制形成[J].华东经济管理，2007（9）：62-65.

［34］高莉，杨家福.从规模扩张到结构优化：教育结构的战略性调整［J］.教育发展研究，2012（5）：2-5.

［35］高莉，杨家福.转变教育发展方式背景下的教育结构调整［J］.教育科学研究，2012（3）：5-14.

［36］高伟，张燚，聂锐.基于价值链接的高校利益相关者网络结构分析［J］.现代大学教育，2009（2）：94-100.

［37］高妍芳.关于完善民办学校内部管理体制的思考［J］.陕西师范大学学报（哲学社会科学版），2007（S2）：216-218.

［38］葛路谊.试论我国的教育行政管理体制改革［J］.文教资料，2006（35）：51-52.

［39］葛新斌.教育中介组织的合理建构与职能运作探析［J］.清华大学教育研究，2011（6）：99-103.

［40］葛新斌，胡劲松.政府与学校关系的现状与变革——以珠江三角洲地区公立中小学为例［J］.华南师范大学学报（社会科学版），2001（6）：86-92.

［41］龚怡祖.教育行政体制中的基本结构关系分析［J］.清华大学教育研究，2009（6）：9-15.

［42］龚怡祖，钟艳君.教育行政主体观之演进及其对体制创新的影响———当代社会管理创新过程的一个侧面［J］.公共管理学报，2011（3）：73-79.

［43］顾月华.苏州学龄人口变化对教育的影响及对策［J］.常熟理工学院学报（哲学社会科学），2013（3）：44-48.

［44］郭进合.关于构建素质教育评价机制的几点设想［J］.胜利油田师范专科学校学报，2002（3）：38-39.

［45］海因兹·迪特·迈尔，布莱恩·罗万.教育中的新制度主义［J］.北京大学教育评论，2007（1）：15-25.

［46］韩晓燕，张彦通，李汉邦.基于新制度经济学的我国高等教育评估制度变迁研究［J］.国家教育行政学院学报，2006（10）：34-39.

[47] 何侃,陈金芳.基础教育评价的问题分析与对策[J].教育评论,2007(5):44-47.

[48] 贺武华,高金岭.高等教育发展的制度变迁理论解释[J].江苏高教,2004(6):24-27.

[49] 何玉玲,袁桂林.美国教育督导的特征及其变革趋势[J].外国教育研究,2008(10):42-46.

[50] 胡赤弟.高等教育中的利益相关者分析[J].教育研究,2005(3):38-45.

[51] 黄潮,彭德昭.广州市城市中学教育行政管理体制改革刍议[J].广州教育,1989(4):2-8.

[52] 黄向阳.学生发展指导制度建设刍议[J].教育发展研究,2010(15):68-69.

[53] 黄崴.我国教育督导体制现状、问题与改革路径[J].教育发展研究,2009(12):16-20.

[54] 胡子祥.高校利益相关者治理模式初探[J].西南交通大学学报,2007(1):15-19.

[55] 金传宝,肖明全.山东省高中段教育结构调整与发展研究[J].山东师范大学学报(人文社会科学版),2003(1):63-66.

[56] 贾生华,陈宏辉.利益相关者的界定方法述评[J].外国经济与管理,2002(5):13-18.

[57] 靳希斌.教育结构与经济结构[J].北京师范大学学报(社会科学版),1986(4):48-54.

[58] 康德山.教育的区域性陈述[J].教育理论与实践,2002(7):19-23.

[59] 康宏,全斌.教育评价标准的价值反思——基于规范认识的视角[J].教育探索,2011(12):13-15.

[60] 雷经国.民间教育评估机构权力的特性及范畴探析[J].教育文化论坛,2013(6):18-21.

［61］雷经国，刘波.论民间教育评估机构权力的内涵、特点与范畴［J］.上海教育评估研究，2014（1）：14-17.

［62］李超玲，钟洪.基于问卷调查的大学利益相关者分类实证研究［J］.高教探索，2008（3）：31-34.

［63］李春玲，肖远军.试论我国教育行政体制中的权力分配［J］.江西教育科研，1996（2）：1-4.

［64］李德龙.我国县域义务教育评价制度的问题及构思［J］.教学与管理，2008（24）：6-7.

［65］李福华.利益相关者理论与大学管理体制创新［J］.教育研究，2007（7）：36-39.

［66］李红卫.教育分流与职普比政策变迁研究［J］.职教论坛，2012（27）：14-19.

［67］李平.高等教育的多维质量观：利益相关者的视角［J］.国家教育行政学院学报，2008（6）：53-58.

［68］李润洲.普通高中教育的定位："教育—人—社会"的视角［J］.教育发展研究，2013（22）：22-27.

［69］李尚卫，周天梅，杨文淑.论我国基础教育评价的应然取向［J］.教学与管理，2010（15）：6-8.

［70］李守福.论大学的社会评价［J］.比较教育研究，2003（5）：1-5.

［71］李帅军.试论当代教育行政管理体制及其发展趋势［J］.河南师范大学学报（哲学社会科学版），1991（4）：141-144.

［72］李晓燕.关于扩大中小学办学自主权的思考［J］.中国教育学刊，2014（3）：26-29.

［73］李雁冰.论教育评价专业化［J］.教育研究，2013（10）：121-126.

［74］李钰.职业教育大发展背景下上海市中等职业教育外部质量保障体系的构建［J］.中国职业技术教育，2011（14）：37-43.

［75］梁娟红.完善中国传统文化教育与创新高校思想政治教育评价机制契机［J］.职业教育，2015（9）：119-120.

［76］廖军和，李志勇．从精英到大众：我国普通高中教育定位之思考［J］．教育科学研究，2011（2）：20-21.

［77］林斯坦．教育评价机制论［J］．教育评论，1997（6）：11-13.

［78］林尚立．走向现代国家：对改革以来中国政治发展的一种解读［J］．当代中国政治研究报告，2004（9）：23-48.

［79］刘波，杨蕾．民间教育评估机构的权力生成、执行及保障［J］．教育理论与实践，2015（30）：3-5.

［80］刘丽群．差异公平——我国普通高中多样化发展的价值诉求［J］．河北师范大学学报（教育科学版），2014（6）：64-65.

［81］刘丽群．高中阶段普职沟通的问题反思与政策建议［J］．教育研究，2015（9）：97-98.

［82］刘丽群，彭李．普职融通：我国高中阶段教育改革与发展的整体趋向［J］．湖南师范大学教育科学学报，2013（5）：64-65.

［83］刘丽群，彭李．国外高中教育普职沟通的关键举措与基本经验［J］．湖南师范大学教育科学学报，2014（5）：85-86.

［84］刘敏．法国高中学校绩效评估体系探究［J］．教育发展研究，2009（12）：36-38.

［85］刘淑芸．重建我国高等教育评估制度的思考［J］．中国高等教育评估，2014（3）：55-60.

［86］刘尧．论教育评价的科学性与科学化问题［J］．教育研究，2001（6）：22-26.

［87］刘振天．高等教育评估结果的使用及其规范探究［J］．中国高等教育，2013（2）：22-25.

［88］娄佳．试探我国教育行政体制改革———基于新公共管理理论［J］．当代教育论坛，2008（8）：38-40.

［89］卢立涛．全球视野下高中教育性质、定位和功能［J］．外国教育研究，2007（4）：35-38.

［90］陆兴发．法国学校评价制度的改革［J］．外国中小学教育，2001（8）：

14-16.

[91] 马成,姚凯帆.试析高等教育质量管理机制的构建——基于利益相关者的视角[J].福建论坛,2011(4):110-111.

[92] 马万高.职业高中教育质量内容和标准探讨[J].教育与职业,1987(4):27-28.

[93] 马延奇.大学利益相关者与高等教育评估制度创新[J].华中师范大学学报(人文社会科学版),2009(2):116-121.

[94] 马宇文.论制度变迁中的制度缺失现象及对策选择[J].经济与管理,2003(1):22-23.

[95] 茅广儒.试论我国教育结构的调整思路[J].北京师范大学学报(社会科学版),1998(3):12-19.

[96] 孟宣廷,袁永红.论高等教育的社会评估[J].理工高教研究,2005(6):19-20.

[97] 莫丽娟,王永崇.建国以来国家高中普职结构政策变迁[J].现代教育管理,2011(5):35-39.

[98] 莫丽娟,王永崇.普职规模结构政策的困境与反思[J].职业技术教育,2011(7):5-7.

[99] 莫丽娟,袁桂林.普职分殊:研究普职规模结构的逻辑起点[J].上海教育科研,2011(5):9-10.

[100] 莫玉音.国内普通高中评估现状与教育质量监测体系的比较分析[J].教育导刊,2014(8):39-42.

[101] 农卫东,廖文武.利益主体多元化与高等教育评估制度改革[J].清华大学教育研究,2003(4):98-103.

[102] 潘海生.作为利益相关者组织的大学治理理论分析[J].中国地质大学学报,2007(5):17-20.

[103] 潘武玲,谢安邦.从治理理论的视角看我国研究生教育评估中政府职能的转变[J].教育发展研究,2004(7):78-80.

[104] 彭波.教育质量的概念:概念、特性及保障[J].基础教育研究,

2010（8）：40-43.

[105] 戚业国，杜瑛.教育价值的多元与教育评价范式的转变[J].华东师范大学学报（教育科学版），2011（2）：11-18.

[106] 乔婵，张崴，冯林.多元治理视角下高等教育评估多元主体参与探究[J].黑龙江教育（高教研究与评估），2015（4）：72-73.

[107] 秦惠民，王名扬.我国高等教育评估制度演变的社会基础与制度逻辑——基于历史制度主义的分析[J].中国高教研究，2015（10）：1-6.

[108] 邱雅.我国高中教育发展规模的计量预测与分析[J].教育与经济，2005（2）：48-52.

[109] 曲连奎，黄国伟.试论素质教育评价机制的构建[J].现代教育科学，2009（1）：197.

[110] 曲正伟.地方教育行政体制创新的现状与问题——基于两届"地方教育制度创新奖"的案例分析[J].湖南师范大学教育科学学报，2013（2）：107-111.

[111] 饶旭鹏.新制度主义及其在中国的实践[J].辽宁工业大学学报（社会科学版），2015（3）：1-3.

[112] 饶燕婷.利益相关者视野中高等教育质量保障多元主体探析[J].大学·研究与评价，2009（7）：19-23.

[113] 荣长海，高文杰，赵丽敏.教育公共治理视域下的高职教育评估问题[J].天津师范大学学报（社会科学版），2015（6）：46-51.

[114] 任建华.教育评价改革中利益关系的冲突与协调[J].重庆科技学院学报（社会科学版），2006（2）：103-106.

[115] [英]萨丽·托马斯，彭文蓉.运用"增值"评量指标评估学校表现[J].教育研究，2005（9）：20-27.

[116] 沈佳乐.均衡与融合：高中段普通教育和职业教育的发展趋势——芬兰高中教育的经验与启示[J].职业技术教育，2010（25）：89-92.

［117］沈伟，卢乃桂．问责背景下的教育质量：何为与为何［J］．全球教育展望，2011（2）：56-61.

［118］深圳市教育局．发展分段高中优化高中阶段教育结构［J］．课程·教材·教法，1995（8）：12-13.

［119］石灯明．中央集权体制下的法国教育督导制度［J］．当代教育论坛，2009（11）：22-25.

［120］施雪华，张琴．国外治理理论对中国国家治理体系和治理能力现代化的启示［J］．学术研究，2014（6）：31-36.

［121］宋兵波．我国高中教育改革价值取向：综合化全人教育［J］．中国教育学刊，2011（4）：13-16.

［122］宋财文．深圳特区个人教育需求分析［J］．内蒙古民族大学学报，2007（13）：48-49.

［123］苏红．美国基础教育学业质量评价：体系、机制与启示［J］．世界教育信息，2012（5）：40-43.

［124］苏启敏．教育评价改革的价值选择路径探寻［J］．教育理论与实践，2012（4）：27-31.

［125］苏昕，侯鹏生．高等教育评价体系的结构多元化和价值冲突［J］．教育研究，2009（10）：60-65.

［126］孙成城．试论我国教育行政体制面临的挑战［J］．教育理论与实践，1999（12）：22-24.

［127］孙孔懿．普通高中教育的复合性质与多重使命［J］．江苏教育研究，2008（11）：3-8.

［128］谈松华．深化教育行政改革的整体框架和推进策略［J］．国家行政学院学报，2012（5）：12-17.

［129］汤兵，李纯．《普通高中教育质量监控体系的构建研究》开题报告［J］．安徽基础教育研究，2015（3）：14-16.

［130］唐华生，叶怀凡．构建农村基础教育质量保障体系的思考［J］．宜宾学院学报，2007（1）：104-106.

［131］唐伟志.产业转型与深圳市成人教育研究［J］.成人教育，2013（6）：88-89.

［132］滕世华.公共治理理论及其引发的变革［J］.国家行政学院学报，2003（1）：44-45.

［133］汪长明.职业教育评价体系构建的研究［J］.中国职业技术教育，2013（15）：41-43.

［134］王海棠.我国高中阶段普职教育结构现状分析及优化［J］.教学与管理，2008（9）：8-9.

［135］王红.我国高等教育评估分类与现实选择初探［J］.中国高等教育，2011（7）：44-45.

［136］王俊芳.浅议高中素质教育下的教育评价［J］.林区教学，2006（2）：39-40.

［137］王建华.创新教育评价机制促进学校"增量"发展——关于构建普通中小学教育质量发展性评价体系的思考［J］.基础教育参考，2014（18）：3-7.

［138］王景英.略谈对教育的社会评价的理解［J］.现代中小学教育，1996（5）：24-25.

［139］王蔷.论战略联盟中的相互信任问题（下）［J］.外国经济与管理，2000（5）：21-24.

［140］王薇.学校评价结果解释的类型分析［J］.教育科学研究，2017（1）：53-59.

［141］王星霞.当前我国高中教育发展政策的解读与思考［J］.理论观察，2011（69）：97-99.

［142］王永林，王战军.高等职业教育评估的价值取向研究——基于评估方案的文本分析［J］.教育研究，2014（2）：63-64.

［143］王媛，陈恩伦.健全教育督导问责机制的路径探析［J］.教育研究，2016（5）：34-39.

［144］王战军，孙锐.我国高等教育评估制度演进趋势探析［J］.高等教

育研究，2000（6）：78-81.

［145］魏宏聚.教育质量观的内涵、演进与启示［J］.教育导刊，2010（1）：5-8.

［146］魏所康.高中阶段教育结构类型研究［J］.教育研究，1994（10）：47-51.

［147］温承革，王勇，杨晓燕.组织内部协调机制研究［J］.山西财经大学学报，2004（6）：85-90.

［148］闻待.多样化以致丰富——高中教育多样化发展政策研究［J］.基础教育，2011（6）：51-58.

［149］吴二持.论教育行政体制改革的若干问题［J］.教育理论与实践，1994（2）：23-26.

［150］吴刚平.反思普通高中课程：功能期待与结构设计［J］.全球教育展望，2002（6）：33-36.

［151］吴启迪.积极发挥社会组织作用 共同推进质量保障和评估制度建设［J］.中国高等教育，2011（2）：17-20.

［152］吴志宏.两种教育行政体制及其改革［J］.华东师范大学学报（教育科学版），1999（3）：19-25.

［153］肖庆顺.人口因素对区域教育"十三五"规划制定的影响［J］.天津市教科院学报，2015（5）：11-12.

［154］邢晖.试论高中阶段职普教育关系及其协调发展策略［J］.河北师范大学学报（教育科学版），2001（4）：79-80.

［155］徐爱杰.论我国高中教育的功能定位［J］.教育理论与实践，2012（7）：30-31.

［156］徐爱萍.基于主体协同的高等教育质量保障机制构建［J］.江苏高教，2013（3）：49-51.

［157］徐辉.质量型普及之路：美国高中教育发展历史轨迹的昭示［J］.教育学报，2007（2）：62-66.

［158］徐士强.试论新型高中教育质量观的构建［J］.教育发展研究，

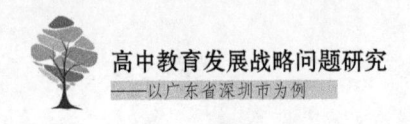

2008（12）：17-19.

[159] 许丽艳.高校—高中协同创新：助力高中教育质量提升［J］.中小学管理，2013（6）：27-29.

[160] 许明.美国中小学评价与绩效制度改革的最新进展［J］.比较教育研究，2001（11）：22-26.

[161] 许小君,霍登奇,张艳.四川省2008—2015年中学教师需求预测［J］.教师教育研究，2008（1）：10-13.

[162] 荀振芳.高等教育评价的教育性视角［J］.高等教育研究，2004（2）：29-32.

[163] 闫飞龙.高等教育评价制度的权力及其分配［J］.教育研究，2012（4）：122-127.

[164] 阎岩.我国高等教育评估制度改进对策研究［J］.丝绸之路，2011（12）：115-118.

[165] 杨骞.高中教育质量的再审视［J］.中国教育学刊，2008（4）：7-10.

[166] 杨建超,孙玉丽.我国高中教育定位问题研究述评与再认识［J］.教育理论与实践，2015（5）：9-11.

[167] 杨菊仙,廖湘阳.基于公共治理的高等教育评估研究［J］.高教探索，2008（4）：32-35.

[168] 杨涛,辛涛,董奇.法国基础教育质量测评体系探析［J］.比较教育研究，2013（4）：60-65.

[169] 杨炜长.利益相关者视野中民办高等教育质量保障体系构建［J］.黑龙江高教研究，2012（11）：8-12.

[170] 叶文梓.论深圳教育现代化的时代特点［J］.南方论坛，2007（6）：15-21.

[171] 杨晓江.论教育评价专业化［J］.教育科学，1999（3）：121-126.

[172] 杨晓江.教育评估的科学性与科学的教育评估［J］.教育研究，2000（8）：33-36.

[173] 杨晓江.试论我国高等教育评估制度的建立［J］.云南教育，2002

（24）：69-73.

[174] 杨晓江.普通高中素质教育评价标准及分等设计[J].教育科学研究，2003（1）：20-23.

[175] 游心超.高中阶段教育结构非均衡发展问题的思考[J].教育发展研究，2001（4）：13-15.

[176] 袁桂林.对普通高中多样化发展的理解[J].人民教育，2013（8）：2-5.

[177] 袁贵仁.深化教育领域综合改革加快推进教育治理体系和治理能力现代化[J].中国高等教育，2014（5）：4-11.

[178] 袁晶，陈恩伦.基于教育督导的素质教育评价机制研究[J].中小学校长，2014（11）：63-67.

[179] [美] 詹姆斯·马奇，约翰·奥尔森.制度主义详述[J].国外理论动态，2010（7）：41-49.

[180] 张德伟.略论后期中等教育的性质、地位、功能和作用——一个国际比较教育的视野[J].外国教育研究，2004（3）：1-6.

[181] 张芳，焦凤琴.对高中教育阶段教育类别和结构问题的思考[J].教育探索，2002（7）：52-53.

[182] 张国强.教育政策中的利益相关者及其博弈逻辑[J].河北师范大学学报（教育科学版），2014（2）：90-94.

[183] 张华.高中课程改革的问题、理念与目标[J].全球教育展望，2003（9）：3-4.

[184] 张华.我国高中教育发展方向：走向综合化[J].全球教育展望，2014（3）：3-12.

[185] 章建华.高等教育价值观的多元表达与教学评估变革[J].大学·研究与评价，2007（2）：43-45.

[186] 张建敏.国外中等教育结构改革对我国职业教育的启示[J].教育与职业，2010（24）：93-95.

[187] 张楠.试论实行分权型教育行政体制的影响因素[J].教育探索，

2010（12）：15-17.

[188] 张新平.加强教育宏观调控深化教育行政体制改革[J].湖北大学学报（哲学社会科学版），1994（5）：109-114.

[189] 张耀天，肖泽平.中等职业教育质量保障现状调查与分析——以重庆市为例[J].职教论坛，2012（16）：60-63.

[190] 赵佳音."全面二孩政策"背景下全国及各省市学龄人口预测——2016至2025年学前到高中阶段[J].教育与经济，2016（4）：64-69.

[191] 赵红丽.初中分流制度对中等职业教育发展的影响[J].学校管理研究，2013（1）：267-268.

[192] 赵青.高中教育的主要问题及教育行政管理对策[J].学周刊，2013（4）：4.

[193] 张瑞，朱德金.城乡统筹背景下职业教育评价体系研究[J].继续教育，2011（3）：18-21.

[194] 张祥明.教育评价制度的意义、类型和特征[J].福建教育学院学报，2001（3）：25-28.

[195] 张意忠.教育评价价值取向研究[J].教育探索，2002（10）：5-7.

[196] 张应强，苏勇建.高等教育质量保障：反思、批判和变革[J].教育研究，2014（5）：19-27.

[197] 曾文婕.评估促进学习何以可能——论新兴学本评估的价值论原理[J].教育研究，2015（12）：79-88.

[198] 郑大卫.普通高中教育质量评价标准的构建与实施[J].广东教育，2006（12）：54-56.

[199] 中国教科院教育质量标准研究课题组.教育质量国家标准及其制定[J].教育研究，2013（6）：4-16.

[200] 周延勇，李庆丰.高等教育评价的价值问题探究[J].国家教育行政学院学报，2011（2）：41-46.

[201] 周作宇.论教育质量观[J].教育科学研究，2010（12）：27-32.

［202］朱德全，徐小容.高等教育质量治理主体的权责：明晰与协调［J］.教育研究，2016（7）：74-82.

［203］朱新卓，陈俊一.我国中等教育阶段普职关系面临的问题与变革的方向——德国中等教育阶段普职关系对我国的启示［J］.教育研究与实验，2013（4）：11-15.

［204］祝新宇.构建多元融合的区域基础教育质量保障机制［J］.教育发展研究，2012（11）：47-50.

三、学位论文

［1］边家胜.日本中等职业教育改革对我国的启示——以20世纪90年代以来改革新动向为中心［D］.长春：东北师范大学，2007.

［2］陈波涌.湖南省中等职业教育发展规模预测及对策研究［D］.长沙：湖南农业大学，2007.

［3］陈志芳.永州中等职业教育个人教育需求及其影响因素研究［D］.南宁：广西大学，2014.

［4］程方生.论高中阶段教育结构的优化——以江西省为例［D］.南昌：江西师范大学，2004.

［5］程雅慧.县域高中阶段教育结构的研究——以山东省×县为例［D］.西宁：青海师范大学，2012.

［6］崔明云.我国中等职业教育质量保障体系探究［D］.重庆：西南大学，2013.

［7］龚爽."全面二孩"政策下×省不同功能区学前教育资源需求预测［D］.重庆：西南大学，2016.

［8］黄雪娜.英德法三国基础教育质量评估机制的比较研究［D］.福州：福建师范大学，2003.

［9］李德龙.主体性教育督导研究［D］.济南：山东师范大学，2009.

［10］李亚东.区域教育质量保障体系研究［D］.上海：华东师范大学，

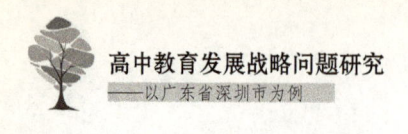

2003.

[11] 李亚东.我国高等教育外部质量保障组织体系顶层设计[D].上海：华东师范大学，2013.

[12] 廖海燕.西部高中构建教学质量保障体系的基础、策略与效果[D].上海：华东师范大学，2009.

[13] 刘锋.深圳市中等职业教育存在的主要问题及对策[D].武汉：华中师范大学，2000.

[14] 刘丽梅.论教育质量[D].太原：山西大学，2010.

[15] 刘六生.省域高等教育结构调整研究[D].大连：辽宁师范大学，2011.

[16] 丘红兰.深圳教育督导评估[D].武汉：华中师范大学，2000.

[17] 王姣娜.普通教育还是职业教育——经济转型期中国高中阶段教育选择[D].北京：中国社会科学院研究生院，2015.

[18] 王兴良.关于我国研究生教育质量保障的研究[D].上海：上海交通大学，2008.

[19] 武亚娟.基础教育集团化办学研究[D].西安：陕西师范大学，2013.

[20] 曾祥春.普通高中教育质量监测"教师成长监测指标"研究[D].福州：福建师范大学，2007.

[21] 张晓平.农村基础教育质量保障机制研究[D].长沙：湖南师范大学，2007.

四、其他文献

[1] 储朝晖.高中教育需从"修塔"向"建广厦"转型[N].中国教育报，2015-11-16.

[2] 顾明远.教育大辞典（增订合编本）[Z].上海：上海教育出版社，1998.

［3］霍益萍．高中：基础＋选择——也谈高中教育的定位与选择［N］．中国教育报，2012-3-9．

［4］姜文闵，韩宗礼．简明教育辞典［Z］．西安：陕西人民教育出版社，1988．

［5］谢维和．从基础教育到大学预科——新时期高中教育的定位及其选择［N］．中国教育报，2011-9-29．

［6］谢维和．从教育的间断性与连续性看高中教育——再论高中教育的定位与选择［N］．中国教育报，2012-3-2．

［7］许嘉璐．教育结构体系：梳理教育问题的关键［N］．中国教育报，2002-4-4．

［8］王焕勋．教育实用大词典［Z］．北京：北京师范大学出版社，1995．

［9］张念宏．教育百科辞典［Z］．北京：中国农业科技出版社，1988．

五、英文文献

［1］Clarkson, M.（1995）.A Stakeholder Framework for Analyzing and Evaluating Corporate Social Performance, Academy of Management Review, Vol. 20 No.1, pp. 92-117.

［2］Freeman, R.E.（1984）.Strategic Management: a Stakeholder Theory, Boston, MA: Pitman, pp. 231.

［3］Mitchell, A. & Wood.（1997）.Toward a Theory of Stakeholder Identification and Salience: Defining the Principle of Who and What Really Counts, The Academy of Management Review, Vol. 22 No.4, pp. 853-886.

［4］Sahlberg P. Education Policies for Raising Student Learning: The Finnish Approach［J］.Journal of Education Policy, 2007（22）：147-171.

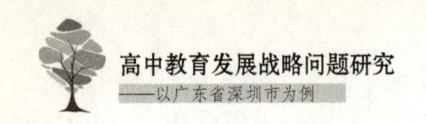

附 录

一、教育结构访谈提纲

尊敬的领导：

您好！高中阶段教育结构的调整与优化是高中教育实现内涵式发展的前提和基础。为全面了解深圳市高中阶段教育结构中存在的问题，研究高中阶段教育结构调整优化策略，促进深圳市高中教育优质发展，特就以下问题进行访谈。所获信息仅供"深圳市高中教育发展战略研究"课题使用，请就实际情况作答。

谢谢您的支持与配合！

华南师范大学教育科学学院课题组
二〇一六年十月

请回答以下问题：

1. 您怎样看待深圳市高中阶段教育结构的现状（普职比、办学形式、学校类型等）？是否存在突出的问题？
2. 针对未来学龄人口情况，您如何看待高中阶段教育结构的优化？
3. 深圳市高中阶段公办校和民办校发展情况大概如何？
4. 目前深圳市中职类学校发展状况如何？

5. 您认为深圳市高中阶段教育结构应该从哪些方面优化？未来有何改革动向？

二、教育评价机制访谈提纲

（一）政府访谈提纲

尊敬的____：

您好，非常高兴您能接受我们的访谈！我们正在开展深圳市高中教育评价机制改革的研究工作，希望通过对您的访谈了解当前深圳市高中教育评价的基本情况。访谈信息仅供研究使用，绝不外泄，请您安心作答。

衷心感谢您的支持与配合！

华南师范大学教育科学学院课题组
二〇一六年十月

请回答以下问题：

1. 当前深圳市高中教育评价除政府督导部门外，评价主体还有哪些？
2. 政府对高中教育是如何进行评价的？（内容、方法、标准和程序）
3. 对高中教育评价的结果是如何反馈和处理的？
4. 管办评分离政策推行后，深圳市高中教育评价有何变化？体现在哪些方面？
5. 您认为当前高中教育评价存在哪些问题？具体表现有哪些？
6. 您认为一个科学的教育评价应该是什么样？
7. 您对高中教育评价改革有什么看法或者建议？

（二）学校访谈提纲

尊敬的____：

您好，非常高兴您能接受我们的访谈！我们正在开展深圳市高中教育

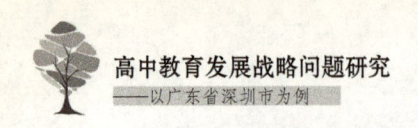

评价机制改革的研究工作，希望通过对您的访谈了解当前高中教育评价的基本情况。访谈信息仅供研究使用，绝不外泄，请您安心作答。

衷心感谢您的支持与配合！

华南师范大学教育科学学院课题组
二〇一六年十月

请回答以下问题：

1. 贵校的学校评价是如何进行的（如评价的主体、流程等）？您觉得这样评的好处和缺陷是什么？
2. 贵校的校内评价制度有哪些？这些制度有哪些优势和不足？
3. 贵校在教育评价过程中遇到过哪些问题？是什么原因造成的？是如何解决的？
4. 管办评分离政策推行后，学校的教育评价有何变化？体现在哪些方面？
5. 在您看来一个合理的高中教育评价应该是什么样？
6. 您对高中教育评价改革有什么看法或者建议？

三、教育质量保障访谈提纲

（一）教育局访谈提纲

尊敬的教育局领导：

您好！随着教育改革的进一步深化和高中教育的逐步普及，深圳市高中教育质量提升的任务日渐紧迫。为总结深圳市高中教育质量保障的先进经验，找出存在的主要问题，特就以下问题对您做一次专访。所获信息仅供课题研究使用，请您安心作答。

感谢您的大力支持！

深圳市高中教育发展战略研究课题组
二〇一六年九月

备注：本访谈中的"高中教育"指正规学校系统中的高中教育，主要包括普通高中和中等职业教育（又包含普通中专学校、职业高中和技工学校）。

请回答以下问题：

1. 贵地高中教育当前面临的主要任务是什么？

2. 近年来，贵地对高中教育质量有哪些标准性规定？

3. 为促进高中教育质量的提升，贵地通常会做出哪些方面的努力（政策、经费、人才等）？

4. 贵地现有的有关高中教育质量的评价（包含评估、督导）有哪些？

5. 为促进教育质量目标达成，贵地主要出台了哪些相关激励政策（或奖惩制度）？

6. 在贵地高中教育发展中，其他社会主体（如：政府其他部门、用人单位、区域公众等）的参与积极性如何？

7. 在高中教育质量保障方面，贵地还存在哪些困难和阻碍？

8. 针对上述困难和阻碍，还需要哪些方面人员的支持与配合？他们应发挥什么作用？

（二）学校访谈提纲

尊敬的学校领导：

您好！随着高中教育的逐步普及，深圳市高中教育质量提升的任务日渐紧迫。为总结各校质量保障和质量管理的先进经验，找出存在的主要问题和困难，特就以下问题对您做一次专访。所获信息仅供课题研究使用，请您安心作答。

感谢您的大力支持！

深圳市高中教育发展战略研究课题组
二〇一六年九月

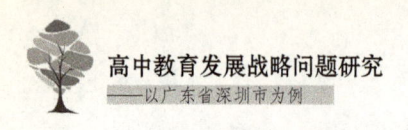

请回答以下问题：

1. 贵校近年的教育教学质量目标是什么？

2. 为实现教育教学质量目标，贵校一般会做出哪些努力（管理、教学、课程等）？

3. 为促进学生的全面发展，贵校主要采取了哪些措施（社团活动、校本课程、特色学校）？

4. 为促进教育教学质量提升，贵校自主开展的教育教学评价（包含评估、检查等）有哪些？

5. 近年来，贵校的招生情况（生源质量、构成等）和毕业情况（升学、就业）如何？

6. 近年来，贵校的捐资助学、开放办学（家校合作、校企合作、院校合作等）情况如何？

7. 在提高教育质量方面，贵校还存在哪些困难？

8. 您认为保证高中教育质量进一步提升，还需要哪些方面人员的支持与配合？他们应发挥什么作用？

四、调查问卷

（一）深圳市居民高中教育需求情况调查问卷

尊敬的家长：

您好！

为了广泛地了解深圳市居民的高中教育需求状况，更好地制定教育政策和规划，提升群众教育满意度，特设此调查问卷，请您根据真实情况作答，选择相应的答案，谢谢您的支持与配合！

华南师范大学教育科学学院课题组
二〇一六年十月

第一部分　基本情况

1. 您的年龄？（　）

   A.30 岁到 39 岁　　B.40 到 49 岁　　C.50 到 59 岁　　D.60 岁以上

2. 您的职业？（　）

   A. 科技 IT 类　　B. 工商管理类　　C. 金融投资类　　D. 法律医学类

   E. 服务类　　　　F. 教育类　　　　G. 公关类　　　　H. 其他（请注明）

3. 您的文化程度？（　）

   A. 小学及以下　　B. 初中　　　　　C. 中专　　　　　D. 高中

   E. 大专、高职　　F. 大学本科　　　G. 研究生及以上

4. 您的年均家庭教育支出情况怎样？（　）

   A.5 千元以下　　B.5 千元到 1.5 万元　　C.1.5 万元以上

5. 您所在的区是？（　）

   A. 南山区　　　　B. 罗湖区　　　　C. 盐田区　　　　D. 福田区

   E. 宝安区　　　　F. 龙岗区　　　　G. 坪山新区　　　H. 光明新区

   I. 龙华新区　　　J. 大鹏新区

第二部分　相关问题

一、单选题

1. 您在什么情况下会为子女选择中职类学校？（　）

   A. 孩子的成绩不好，考不上普通高中

   B. 认为中职类学校的教学质量还不错

   C. 家庭经济状况较差，希望子女早点工作

   D. 无论什么情况都不选中职类学校

2. 您认为深圳市民办高中的办学水平如何？（　）

   A. 较高　　　　　B. 一般　　　　　C. 较低　　　　　D. 较差

3. 您认为深圳市民办高中的收费状况如何？（　）

   A. 很高　　　　　B. 偏高　　　　　C. 合适　　　　　D. 偏低

4. 您在什么情况下会为子女选择民办高中？（ ）

A. 民办与公办学校教学质量差不多，但公办学校进不去

B. 子女在公办学校读不下去

C. 没有精力照顾子女

D. 无论什么情况都不选择民办学校

5. 您的子女没有考上公办普通高中，您会怎么办？（ ）

   A. 就读职业高中   B. 选择就业   C. 就读民办普通高中

   D. 普通中专   E. 技工学校

6. 您希望子女至少接受哪一层次的教育？（ ）

   A. 高中   B. 大专   C. 本科

   D. 硕士   E. 博士

7. 您认为，现今的年轻人具有怎样水平的学历能适应社会需求和竞争？（ ）

   A. 中专   B. 高中   C. 大专、高职

   D. 大学本科   E. 研究生及以上

8. 您希望您的孩子初中毕业后继续在哪里学习？（ ）

   A. 普通高中   B. 职业高中   C. 普通中专

   D. 技工学校   E. 出国

9. 依照深圳市随迁子女异地中考政策，您的子女初中毕业后将作何选择？（仅限非深圳户籍的家长填写）（ ）

   A. 回户籍所在地读高中   B. 读深圳的民办高中

   C. 读中职类学校   D. 就业

10. 中职类逐步推进免费政策之后会增强您和子女选择中职类教育的吸引力吗？（ ）

   A. 是   B. 否

二、多选题

1. 您是如何看待中等职业教育的？（ ）（限选两项）

   A. 读中等职业类教育将来没有发展前途，找不到好工作

B. 中等职业类学校里可以学到一技之长，更加实用

C. 目前中等职业类学校管理混乱，办学质量低

2. 您对目前深圳市民办高中教育发展最不满意的地方是？（　）（限选两项）

A. 办学条件和办学质量参差不齐

B. 学费高昂或收费不够合理

C. 相对公办学校来说，管理不够规范

D. 学校学习氛围差

3. 您对目前深圳市中职类教育发展最不满意的地方是？（　）（限选两项）

A. 办学质量不高，学不到实用的知识　　B. 学校管理混乱

C. 升学渠道不顺畅　　　　　　　　　　D. 就业前景不好

4. 您认为哪些因素影响您对子女的教育选择倾向？（限选三项）（　）

A. 子女的成绩状况　　　　B. 学校教育质量及条件

C. 子女的个人兴趣　　　　D. 继续升学的渠道

E. 就业前景　　　　　　　F. 家庭的经济条件

5. 您认为当今社会中，什么是最重要的？（　）（限选三项）

A. 学历　　　　B. 人际关系　　　　C. 实际知识技能

D. 长相　　　　E. 人品　　　　　　F. 其他（请注明）

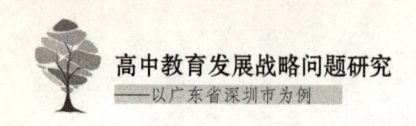

（二）高中学校教育质量保障调查问卷（学生问卷）

亲爱的同学：

您好！

这是一份有关高中学校教育质量保障的调查问卷，您的意见对本研究有十分重要的价值。本问卷采用无记名方式填写，您的回答不分对错，所获得数据只用于课题研究，绝不外泄。为保证研究的科学性，请您依据自身认识如实作答。

衷心感谢您的支持与配合！

深圳市高中教育发展战略研究课题组
二〇一六年十一月

第一部分　基本信息

1. 您的性别：

　A. 男　　　　　　　B. 女

2. 您的年级：

　A. 一年级　　　　　B. 二年级　　　　　C. 三年级

3. 您所在的区：

　A. 福田区　　　　　B. 罗湖区　　　　　C. 南山区

　D. 盐田区　　　　　E. 宝安区　　　　　F. 龙岗区

　G. 坪山新区　　　　H. 光明新区

　I. 龙华新区　　　　J. 大鹏新区

第二部分　正式问卷

1. 以下群体都会对学校的教育教学提出要求，您认为，他们这样做的合理性分别是：

　（填写提示：请在相应的"□"上划"√"。）

	非常影响	比较影响	一般	不太影响	完全不影响
学　生	☐	☐	☐	☐	☐
教　师	☐	☐	☐	☐	☐
学校管理人员	☐	☐	☐	☐	☐
政府部门	☐	☐	☐	☐	☐
学生家长	☐	☐	☐	☐	☐
用人单位	☐	☐	☐	☐	☐
高　校	☐	☐	☐	☐	☐
社区民众	☐	☐	☐	☐	☐

2. 您认为，以下群体对学校教育教学质量的影响程度分别是：

（填写提示：请在相应的"☐"上划"√"。）

	非常影响	比较影响	一般	不太影响	完全不影响
学　生	☐	☐	☐	☐	☐
教　师	☐	☐	☐	☐	☐
学校管理人员	☐	☐	☐	☐	☐
政府部门	☐	☐	☐	☐	☐
学生家长	☐	☐	☐	☐	☐
用人单位	☐	☐	☐	☐	☐
高　校	☐	☐	☐	☐	☐
社区民众	☐	☐	☐	☐	☐

3. 您认为，学校满足以下群体教育教学要求的优先情况应该是：

（填写提示：请在相应的"☐"上划"√"。）

	非常影响	比较影响	一般	不太影响	完全不影响
学　生	☐	☐	☐	☐	☐
教　师	☐	☐	☐	☐	☐
学校管理人员	☐	☐	☐	☐	☐
政府部门	☐	☐	☐	☐	☐
学生家长	☐	☐	☐	☐	☐

用人单位	☐	☐	☐	☐	☐
高　校	☐	☐	☐	☐	☐
社区民众	☐	☐	☐	☐	☐

4. 以下高中学校的相关要素中，您认为哪些比较重要？（限选三项）

A. 学校声誉　　　　　　B. 师资队伍　　　　　C. 学校环境

D. 管理制度　　　　　　E. 人才培养质量

F. 互动沟通能力（家校沟通）

G. 特色发展（社团建设／校本课程开发／特色学校建设等）

H. 其他_____

5. 您认为，高中学校可能需要您提供哪些支持？（限选三项）

A. 维护、宣传学校形象

B. 遵守学校各项规章制度

C. 关心学校发展

D. 积极、认真的学习态度

E. 其他_____

（问卷到此结束，再次感谢您的支持与配合！）

（三）高中学校教育质量保障调查问卷（教师／家长问卷）

尊敬的先生／女士：

您好！

这是一份有关高中学校教育质量保障的调查问卷，您的意见对本研究具有十分重要的价值。本问卷采用无记名方式填写，请您依据自身认识独立完成。您的回答不分对错，所获得数据只用于课题研究，绝不外泄，敬请安心作答。

衷心感谢您的支持与配合！

深圳市高中教育发展战略研究课题组
二○一六年十一月

第一部分　基本信息

1. 您的性别：

A. 男　　　　　　　　　B. 女

2. 您的职业：

A. 中小学教师　　　　　B. 政府部门工作人员　　C. 企业工作人员

D. 高校工作人员　　　　E. 其他

3. 您的学历：

A. 高中、职高、中专及以下　　B. 大专　　　　C. 本科

D. 硕士研究生及以上

4. 您所在的区：

A. 福田区　　　B. 罗湖区　　　C. 南山区　　　D. 盐田区

E. 宝安区　　　F. 龙岗区　　　G. 坪山新区　　H. 光明新区

I. 龙华新区　　J. 大鹏新区

第二部分　正式问卷

1. 以下群体都会对高中学校的教育教学提出要求，您认为，他们这样做的合理性分别是：

（填写提示：请在相应的"□"上划"√"。）

	非常合理	比较合理	一般	不太合理	完全不合理
学　生	□	□	□	□	□
教　师	□	□	□	□	□
学校管理人员	□	□	□	□	□
政府部门	□	□	□	□	□
学生家长	□	□	□	□	□
用人单位	□	□	□	□	□
高　校	□	□	□	□	□

社区民众	□	□	□	□	□

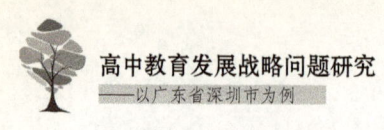

2. 您认为，以下群体对高中学校教育教学质量的影响程度分别是：

（填写提示：请在相应的"□"上划"√"。）

	非常合理	比较合理	一般	不太合理	完全不合理
学　生	□	□	□	□	□
教　师	□	□	□	□	□
学校管理人员	□	□	□	□	□
政府部门	□	□	□	□	□
学生家长	□	□	□	□	□
用人单位	□	□	□	□	□
高　校	□	□	□	□	□
社区民众	□	□	□	□	□

3. 您认为，高中学校满足以下群体教育教学要求的优先情况应该是：

（填写提示：请在相应的"□"上划"√"。）

	非常优先	比较优先	一般	不太优先	完全不优先
学　生	□	□	□	□	□
教　师	□	□	□	□	□
学校管理人员	□	□	□	□	□
政府部门	□	□	□	□	□
学生家长	□	□	□	□	□
用人单位	□	□	□	□	□
高　校	□	□	□	□	□
社区民众	□	□	□	□	□

4. 以下高中学校的相关要素中，您认为哪些比较重要？（限选四项）

A. 学校声誉　　　　　B. 师资队伍　　　　　C. 学校环境

D. 管理制度　　　　　E. 人才培养质量　　　F. 经济服务能力

G. 互动沟通能力（家校沟通/政校沟通/校企沟通等）

H. 特色发展（社团建设/校本课程开发/特色学校建设等）

I. 其他_____

5. 您认为，高中学校可能需要您提供哪些支持？（限选四项）

A. 维护、宣传学校形象

B. 关心学校发展

C. 遵守学校各项规章制度

D. 积极、配合的态度（工作/参与学校活动等）

E. 为学校发展提供支持（政策/经费等）

F. 及时、有效的信息交流（人才信息/办学信息等）

G. 提供更多合作机会（家校合作/政校合作/校企合作等）

H. 其他_____

（问卷到此结束，再次感谢您的支持与配合！）

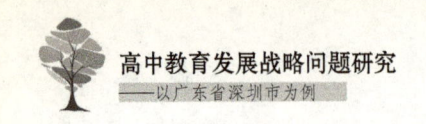

后　记

　　2015年12月中旬，我的老同事谢少华教授受邀到访深圳市教育科学研究院，得知该院公开发布若干重大招标课题的消息。返校后，他传达了院方希望我能够参加投标的口讯。为不负谬爱，经过一番紧张准备，我提交的课题申报书于2016年获准立项。随后，课题组开展了紧锣密鼓的文献整理和开题准备工作。历经开题报告、中期检查、结项验收等科研管理流程，以及前后5次前往深圳调研，总共到访9所高中阶段学校，发放2200份问卷，个别采访相关机构领导、教师、家长和学生百余人次，再经数度研讨，在数易其稿之后，今天我们终于完成了《高中教育发展战略问题研究——以广东省深圳市为例》书稿。

　　众所周知，高中阶段教育乃我国正规学制系统中承上启下的极其重要的一个环节和组成部分，它既关系到基础教育质量的提升，又直接影响着高等教育的发展。改革开放以来，我国高中教育经历了快速发展的阶段。深圳作为改革开放的"领头羊"，高中教育现已获得了长足发展，目前正面临着从数量扩张向内涵发展的重要转变时期。本课题紧扣当前深圳高中教育发展中的4个重大战略问题展开深入探讨，无疑有助于为提升深圳市高中教育发展水平提供理论指导和政策参考。通过本项研究，我们力求能够在如下两个方面有所创新和突破：首先，在理论上，本研究试图将区域教育发展与教育发展理论有机地融合起来，以深圳市高中教育为例，探讨区域高中教育发展的战略及其实现机制。其次，在内容上，本研究从"高中教育结构规模优化""高中教育管理体制机制创新""构建高中教育评价体系"和"完善高中教育质量保障体系"4个方面，系统探讨了深圳市高中阶段教育发展的若干重大问题，并为深圳市高中教育的下一步发展，提供了针对性和可行性较强的政策建议。

  本课题立项后，根据上述考虑，我们有条不紊地开展了如下4个阶段的工作：首先，文献收集与分析。这主要包括：一是收集解读教育资料的文献，比如反映深圳高中教育现状的文献，包括高中数量、高中生及教职工数量、普通高中与职业高中各自的比重等；二是收集分析教育政策的文献，如国家、省以及深圳市三级政府制定的有关高中教育发展的政策或涉及到高中教育的通盘性政策文献；三是充分利用前人的研究成果，从而使这项研究能够真正站在前人相关研究成果的前沿地带。其次，研究设计与工具开发。其核心任务在于，从课题开展的实际需要出发设计出有针对性的研究分析工具。就本课题而言，研究方法主要包括文献研究法、问卷调查法、实地考察法等信息搜集的方法，还包括对比研究法、案例分析法等研究深入开展的方法。再次，开展实地调研。其主要包括两个层面的内容：一是实地考察。通过走访深圳市具有代表性的各类高中，采取现场观察和访谈的方式，获取研究所需的资料。二是问卷调查。通过对相关人群发放调查问卷，收集包括学生、教师、学校领导以及教育部门负责人等方面的相关信息。最后，数据处理与撰写书稿。在此阶段，我们首先对经由各种途径获得的信息做相应的整理、归类、分析、运用工作，然后，按照预先分工安排，分头起草本书各部分内容。初稿完成后，我们又组织各章节撰稿人，进行了分头修订和集体研讨后修订两轮书稿修改活动，从而形成了目前这份书稿的样貌。

  本书分工大致如下：华南师范大学葛新斌教授负责统筹开展项目研究和本书策划，并承担编纂宗旨、框架结构、写作体例和"结语"的撰稿任务以及全书的统稿工作。重庆社会科学院彭援援博士撰写本书"引论"，并协助主编开展全书统筹和框架结构的拟订工作；王妍力撰写第一章"深

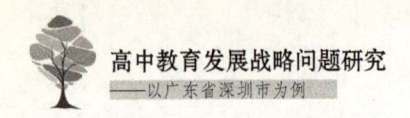

圳市高中教育管理体制改革研究"；曹亚婷撰写第二章"深圳市高中教育结构调整与优化研究"；陈瑶撰写第三章"高中教育评价机制改革研究"；程丹丹撰写第四章"深圳市高中教育质量保障体系研究"。此外，王妍力和程丹丹协助主编开展了大量的实地调研、中期检查和验收活动；陈瑶和曹亚婷承担了本书"目录"和"参考文献"的编制工作。

  本书最终得以付梓面世，首先，应该感谢深圳市教育科学研究院院长叶文梓研究员。他对包括本项目在内的6项重大招标项目的筹划，极具战略眼光和实践意义。其次，还要感谢深圳市教育科学研究院副院长潘希武研究员、科研管理部黄积才主任和业务主管李贤博士。正是在他们的贴心呵护和不断督促之下，我们才得以如期完成项目研究和书稿撰写任务。再次，也应感谢深圳市教育科学研究院办公室主任蔡金花博士。如果没有她的居间联络和辛苦陪同，我们是很难圆满完成调研任务的。最后，我要特别感谢参与项目研究和书稿撰写的彭援援、王妍力、程丹丹、陈瑶和曹亚婷5位同学。如果没有他们不辞劳苦的无私奉献精神，我既无法申报此项重大招标课题，也就无从完成本书的写作任务了。

  尽管我们已经全力以赴、竭忠尽智地投入了本项研究和书稿的撰写工作，然因能力欠缺，本书疏失错谬之处，肯定在所难免。不过，再丑的媳妇，总还是要去见公婆，所以，我们也就不揣浅陋，敢把此书呈献于方家之前，敬请不吝批评赐正！

葛新斌

2018年12月于羊城旧寓